Anselm Grün / Ahmad Milad Karimi

Im Herzen der Spiritualität

Anselm Grün / Ahmad Milad Karimi

Im Herzen der Spiritualität

Wie sich Muslime und Christen begegnen können

Herausgegeben von
Rudolf Walter

HERDER

FREIBURG · BASEL · WIEN

© Verlag Herder GmbH, Freiburg im Breisgau 2019
Alle Rechte vorbehalten
www.herder.de
Satz: SatzWeise, Bad Wünnenberg
Herstellung: CPI books GmbH, Leck
Printed in Germany
ISBN 978-3-451-03131-1

Stimmen zum Buch

Die Begegnung von Christen und Muslimen ist deutscher Alltag. Aber was wissen sie voneinander? Religiöse Vielfalt macht ein Gemeinwesen in vielem reicher – auch konfliktreicher. Für den gesellschaftlichen Zusammenhalt im säkularen und weltanschaulich neutralen Staat ist das bessere Verständnis unter den Religionen unerlässlich. Dieses lesenswerte Buch leistet im Dialog zweier gelehrter Vertreter ihres Glaubens einen lehrreichen Beitrag dazu. Ohne Fremdheit zu leugnen, aber voll gegenseitigen Respekts, wechselseitiger Anerkennung und mit dem erkennbaren Wunsch, sich einander anzunähern.

(Dr. Wolfgang Schäuble,
Präsident des Deutschen Bundestags)

Mich nerven die vorgestanzten negativen Schablonen, die plakativen Klischees und die aggressiven Vorurteile, die hierzulande den Islamdiskurs weitgehend bestimmen und nicht nur an der Lebenswirklichkeit und der spirituellen Erfahrung religiöser Muslime vorbeigehen, sondern auch die spannenden Bewegungen der Reform, die Neuinterpretation des Korans, moderne Denkströmungen übersehen. Ich hoffe auf eine jüngere Generation, die neugierig darauf ist, aktuelle authentische muslimische Positionen von innen her kennenzulernen. „Im Herzen der Spiritualität" zeigt Wege dazu, weil es dialogisch versucht, diesen Unterschied zu machen, neue Wege der Interpretation zu erkunden und doch den existenziellen Kern der Religionen für heute zu erfassen.

(Prof. Dr. Katajun Amirpur,
Islamwissenschaftlerin, Universität Köln)

Als Historiker weiß ich: Religiöser Fundamentalismus lässt sich nur aus dem Innern der Religionen überwinden. Das war beim Christentum so, und es wird im Islam so sein. Und ob der Islam zu Europa gehört beziehungsweise einmal dazu gehören wird, wird nicht durch entsprechende Statements von Politikern entschieden, sondern von der geistig-geistlichen Arbeit Sachkundiger wie in diesem Dialog der Spiritualität zwischen Anselm Grün und Ahmad Milad Karimi.

(Prof. em. Dr. Dr. h. c. mult. Heinz Schilling, Humboldt-Universität Berlin)

In jeder Beziehung, auch in der Beziehung zwischen den Religionen, geht es um Menschen, die sich begegnen, die sich kennenlernen, miteinander wachsen und die einander lieben lernen, auch in ihrer Andersartigkeit. Gerade in einer Zeit, in der so oft Hass und Feindschaft geschürt werden, ist es wichtig, auch im anderen das Ebenbild Gottes zu erkennen. Weil es aus dem Herzen der christlichen und muslimischen Spiritualität Wege beschreibt, die nicht auseinander, sondern zueinander führen, halte ich dieses Buch für zukunftsweisend.

(Dr. Notker Wolf OSB, Abtprimas em.)

In einer von Spannungen und Leid geprägten Welt, die von gegenseitigem Misstrauen überwältigt zu werden droht, können wir voneinander etwas Wichtiges lernen: gegenseitiges Vertrauen, das uns vernunftbegabten und spirituellen Wesen als Geschenk des allmächtigen Gottes gemeinsam gegeben ist. Das ist es, was uns dieses Buch „Im Herzen der Spiritualität" vermittelt und was es heute als Ziel auch entschieden anzustreben gilt: gegenseitiges Vertrauen auf den Trost einer Spiritualität, die in beiden Religionen, sowohl im Islam wie im Christentum, lebt. Was dieses Buch initiiert, verdient die Unterstützung aller Menschen offenen Geistes, die daran glauben, dass es eine gemeinsame Humanität gibt, die geleitet und beschützt wird von Gott, dem Allmächtigen.

(Dr. Mustafa Cerić, Großmufti em. von Bosnien)

Begegnungen muss man wollen, gerade in Zeiten von Geschrei und Propaganda: Nur wer sich begegnet, kann andere verstehen lernen. „Verstehen" ist aber kein allein intellektueller Prozess. Menschen vermitteln bei Begegnungen auch ihre Haltung und ihre Prägung, wie sie etwa durch den Glauben geformt werden. Spiritualität ist ein besonders verheißungsvolles Begegnungsfeld, um Menschen anderer Religionen in einer tieferen Dimension zu verstehen, als es der Verstand allein ermöglichen könnte. Gerade spirituelle Begegnungen erlauben den Austausch über Ärgernisse, Irritationen und Unverständliches, ohne sich zu verfeinden. Deshalb begrüße ich das literarische Gespräch zwischen Ahmad Milad Karimi und Anselm Grün sehr als einen Beitrag zum vertrauensvollen und friedlichen Zusammenleben von Menschen muslimischen und christlichen Glaubens in unserem Land. Besonders in Zeiten von Hetze und der Verbreitung von Angst vor dem Islam möge die Lektüre des Buches die Lesenden in Berührung mit dem lebendigen Geist Gottes bringen, der „unsere Füße auf die Wege des Friedens richten" will.

(Präses Dr. Nikolaus Schneider,
ehem. Vorsitzender der EKD)

Inhalt

Inhalt

Vorwort

Von Rudolf Walter

Wie überwindet man Vorurteile – auch zwischen Religionen? Indem man sich besser kennenlernt. Und auch, indem man zu verstehen sucht, was dem anderen „wahr und heilig" ist. Indem man Stolpersteine auf dem Weg zueinander wahrnimmt, aber sich auch von überraschend Gemeinsamem herausfordern lässt. Aber auch indem man sich – im Blick auf den anderen – selbst immer neu verständlich zu machen versucht und auch über Konfliktbelastetes im Gespräch bleibt.

Dass das gerade im Verhältnis zwischen Christen und Muslimen nicht einfach ist, hat viele unterschiedliche Gründe. Auch den, dass Christen und Muslime ihr Leben oft nebeneinander leben, quasi in verschiedenen Welten. Distanz erleichtert Distanzierung, Ängste verzerren die Wahrnehmung. Zudem fällt es vielen, denen die eigene Religion fremd geworden ist, auch schwer, eine fremde zu verstehen und zu akzeptieren. Und denen, die sich einer Mehrheitsgesellschaft gegenübersehen, die von einer anderen Tradition geprägt ist, geht es ähnlich.

Gegenseitiges Interesse ist eine Voraussetzung gelingender Begegnung. Aber Dialog heißt nicht, Negatives auch dann zu übersehen oder Kritik zu unterdrücken. Er meint auch nicht, unter dem gemeinsam erlebten Druck der Säkularisierung vorschnell Harmonie zum Programm zu erklären und Unterschiede zuzudecken „Wenn alles gleich aussieht, sieht man nur Nebel. Wo alle sich liebhaben, hat die Liebe keinen Platz" (Navid Kermani). Kritik ist wichtig, sie schärft die Sicht, auch auf das Eigene. Aber wohlwollende Offenheit eröffnet mehr Raum als ein übelwollend abwertender Blick. Es geht nicht um ein Abscannen der Unterschiede, nicht darum, etwa die 2865 Absätze des aktuellen katholischen Katechismus in Vergleich oder in Stellung zu bringen oder darum, bestimmte Suren des Korans aus ihrem Kontext zu reißen oder Praktiken wie das Kopftuchtragen ideologisch aufzuladen und so die Debatte vorzeitig zu beenden.

Nach dem Zweiten Vatikanum, also seit den 60er Jahren des letzten Jahrhunderts, gab es im Verlag Herder sog. „Weltgespräche", meist als Dialog zwischen Vertretern der großen Weltreligionen. „Drei Wege zu dem einen Gott" hieß ein Titel, der dem gemeinsamen Erbe der abrahamitischen Religionen auf der Spur ist. Das vorliegende Buch steht in dieser Tradition und ist geprägt von der Suche nach Gemeinsamkeiten und Wegen des Miteinanders in der „einen Welt". „Im Herzen der Spiritualität" ist das Ergebnis längerer Vorbereitung, mehrerer Treffen, eines intensiven persönlichen und schriftlichen Austausches. Entstehen konnte das Buch, weil beide Autoren Religion vor allem als spirituelle Lebensdeutung und sinnstiftende Lebenspraxis sehen und in der Begegnung immer wieder auch bestätigt fanden, dass sie einen ähnlichen Blick auf die je eigene Tradition haben. Sie teilen die Überzeugung, dass Glaube das Schöne in uns offenbar machen kann und dass Gutes und Wertvolles in unserer Welt verloren geht, wenn Gott als Quelle des Lebens und der Schöpfung verschüttet wird oder wenn Menschen – seien sie Christen oder Muslime – die Religion zum Instrument der Macht machen.

Müssen Islam und Christentum sich erneuern, um auf die Herausforderungen der Gegenwart zu reagieren? „Die höchste Form der Erneuerung ist, sich auf das Eigentliche zu besinnen", sagt Karimi. Woran man das Fundament der Religion auch in der Praxis erkennen kann, was der Kern ihrer Geistigkeit ist – diese Fragen bestimmten die Themenauswahl, die nicht enzyklopädisch vollständig, aber doch exemplarisch sein will.

In einem ganz unspektakulären Verständnis heißt Dialog auch einfach: sich austauschen. Auch in diesem Sinn ist dieses Buch zu lesen: Es werden in diesem Austausch Schätze aus der je anderen spirituellen Tradition sichtbar, die oft von erstaunlicher und unerwarteter Schönheit sind.

Der Titel drückt die Überzeugung aus: Das Herz der beiden Religionen schlägt in der Spiritualität. Hier liegt ihr vitaler „Schatz". Wenn dieses Potenzial überzeugend aktiviert wird, kann sich dieser Dialog über das Buch hinaus im Leben fortsetzen: in den Herzen und Köpfen der Leserinnen und Leser. Und das wird Auswirkungen auch für die Gesellschaft im Ganzen haben.

Hinführung: Motive und Ziele

Warum der Dialog mit dem Islam
wichtig und an der Zeit ist

von Anselm Grün

Ohne den Frieden der Religionen ist in unserer modernen Welt, in der die Kulturen und religiösen Traditionen so eng zusammenleben, Frieden insgesamt nicht möglich. Wenn Religionen gegeneinander in Stellung gebracht werden, wenn Menschen im Namen der Religion gegeneinander kämpfen, dann verschärft das Konflikte, auch wenn sie möglicherweise in nichtreligiösen Ursachen wurzeln. Ein solchermaßen stark angeheizter ideologischer Kampf kann heute wirklich die ganze Welt zugrunde richten. Die Medien sind seit Jahren voll von Nachrichten über radikale Islamisten. Weltweite Terroraktivitäten bringen die ganze Religion in Verruf und rufen ihrerseits pauschale und aggressive Gegenreaktionen hervor. Auch wenn viele Muslime im Westen sagen: Das sind keine wirklichen Muslime, muss man doch sagen: Sie verstehen sich selber so, sie beten auch fünfmal am Tag, sie deuten ihr Handeln religiös. Ihr politisches Handeln wird von der Religion geprägt. Sie propagieren zudem Feindschaft gegenüber den „Ungläubigen". Auch wenn es sich bei ihrem Verständnis des Islam um ein Missverständnis handelt und ein Missbrauch von Religion vorliegt und auch wenn wir wissen, dass es in der Geschichte des Christentums ähnliche, auch innerchristliche, mit Gewalt verbundene Konflikte gab, wie wir sie heute etwa zwischen Sunniten und Schiiten sehen, ist es wichtig, zunächst zu verstehen: Was steckt an Motiven und Kräften dahinter? Was sind Kriterien der Unterscheidung? Was ist wirklich der Kern dieser Religion? Gibt es überhaupt Brücken, über die man zueinanderkommen kann?

Konfrontation kann kein Weg in die Zukunft sein. Gegenseitige Isolation ebensowenig. Es geht ja nicht nur um die globale Welt.

Muslime leben in wachsender Zahl auch in unserer Gesellschaft. Sie sind unsere Nachbarn. Sie leben, wie wir Christen ihre Religion, de facto in der gleichen säkularen Gesellschaft. Und doch leben beide Religionen meist bloß nebeneinander. Wo also können innere Wege zueinander, zu einem gegenseitigen Verständnis gefunden werden – Wege, die nicht auf der Ebene der Theologen, der Verbände oder Religionsinstitutionen beschritten werden oder da, wo abstrakte intellektuelle, politische oder rechtlich-organisatorische Dinge verhandelt werden, sondern wo spirituell und religiös ansprechbare Menschen auf einer Ebene erreicht werden, die ihnen in ihrem Leben nahegeht?

Dabei ist es wichtig, plakative Gegensätze zu vermeiden. Zunächst geht es einfach darum, zu verstehen. Nur wenn man den anderen versteht, kann man ehrlich und fair miteinander umgehen. Und nur so vermeiden wir auch größere Konflikte. Dialog ist also die Voraussetzung für einen Frieden der Religionen auf allen Ebenen.

Natürlich weiß ich: Es gibt nicht „den Islam". Die Vielfalt dieser Religion ist mir selber vor allem in Malaysia begegnet: In Ostmalaysia etwa ist die Beziehung zwischen Muslimen und Christen ziemlich gut. Aber ein aggressives Potenzial habe ich in Westmalaysia gespürt, wo ein intoleranter und autoritärer Islam wahhabitischer, also einer von Saudi-Arabien inspirierten Prägung herrscht.

Für mich persönlich ist die Begegnung mit dieser Realität und der Dialog mit Muslimen ein relativ neues Thema. Das ist auch der Entwicklung geschuldet, dass immer mehr Muslime hierzulande unter uns leben. Wir haben jetzt einige Dutzend Flüchtlinge in unserem Kloster, die meisten sind Muslime. Da gibt es zum Teil auch ganz selbstverständliche Erfahrungen des Miteinander. Am Abend von Allerheiligen etwa haben am Friedhof beim traditionellen Totengedenken die Muslime auch ihren Gesang angestimmt und ihr Gebet gesprochen und Kerzen angezündet. Oder ein anderer Eindruck: Am Gründonnerstag während der Fußwaschung hat der Abt den muslimischen Flüchtlingen die Füße gewaschen. Und darauf haben auch sie ihm, auf ihren Wunsch hin, die Füße gewaschen. Da war gelebte Toleranz und die Achtung der Tradition des anderen zu spüren. Aber natürlich erlebe ich auch anderes. Ein Ausdruck aggressiv-expansiven Selbstbewusstseins ist es z. B., wenn eine Frau erzählt, eine islamische Nachbarin habe ihr gesagt: „In zehn Jahren haben Sie hier sowieso nichts mehr zu sagen, da ist alles islamisiert." So etwas erzeugt Angst.

Von meiner eigenen Biografie her bin ich ganz katholisch geprägt und in der Welt der katholischen Kirche aufgewachsen, aber das Zweite Vatikanische Konzil hat für mich eine große Offenheit für die Welt der anderen Religionen und eine Aufmerksamkeit für ihre Wahrheit gebracht. Natürlich war schon im Studium das Judentum für uns wichtig. Und es stand für uns, als in den 60er, 70er Jahren die ersten interreligiösen Dialoge stattfanden, zunächst nicht der Islam im Zentrum, sondern der Buddhismus. Wir haben Zen-Meditation praktiziert und uns mit östlicher Spiritualität beschäftigt. Natürlich habe ich auch mystische Texte der Sufis gelesen, die mich in ihrer Ausrichtung auf die unmittelbare Gotteserfahrung immer wieder anrühren. Was mich am Islam fasziniert hat, waren zunächst einmal die äußeren Dinge, etwa die Treue zum Gebet und das fünfmalige Gebet am Tag, das ja auch wir Mönche kennen. Das ist das eine. Was die Theologie betrifft, so machte mir vor allem das Gottesbild, diese oft fatalistisch anmutende Ergebung in den Willen Gottes, von meinem christlichen Gottesverständnis her immer einen eher zwiespältigen Eindruck. Dialog zwischen Christentum und Islam, das war für uns zunächst eine Sache aus dem Mittelalter: Wir wussten natürlich, dass Thomas von Aquin nicht nur durch den jüdischen Philosophen Maimonides, sondern auch durch muslimische Denker wie Avicenna oder Averroes beeinflusst war und dass es eine reiche Geschichte gegenseitiger Rezeption gab. Dieser fruchtbare Dialog schien freilich eine vor allem historische Angelegenheit. Aber sonst bin ich, etwa in der Zeit meines Studiums, mit dem Islam nicht in eine tiefere Berührung gekommen.

Aber so, wie wir in den 60er Jahren auf dem Umweg über die Zen-Meditation zur christlichen Meditation gekommen sind und dann das Jesus-Gebet der Mönche, also die eigene Tradition, durch den Dialog mit dem Buddhismus wiederentdeckt haben, so erhoffe ich mir jetzt natürlich auch vom Dialog mit dem Islam etwas für den eigenen spirituellen Weg. Die Öffnung der eigenen Religion zu einer anderen Überlieferung hin, die Wahrnehmung des anderen, kann immer auch die eigene Spiritualität, den eigenen Standpunkt verändern, klären und bereichern.

Wichtig ist mir dabei: Wir dürfen die Religionen nicht vermischen, sollen aber verstehen, was der Weg des anderen ist. Es sind ja die wesentlichen Fragen, die uns alle – schon von der griechischen Philosophie her – angehen und umtreiben: Woher kommen wir? Wohin gehen wir? Was trägt uns, woraus leben wir? Damals war mir wichtig: Welche Antworten geben die Buddhisten? Das zwang mich, eine Antwort zu finden: Was würde *ich* darauf antworten, was sagt *meine* Tradition dazu? Ähnlich ist heute auch mein Interesse am Islam: Was sind die Grundfragen dieser Religion? Und was sind ihre Antworten? Das zu erfahren und mich darauf einzulassen, sehe ich als Bereicherung an.

Was also ist jetzt „dran"? Im Dialog mit dem Taoismus ist mir etwas Wesentliches aufgegangen: „Tao" ist das Gewöhnliche. Auch Spiritualität ist etwas ganz Gewöhnliches: Tun, was dran ist. Ganz nüchtern. Wenn eine Religion die Wahrheit beansprucht – das Christentum ebenso wie der Islam –, gehört das zu ihrem Wesen. Aber das ist nicht alles, was die Beziehung zwischen ihnen bestimmt. Wir Christen sagen: Jesus ist die eigentliche Offenbarung. Aber wir sagen nicht, dass wir schon die ganze Wahrheit haben. Und wir wissen: Auch wir Christen haben auch unsere bestimmte Brille, die Brille unserer abendländischen Kultur, mit der wir auf die Welt schauen.

„Dran" ist jetzt zuallererst, sich gegenseitig wahrzunehmen. Durch den Dialog mit anderen Religionen kann unsere Brille klarer, unser Blick weiter werden. Ein Ergebnis des Dialogs mit dem Islam kann ja sein, das wir anders auf Jesus schauen. Und dann vielleicht auch anders auf Mohammed.

Auch in interreligiösen Begegnungen sollte uns immer bewusst bleiben: Glaube ist nie statisch oder eine festgeschriebene dogmatische Fixierung. Unser aller Weg geht immer auf Gott hin. Unterwegs zu sein ist geradezu die Essenz des Glaubens. Schon in der Bibel wird diese Bewegung deutlich. Mit Abraham beginnt die Heilsgeschichte, und zwar dort, wo es heißt: „Zieh aus aus deinem

16

Vaterland, deiner Vaterstadt, aus deiner Heimat." Die Kirchenväter haben das als Beschreibung des dreifachen Auszugs gesehen: ausziehen aus Abhängigkeiten, aus alten Gewohnheiten, aus Bindungen, die mich nicht freilassen. Glauben heißt: ausziehen aus dem Sichtbaren. Auch die Mystiker haben diesen Weg als Weg des Aufstiegs zu Gott gesehen, etwa Johannes vom Kreuz in seinem Werk „Aufstieg zum Berg Karmel". Auf dem Weg sein heißt immer auch: sich wandeln. Jesus ist im Lukas-Evangelium der göttliche Wanderer, der mit uns auf dem Weg ist, mit uns mitgeht und dann immer wieder seine göttlichen Gastgeschenke gibt: die Botschaft der Liebe. Das Zweite Vatikanische Konzil schließlich hat das Bild des Weges für die Kirche gebraucht: die Kirche als das wandernde Gottesvolk. Und wandern heißt ja immer auch: mit anderen unterwegs sein. Wenn Religionen auf dem Weg sind, ist das Ziel dieser Wanderung immer der eine Gott. Es gibt nur einen Gott, auch wenn wir verschiedene Bilder von ihm haben. Das Miteinander der Religionen, auch das Miteinander von Christentum und Islam, ist also ein solcher Weg hin auf dieses letzte gemeinsame Ziel.

Was macht die Begegnung zwischen Muslimen und Christen sinnvoll – und was ist Ziel des gemeinsamen Wegs?

von Ahmad Milad Karimi

Wenn Spiritualität Leben aus dem geteilten Geist und der Geistigkeit ist: Wie können dann zwei unterschiedliche spirituelle Wege (der christliche und der islamische), zwei unterschiedene Lebenswege aus dem Geist, einander wirklich so begegnen, dass das Ergebnis nicht nur informativ und klärend ist und bestehende Spannungen auflöst, sondern sich auch im Sinne gegenseitiger Bereicherung auswirkt?

Für die islamische Perspektive ist es leicht, zu begründen, wieso ein solches Gespräch nicht nur sinnvoll, sondern geradezu eine innere Notwendigkeit ist. Denn der Islam kann sich ohne die bleibende Bezogenheit zum Christentum und Judentum kaum selbst verstehen. Im Koran werden Juden und Christen explizit als Schriftbesitzer hervorgehoben. Wir Muslime benötigen also für unsere eigene Selbstfindung den Bezug – und zwar nicht den abstrakten, sondern den lebendigen Bezug – auch zum Christentum. Wir brauchen Menschen, die das lebendige Zeugnis der Christenheit in sich tragen, um in der Begegnung mit ihnen unsere eigenen Quellen, wie den Koran, besser zu verstehen. Denn der Koran ist erfüllt von christlichen Weisheiten und Aussagen, die verstanden werden müssen. Der islamische Weg ist von Grund auf ein Weg, der, wenn er gelungen sein will, nicht ohne das Christentum – und natürlich auch nicht ohne das Judentum – auskommen kann.

Für mich persönlich kommt etwas anderes dazu: Ich bin zwar in Afghanistan geboren, aber z. T. auch hier in Deutschland aufgewachsen, und mir hat die Begegnung mit dem Christentum biografisch sehr viel bedeutet. Ich habe in Freiburg studiert, und mein akademischer Lehrer ist katholischer Theologe. Von ihm habe ich, gerade in Auseinandersetzung mit dem Christentum, auch viel über den Islam gelernt. Ich musste mich erst einmal auch mit den theologischen Diskursen der Christenheit beschäftigen. Und gerade weil für mich die Religion, in der ich selbst groß geworden bin, die einzige und einzig wahre war, habe ich dabei zunächst schmerzlich erfahren, dass auch das Christentum eine sehr differenzierte und überzeugende Logik und eine großartige Theologie vertritt. Durch diese wichtige biografische Begegnung habe ich gelernt, dass die Würdigung der Andersheit eine islamische Tugend sein kann.

Natürlich kann es nicht darum gehen, dass man die unterschiedlichen Traditionen vermischt. Es wäre ein missverstandener und unangemessener Dialog, wenn man den anderen vereinnahmen oder „übernehmen" wollte. Das Schöne für mich, auch bei der eigenen Auseinandersetzung mit meiner eigenen Religion, ist, dass ich entdeckt habe, dass beide Traditionen von denselben Fragen getragen sind: Worauf hoffen wir? Wohin führt der Weg des Lebens? Was ist der Sinn und das Ziel unseres Daseins? Was sollen wir tun? Was bestimmt unser Handeln? Was meinen wir eigentlich, wenn wir sagen, dass wir uns Gott hingeben?

Die Antworten können ganz unterschiedlich sein. Ein Christ kann aus seiner Perspektive sagen: Die Mitte meiner Gemeinde, der tragende Grund meines Lebens, das ist Jesus von Nazareth. Und ich als Muslim kann sagen: Die Mitte meiner Gemeinschaft ist der Koran oder der Prophet Muhammad.

Aber entscheidend ist: Unsere Fragen sind dieselben. Und auch mir scheint die Haltung wichtig: dass wir die Wahrheit nicht in Besitz *haben*, auch wenn wir davon überzeugt sind, dass unser eigener Weg wahr ist. Das dürfen wir zwar behaupten. Aber wenn wir so tun, als *hätten* wir die Wahrheit, ist der Weg bereits verstellt. Der Weg der Spiritualität ist auch ein Weg der Geistigkeit, insofern wir unseren eigenen Weg zunächst einmal als *Weg* begreifen: als einen Weg zur Wahrheit hin, als eine Sehnsucht.

Dass auch der Islam die spirituelle Erfahrung des Wegs kennt, zeigt das Folgende. Zwei Phänomene prägen nämlich das Selbstverständnis dieser Religion von Anfang an: Bevor Muhammad zum Propheten erkoren wird, macht er sich auf den Weg nach oben, steigt in eine Berghöhle hinauf. Er geht also, symbolisch gesprochen, den Weg von der Vielheit hin zur Einheit. Gerade dieser Weg in die Zurückgezogenheit ist dann auch der Grund dafür, dass er vom Engel Gabriel besucht wird und dass ihm der Koran offenbart wird. Und geradezu identitätsstiftend für die islamische Geistesgeschichte ist der Weg Muhammads von Mekka nach Medina, also seine Fluchterfahrung. Die Zeitrechnung des Islam beginnt damit, dass er diesen Weg macht: weg von der Stammeskultur, weg von Bindungen, die seine Vergangenheit geprägt haben, hin zum Glauben und zu einer anderen, neuen Bindung. Das arabische Wort für „Flucht" ist hiǧra. Hiǧra meint: eine Bindung durchtrennen, also ent-binden. Durch diese hiǧra bekommt er dann das, was das Wort ʿaqīda, binden, bezeichnet, das heißt: Glauben. ʿAqīda, also die Bindung zwischen Mensch und Gott, wird nur dann realisiert, wenn wir uns von allen anderen Dingen, die uns umgeben, lösen, ent-binden. Da wird also in der islamischen Geistesgeschichte ein paralleler Grundzug deutlich, der sich auch in der hebräischen Bibel und der christlichen Theologie findet: Glaube nämlich als Sich-auf-den-Weg-Machen, um auf dem Weg Gottes unterwegs zu sein.

Neben diesem Bild des Weges ist für mich aber in dem Dialog, den ich als junger Philosoph mit einem in der Weisheit erfahrenen spirituellen Meister der christlichen Tradition führen kann, noch etwas anderes wichtig. Es ist die Haltung des Schülers, die ich in meiner eigenen Tradition kennengelernt habe. Vor allem in der mystischen Tradition ist diese Haltung eines Schülers von Bedeutung. Es gibt keine sufische, keine mystische Tradition, die dieses Lehrer-Schüler-Verhältnis nicht kennen und pflegen würde. Das halte ich für mich für sehr wichtig, und es erscheint mir gleichzeitig sehr islamisch. Das Verhältnis von Lehrer und Schüler repräsentiert für mich auch ein Stück weit das Verhältnis zwischen Christentum und Islam .

Ich begreife meinen Weg als Muslim als Einsicht in meine eigene Schülerschaft: Schüler sein heißt lernen wollen, lernfähig und offen dafür sein, dass ich auch von dem anderen etwas Wertvolles erfahren und mitnehmen kann. Das beschreibt übrigens auch das, was im Innersten einen spirituellen Weg ausmacht: selbst Weg sein; sich nicht nur auf den Weg machen, sondern sich selbst zum Weg machen. Wenn ich als religiöser Mensch immer ein Lernender bleiben möchte, setzt das voraus, dass meine Religion von Demut und nicht von einem Überlegenheitsgefühl geprägt sein muss, das eigentlich Hochmut ist. Religion muss in sich eine innere

Offenheit tragen. Sie kann nicht von oben herab diktiert werden und darf nicht lehramtlich versteinert sein, sondern muss sich im lebendigen Vollzug ereignen. Das gehört nach meiner Auffassung zu den Grundzügen des Islam. Und damit ist auch der Weg für einen Dialog geebnet, in dem wir wirklich aufeinander zugehen. Um nicht missverstanden zu werden: Dieses Verständnis von Schülerschaft meint nicht Versklavung oder falsche Ergebenheit. Aber es spricht daraus das Bedürfnis und die Sehnsucht danach, im Aufeinanderhören auch bereichert werden zu können.

Noch etwas ist als Vorverständnis wichtig: Wenn jemand sagt, das eben Ausgeführte sei eine idealistische Sicht des Islam, die Wirklichkeit in islamischen Staaten wie Saudi-Arabien sei doch eine ganz andere, dann ist mein Standpunkt der folgende. Zunächst: Es ist wichtig, ein Ideal zu sehen und zu benennen – und ich bin damit nicht allein. Im Übrigen: Ist Saudi-Arabien ein islamisches Land? Man halte sich die Zustände dort vor Augen: Unsere ganzen heiligen Stätten sind gekapert von Sekten, die unsere Religion wirklich pervertieren, Frauen haben kaum Rechte, Menschenrechte zählen nicht, Andersgläubige sind rechtlos, mit dem Islam wird ein Geschäft gemacht (im Sinne eines kommerziellen Tourismus), die Kaaba sieht aus wie ein Klein-Manhattan, wo der schlechte Geschmack herrscht. All das hat nichts mit den Werten und der Geistigkeit des Islam zu tun, die als Kriterien an die geschichtliche Gestalt einer Religion anzulegen sind. Der Islam ist natürlich auch immer ein geschichtliches Phänomen, und so zeigt er sich im Kontext verschiedener Gesellschaften unterschiedlich. Europa ist ein gutes Beispiel dafür, das zeigt, wie gerade wir Muslime in Deutschland, in Europa, in Bosnien unser Leben als europäische Muslime führen.

Ich selber bin ein Verfassungspatriot in Deutschland und liebe die Scharia, ich bin auch ein sehr streng praxisorientierter Muslim und lebe einen authentischen Islam. Ein solcher Anspruch ist nicht idealistisch im Sinne einer bloß romantischen Idee, sondern auch die Voraussetzung für einen Dialog, der seine Grundlagen offenlegt. Ich beziehe mich dabei auf die mystische Tradition des Islam, auf ein inneres Verständnis also. Und der islamische Weg sieht die

Mystik nicht als eine Randgruppierung, im Gegenteil: Die gesamte Orthodoxie ist durchdrungen von Mystik, spätestens bei unseren Theologen aus dem 12. Jahrhundert. Al-Ġazālī sagt schließlich ganz ausdrücklich, warum diese beiden Traditionen zusammengehören. Einfach nur das rituelle Gebet zu vollziehen, ohne dieses Gebet auch verinnerlicht zu haben, dafür kann man heute – zugespitzt gesagt – einen Roboter programmieren. Der kann viel besser die Gebetszeiten einhalten und das Gebet im besten Fall dann auch vortragen. Natürlich ist der eigene geistige Weg entscheidend. Die Ausbildung einer bestimmten Haltung innerhalb der Religion ist etwas, was wir im Islam den mystischen Traditionen zu verdanken haben: nämlich die *Haltung* zum Glauben, die *Haltung* zur Schöpfung, die *Haltung* zu Gott, die *Haltung* zum Nächsten ist etwas, was ausgebildet wird. Und wenn das Ziel Vervollkommnung heißt, bedeutet das nicht, zu meinen, dass wir irgendwann einmal vollkommen würden. Die Idee ist, dass wir immer in Sehnsucht vor Gott sind. Der Mystiker ʿAṭṭār, der verschiedene Stufen der Mystik untersucht hat, sagt: Das Suchen ist nicht etwas, womit wir irgendwann an ein Ende kommen, um zur nächsten Stufe zu gelangen, sondern Suchende bleiben wir auf jeder Stufe. Das heißt: Der spirituelle Weg ist niemals ein Weg, der linear zu vollziehen ist, sondern ein in Gestalt einer Spirale verlaufender Weg, der uns sozusagen immer mitträgt.

„Stolpersteine" auf dem Weg zueinander – Provokationen für den Dialog

Wenn ein Dialog gelingen soll, ist es sinnvoll, sich auf Gemeinsamkeiten zu besinnen, aber auch, sich über das Trennende klar zu werden. Und es ist wichtig, die Stolpersteine auf dem Weg zueinander in den Blick zu nehmen. Es gibt zweifellos faktische Unterschiede, aber auch subjektive Erfahrungen, die unsere Wahrnehmung prägen. Es gibt geschichtliche, gesellschaftliche und kulturelle Faktoren und Bedingungen, die Mentalitäten, Haltungen und Handlungen beeinflussen. Und es gibt bestimmte Sichtweisen, die sich möglicherweise als Vorurteile erweisen können. Auch das kann wirkmächtig in einen Dialogprozess hineinragen, Gespräche bestimmen und das Zueinanderfinden erschweren – oder es kann im Aufeinanderhören aufgelöst werden. Um gemeinsam weiter- und sich näherzukommen, ist es sinnvoll, solche „Stolpersteine" erst einmal wahrzunehmen und auch das Irritierende anzuschauen, sich darüber auszutauschen und dann zu klären, was zu klären ist.

Darum geht es in den folgenden „Provokationen": Der Ausdruck „Stolpersteine" meint kontrovers wahrgenommene Themen, die nicht nebensächliche Details sind, sondern Grundsätzliches ansprechen. Zum Teil werden diese Themen hier aber trotzdem nur kurz angerissen, dann nämlich, wenn die damit zusammenhängenden Fragen in den später folgenden Kapiteln inhaltlich ausführlicher behandelt werden.

„Stolpersteine" für Christen

Antworten von Ahmad Milad Karimi

1. Wer vertritt den wahren Islam?

> „Der Islam" ist zur gefürchteten Größe geworden, aber bleibt für
> viele gleichzeitig eine unbekannte Größe. Was ist – im Blick auf die
> Geschichte, aber auch im Blick auf die vom Islam geprägten Gesell-
> schaften heute – eigentlich „der Islam"? Sowohl starr konservative
> Muslime und aggressive Fundamentalisten wie auch Vertreter einer
> mystischen Lesart des Islam berufen sich ja auf den authentischen
> Koran bzw. auf den wahren Islam. Wer vertritt also den wahren Islam?

Von „dem Islam" zu reden ist bereits problematisch. Die islamische
Tradition ist in sich selber, geografisch, kulturell wie historisch,
durch eine Vielzahl an Deutungen und Verständnishorizonten geprägt. Über tausend Jahre hinweg konnten widersprechende Positionen nebeneinander koexistieren und argumentativ miteinander
konkurrieren. Die Fixierung auf den einen „wahren Islam", von
wem auch immer sie ausgeht, ist vor allem dies: traditionsfeind-
lich. Es gibt die Überlieferung, dass der Prophet Muhammad selbst
die Polyphonie der islamischen Lebenswirklichkeiten prophezeit
und als Barmherzigkeit gesehen, also positiv empfunden hat.[1] Die
Einheit des Islam bedeutete immer auch Einheit in Vielfalt. Allein
innerhalb des sunnitischen Islam gibt es mehrere Rechtsschulen,
die sich gegenseitig akzeptieren, tolerieren und wertschätzen, obgleich sie aufgrund ihrer jeweils unterschiedlichen Methoden zu
unterschiedlichen und sich widersprechenden Ergebnissen gelangen. Darüber hinaus existieren auch mehrere genuin theologische
Schulen, die zum Teil zu völlig verschiedenen Schlüssen und Re-
sultaten kommen, aber dennoch gleichzeitig Geltung beanspruchen. Und dabei handelt es nicht nur um ein historisches Faktum,
es ist vielmehr auch religiös begründet. Denn nach islamischer
Überzeugung ist die Wahrheit Gott selbst, und Gott allein kann
Wahrheit beanspruchen. Unser Verständnis von der Wahrheit darf
niemals mit der Wahrheit selbst verwechselt werden. Denn es ist

und bleibt bestenfalls ein wahr-scheinliches Wissen. Insofern kam es in der islamischen Geschichte rasch zu der Überzeugung, dass wir zwar die Wahrheit nicht besitzen, aber alles dafür tun können, ihr so nah wie nur möglich zu kommen.[2] Für diese Annäherung an die Wahrheit, für dieses Streben nach der Wahrheit galt es zu kämpfen – auch in wissenschaftlicher Hinsicht. Wissenschaftlichkeit bedeutete zugleich, dass es ein religiöses Interesse gab, über die eigenen religiösen Überzeugungen so zu sprechen, dass es für alle nachvollziehbar, überprüfbar und daher allgemeingültig ist. Daraus entstand ein Wetteifer um die Plausibilität der jeweiligen religiösen Ideen. Plausibilität hieß aber auch, dass die Überzeugungen nicht nur vernünftig kommunikabel sein sollten, sondern auch praktisch umsetzbar – nach einem Ausspruch des Propheten Muhammad, dass die Religion dazu da ist, das Leben zu erleichtern, und nicht dazu, es schwerer zu machen.[3]

Die Philosophen im Islam streben also nach der Wahrheit, indem sie das Wahre selbst ergründen wollen; die Theologen streben nach der Wahrheit, indem sie das Wahre erkennen wollen; die Ethiker streben nach der Wahrheit, um ihre Handlung gemäß der Wahrheit zu gestalten; und die Mystiker im Islam streben nach der Wahrheit, indem sie das Wahre liebend erleben wollen. Vor diesem Hintergrund kann man nicht fragen, welche Disziplin den „wahren" Islam verritt. Denn keine von ihnen beansprucht die Wahrheit an und für sich. Aber allen geht es um die Wahrheit, aber in je eigener Weise und mit je einer eigenen Demut. Der wahre Islam, den es nicht „gibt", ist die Sehnsucht nach dem Wahren im Islam.

Doch trotz aller Offenheit des Islam kann nicht jede Überzeugung in gleicher Weise als islamisch geltend gemacht werden. Denn auch der Islam kennt eine klare Grenze, wenn Grundeinsichten, Prinzipien, Ziele der Religion missachtet werden. Wenn fundamentalistische Gruppierungen heute die Wahrheit ausschließlich für sich beanspruchen (wodurch sie sich schon grundsätzlich disqualifizieren), ist das, was sie verkünden, und die Praxis, die sie als islamisch durchsetzen (wollen), schlicht nicht – um es „modern" zu sagen – wettbewerbstauglich. Zerstörung, Verachtung, Tötung und Misshandlung, Vergewaltigung, Ausbeutung, Geringschätzung der Schöpfung, Verfolgung der Andersgläubigen (in der eigenen Religion und in den anderen Religionen) und dergleichen mehr galten und gelten als klare Verletzung der Grundsäulen der islamischen Religiosität.

2. Das Gottesbild der Muslime

In der Außenwahrnehmung scheint es, dass Gott im Islam einen rigiden und strafenden Charakter besitzt. Wird dadurch nicht die Rede von seiner Liebe für die Menschen konterkariert? Ist der Glaube an einen Gott, der tut, was er will, und mit unseren menschlichen Kategorien nicht zu fassen ist, nicht ein Glaube an einen Willkürgott? Wenn seine absolute Einheit und Transzendenz überbetont wird, wie kann er ein Gott sein, auf den wir unser Vertrauen und unsere Hoffnung setzen und dem wir unser Leben hingeben können?

Ohne Zweifel gibt es eine Unsitte, den strafenden Charakter der göttlichen Wirklichkeit überzubetonen, sodass nach innen und außen eine verzerrte Vorstellung von Gott die Oberhand gewinnt. Aber es gibt auch die andere Unsitte, die verniedlichend von Gott spricht wie von einem gütigen und lieben Großvater von nebenan. Die Gottesvorstellung im Islam – wenn in diesem Zusammenhang überhaupt von einer Vorstellung die Rede sein kann – geht einen völlig anderen Weg: Von Gott kann man grundsätzlich nicht so sprechen wie von einem Menschen. Gott lässt sich nicht mit etwas anderem vergleichen oder dazu in Relation setzen. Dies erschwert zunächst die Rede von Gott. Aber es macht auch die Erkenntnis leichter: Wer Gott auf eine bestimmte Idee, eine bestimmte Eigenschaft reduziert, verfehlt seine Wirklichkeit. Gott hat allerdings Eigenschaften, welche die Weise seines Wirkens in Bezug auf die Welt für uns erahnen lassen. Im Koran wird in unterschiedlichen Kontexten und auf verschiedenen Bedeutungsebenen eine Vielzahl von Eigenschaften Gottes erwähnt. Aber nie wird dabei der Eindruck erweckt, man könne das Geheimnis Gottes dadurch erkennen, dass man ihn sozusagen entblößt und über ihn „Bescheid weiß".

Der Eindruck von einem rigiden und strafenden Gott wird

nicht nur dadurch relativiert, dass die Rede von der Milde, von der Vergebung und Barmherzigkeit Gottes im Koran qualitativ und quantitativ überwiegt. Zudem ist von der Strafe Gottes nach dem koranischen Zeugnis immer im Kontext Seiner Gerechtigkeit die Rede. Je stärker und intensiver die Sprachbilder von der Strafe Gottes im Koran verwoben, d. h. je enger sie mit den koranischen Kernthemen verbunden sind, umso mehr geht es um den Willen Gottes, den Menschen eben vor dieser Strafe zu bewahren. Die Strafe Gottes soll also keine Angst machen, sondern mahnen, warnen und erkennen lassen, was es heißt, in die Irre zu gehen. Die Strafe hat zudem an keiner Stelle einen selbstbezüglichen Charakter in dem Sinn, dass Gott die Menschen bestraft, damit man endlich erkenne, *dass Er Gott ist*. Es geht immer um die Menschen selbst: „Und wer sich reinigt, der reinigt seine eigene Seele" (Koran 35,18).

Die Betonung der absoluten Einheit und Transzendenz Gottes bedeutet zudem nicht, dass Gott, weil er nicht das Antlitz des Menschen angenommen hat, meinen Schmerz und mein menschlich empfundenes Leid nicht kennt. Gott ist zwar nicht Teil der Welt, aber in seiner eigenen Schöpfung gegenwärtig. Nichts bewegt sich ohne ihn: „Und nicht ein Blatt fällt hernieder, ohne dass Er es weiß" (Koran 6,59). Sein Wissen durchdringt alles und damit auch meine Menschlichkeit, er ist mir näher, als ich es mir selbst bin.[4] Wenn ich leide, dann leidet nicht Gott mit, sondern er ist mit mir, während ich mich zu meinem Leiden verhalte: „Nah bin Ich", lässt er im Koran von sich hören.[5] Er ist mit mir, indem er mich trägt, mir Hoffnung gibt und Kraft schenkt, mich zum Leben und zum Guten ermutigt, sodass ich mich auch in manch schweren Stunden des Lebens in Langmut üben und daran wachsen kann – mit Gott. Diese „Übernähe" meines Schöpfers ist überwältigend, gerade weil er Gott bleibt und nicht Teil meiner menschlichen und weltlichen „Machenschaften" wird.

Dennoch kann die Rede, dass Gott tut, was er will, den Eindruck erwecken, er sei ein Willkürgott, der an meine menschlichen Maßstäbe und Bedingungen nicht gebunden ist. Dieser Eindruck ist verständlich. Aber die Rede von der absoluten Willensfreiheit Gottes will erstens die Unverfügbarkeit und zweitens die Bedingungslosigkeit des unbedingten Gottes zum Ausdruck bringen. Alles, was er will und tut, will und tut er in seiner Göttlichkeit, sodass es mich nicht verzweifelnd, sondern vertrauensvoll zurücklässt. Wir reden heute von Gott leichtfertig und inflationär, wenn wir etwa vom „Fußballgott", von einer „Göttin der Schönheit" oder einem „Operngott" sprechen. Dagegen möchte der Islam eine angemessene Haltung gegenüber dem erhabenen Gott kultivieren, die nicht Ausdruck von Angst vor einer rigiden Übermacht ist, sondern Zeichen von Dankbarkeit und Ausdruck tiefempfundener Ehrfurcht.

3. Das koranische Offenbarungsverständnis

Da der Koran für Muslime als letztes Wort Gottes verstanden wird, liegt es nahe, dass er oft nicht im historischen Kontext verstanden und interpretiert, sondern als unmittelbare Handlungsanweisung für heute gelesen wird. Ist eine solche Haltung nicht ebenso folgerichtig wie in der Konsequenz problematisch? Oder ist der Koran mehrdeutig? Wie kann er dann aber Orientierung geben? Was ist richtig und was falsch? Es gibt eindeutige Stellen im Koran, die etwa die Vernichtung der Ungläubigen verlangen oder die eindeutig gegen Juden gerichtet sind. Ist das nicht eine Anleitung zur Aggressivität? Wie kann der Koran als göttliche Offenbarung gleichzeitig Grund und Bezugspunkt für die Botschaft der Liebe und für die der Zurückweisung, ja des Hasses sein? Wäre es nicht möglich, den Koran in einer zeitgemäßen Form von den Hass-Stellen zu reinigen?

Der Koran gilt für uns Muslime als das reine Wort Gottes. Aber dieses Wort Gottes ist, weil es nicht ein bloßes Wort sein will, keine reine Information, sondern eine frohe Botschaft für die Menschen. Sie will als solche auch *verstanden* werden. Insofern hat der Koran den Charakter einer Mitteilung und wurde in der Sprache seines ersten Adressaten vermittelt. Eine sprachliche Vermittlung, die zudem noch in Reimprosa mit Rhythmus und Klang verfasst ist, kann ihrer Natur nach nicht eindeutig sein. Gerade seine Mehrdeutigkeit, die sich in vielen Gleichnissen, Sprachbildern, Metaphern, also in einer Symbolsprache ausdrückt, wurde in der islamischen Geistestradition hochgeschätzt. Wird aber der Koran auf *eine* Botschaft, auf *eine* Idee reduziert – selbst wenn diese Idee die der Liebe sein soll –, so ist der Charakter des Korans als Offenbarung Gottes manipuliert. Denn eine bloße Rede von der Liebe bleibt nichtssagend und kann zuweilen sogar erdrückend sein, wenn die Liebe fehlinterpretiert wird. Daher ist für das Selbstverständnis der Muslime äußerst wichtig, den Koran als Koran mit all seinen Herausforderungen und Geheimnissen, mit all seiner Weisheit und Zumutung so zu bewahren, wie er ist. Woran wir aber immer und immer wieder arbeiten müssen, ist unsere *Auslegung* des Korans. Nicht jeder Vers des Korans hat einen normativen Charakter. Die Aussage, der Koran sei ein Gesetzesbuch, ist schlicht falsch. Der Koran ist vielmehr: lakonisch, andeutend, zuweilen fragmentarisch, aber immer wieder auch dialogisch, philosophisch anspruchsvoll, aber auch spirituell erfüllend.

Um nicht Gefahr zu laufen – wie es in unserer Gegenwart de facto geschieht –, dass der Koran zu einer Botschaft des Hasses umgedeutet wird, sind wir angehalten, Kriterien und Auslegungsprinzipien zu erarbeiten. Das ist in unserer islamischen Tradition gängige Praxis gewesen. Und so sollte man auch heute mit dem Koran umgehen. Theologisch völlig absurd wäre daher der Habitus, den Koran nach Belieben so zu deuten, wie es einem selbst gefällt, oder jene Stellen, die für das heutige Verständnis schwer nachvollziehbar sind, einfach zu tilgen, indem man sich einen „Koran im Koran" bastelt. Redlich ist dagegen der Versuch, für den Gesamttext des Korans, z. B. Sure für Sure oder themenorientiert, aus der inneren Verfassheit des Textes selbst heraus Auslegungsmethoden zu entwickeln, die erstens dem Kontext der Offenbarung gerecht werden, zweitens die große Auslegungstradition nicht ignorieren, sondern in ihrer jeweiligen historischen Position mitbedenken, und drittens Kategorien offenlegen, die dem jeweils normativen Kern der Verse Rechnung tragen. Zudem gilt es die prinzipielle Natur der koranischen Mehrdeutigkeit zu bewahren. Ein und dieselbe Stelle des Korans kann aus unterschiedlichen Perspektiven ganz unterschiedlich ausgelegt werden. Beispielsweise wurde der sog. „Lichtvers" des Korans, in dem es heißt, dass Gott das Licht der Himmel und der Erde ist, „Licht über Licht", von muslimischen Philosophen, Theologen, Mystikern ganz unterschiedlich interpretiert. Man kann hier nicht von *einer* Interpretation sprechen, die noch dazu für alle Zeiten maßgebend wäre. Ein solch essentialistisches Verständnis verfälscht die Offenheit des Korans, die nicht ideologisch sein will, festgezimmert und eindimensional, sondern offen, anregend, bewusst mehrdeutig, Orientierung gebend, aber nicht festgefahren.

Ein Gott, der selbst eine poetische, beinahe spielerische Offenbarung gewählt hat, dürfte den Menschen nicht das eine Verständnis offenbart haben, sondern Verständniswelten, die nie enden: „Und wäre alles, was auf der Erde an Bäumen, Schreibrohre, und wenn das Meer, nachdem es erschöpft, noch sieben weitere Meere dazubekäme, würden nicht die Worte meines Herrn zu Ende gehen" (Koran 31,27).

4. Heil und Erlösung

Auch wenn Muslime sagen, der Islam sei keine Erlösungsreligion: Spricht nicht auch der Koran davon, dass die Menschen Orientierung brauchen und aus Verstrickungen, Sinnlosigkeiten und aus Zuständen befreit werden müssen, die heillos sind?

Das Menschenbild im Islam ist geprägt von der Idee, dass jeder Mensch, der geboren wird, in sich das Heil trägt.[6] Weder haftet die Sünde an uns, noch sind wir, weil wir Menschen sind, von einer wie auch immer gedeuteten Erbsünde belastet. Diese ursprüngliche Sündlosigkeit ist der Grund dafür, warum dem Islam etwa der Gedanke einer Kreuzestheologie fremd ist, die um die Fragen nach Verrat, Opfertod, Schuld, Sünde, Heilsgeschehen kreist und Erlösung durch Kreuzigung als einen notwendigen Akt der Errettung der Menschen sieht. Daher heißt es im Koran, dass die Kinder Adams geehrt sind.[7] Die Würde des Menschseins ist rein von Erbsünde und bedarf nach muslimischer Überzeugung keiner Entsühnung durch den göttlichen Gang an das Kreuz.

Das menschliche Leben aber ist zugleich immer wieder auch in

Schuld verstrickt. Orientierungslosigkeit und Verstrickung in heillose Umstände können unser Leben überschatten. Und nicht jede Schuld lässt sich innerweltlich ausgleichen. Wenn wir sündigen, kann unsere Tat irreversibel sein, sie kann Wunden und Narben hinterlassen, die nicht mehr zu heilen sind. Nicht selten sind es wir selbst, die uns selbst nicht vergeben und im Grenzfall gar nicht mehr mit der eigenen Schuld leben können. Aber wir können auch selbst Opfer einer Sünde sein oder die Erfahrung eines Leides machen, das uns wie ein Zufall erscheint, der keinen letzten Sinn oder eschatologischen Zweck hat. Dies alles wird im Islam nicht ignoriert. Im Gegenteil: Der Koran wird verstanden als Rechtleitung und Orientierung im Leben. Nicht nur die Einübung in Vergebung, sondern auch der angemessene Umgang mit der Schuld und den Heimsuchungen im Leben soll gelernt werden. Doch die Bewertung der Schuld ist immer eine je individuelle und keine kollektive Gegebenheit. Der Mensch kann engelhafter sein als die Engel allesamt oder tierischer als jedes Tier, sagt der mystische Theologe Abū Ḥāmid al-Ġazālī.[8]

Vergebend und auf Vergebung hoffend, wie es der Prophet Muhammad uns ans Herz legt, sollen wir unser Leben führen. Denn alles wird zu Gott gebracht.[9] Und der Ewige wird uns zu unserer Wahrheit führen. Als Mensch sind wir heils- und erlösungsbedürftig. Das ist unbestritten. Doch die Instanz, die erlöst und heilt, ist allein Gott als die unvergleichliche Quelle aller Hoffnung und allen Vertrauens. *Wie* Gott konkret die ausgleichende Gerechtigkeit herbeiführt, *wie* Er uns reinigt und unsere Schuld hinwegnimmt, ohne die Opfer unserer Sünden zu verhöhnen, darüber haben wir kein Wissen. Daher ist Gottvertrauen zugleich der höchste Ausdruck der religiösen Demut.

Wir können nicht von einem Heilautomatismus ausgehen, der unsere konkrete Tat, unser geschichtliches und von uns verantwortetes Handeln im Leben relativiert. In diesem Zusammenhang ist der Glaube an die Gerechtigkeit Gottes eine klare Orientierung. Selbst die Vergebung Gottes, die im Koran ausgesprochen häufig Erwähnung findet, stellt kein blindes Hinwegsehen über unsere Taten und Unterlassungen im Leben dar, sondern ist eine bedachte Vergebung, die auch unsere Lebensgeschichte würdigt. Gottes

Gerechtigkeit ist damit nicht untergraben. Der Mensch ist zum Heil bestimmt. Gott selbst trägt dafür Sorge, indem er im Menschen selbst eine Gottzugewandtheit (arab. fiṭra) erschafft und sich ihm offenbart, sodass er sich zum Guten hin orientieren kann.[10] Die Schönheit der Vergebung besteht nämlich gerade darin, dass wir nicht darüber verfügen, sie im Voraus zu kalkulieren und zu errechnen. Vielmehr hoffen wir auf unsere Erlösung mit und durch Gott, in Seinem Angesicht.

5. Religion und Gesellschaft im Anspruch des Islam

Das Erstarken der muslimischen Gemeinschaft nährt hierzulande die Angst, dass Integration scheitert und der gesellschaftliche Frieden gefährdet wird. Der Islam hat ja – historisch und vielerorts noch heute – einen allumfassenden Anspruch, über alle Lebensbereiche zu herrschen und auch das soziale und politische Leben zu bestimmen bzw. es zu reglementieren. Das ist etwas, was in einer pluralen, säkularen Gesellschaft notwendig zu Konflikten führt.

Die Angst vor einer Religion, die alle Lebensbereiche reglementieren will, ist berechtigt. Wird der Islam so verstanden, ist er nicht mehr als Religion, sondern als totalitäres System aufgefasst. Der totalitäre Anspruch, der sich über das Politische, Rechtliche und Soziale erstreckt und der zwischen Kultur und Religion nicht zu unterscheiden vermag, kennzeichnet den Islamismus: Er „islamisiert" den Islam.[11] Die Praxis der Fundamentalisten entspricht genau diesem Bild. Die konkrete Art und Weise, wie das geschieht, versetzt freilich auch Muslime in Angst und Zittern. Wer allerdings als Kritiker ein Islambild hat, das im Kern dem Selbstbild der Fundamentalisten gleichkommt, gerät in ein Dilemma: denn er unterscheidet erstens nicht zwischen Kultur und Religion und spricht zweitens essentialistisch von *dem* Islam, ohne die Beachtung der innermuslimischen Pluralität. Auf der Seite der Kritiker wird gewaltsam versucht, einen totalitären Islamismus für *den* Islam auszugeben. Und auf der Seite der Fundamentalisten wird dieser Islamismus als *der* Islam identifiziert. Zwischen diesen beiden Positionen ist aber „der Islam" in seiner ganzen Ambiguität, in seiner ganzen Vielfalt, in der Komplexität all seiner Lebenswelten anzutreffen. Es ist diese Vielfalt, die immer noch von der Mehrheit der Muslime bejaht und getragen wird. Natürlich ist der real existierende weltweite Islam auch gefangen in Kulturräumen, die oft von kultureller Armut, von fehlenden Bildungschancen, von mangelnder Sicherheit im Leben, von ökonomischer Hoffnungslosigkeit, von zerfallenen Infrastrukturen und von einer Abwesenheit des Friedens bestimmt sind. Weder ist der Islam die Lösung all dieser Probleme, noch ist er andererseits der Grund aller Probleme. Dafür ist die Welt einfach zu komplex, sodass der Dialog der Religionen auch vor diesem Hintergrund eine dringliche Notwendigkeit ist.

Muslimisches Leben partizipiert an der pluralen Gesellschaft, die nicht durch ein Diktat von oben oder durch Druck von außen plural und ambiguitätstolerant ist, sondern aufgrund von Überzeugungen, die sich aus der Summe ihrer Erfahrungen speisen. Zum Kreis der sinnstiftenden Überzeugungen einer säkularen Gesellschaft in Europa gehören auch konstitutiv die Religionen des Judentums, des Christentums und selbstverständlich des Islam. Wenn wir von der europäischen Kultur sprechen, dann sprechen wir auch von einem Europa, in dem der Islam eine bedeutende Rolle spielt. Kultur wurzelt im Wissen. Und zur europäischen Wissenschaftsgeschichte hat die islamische Geistesgeschichte bedeutend beigetragen – im Bereich der Medizin, der Naturwissenschaften, der Mathematik und vor allem der Philosophie. Muslime gibt es seit dem 8. Jahrhundert in Europa: in Spanien, Sizilien, Ungarn, in der Türkei, in Polen oder Litauen. Europa war, auch historisch gesehen, niemals vollständig christlich. Die Integrationspolitik im Hinblick auf die muslimischen Migranten und Flüchtlinge ist nicht deshalb gefährdet, weil die muslimische Gemeinschaft wächst oder weil sie Teil der pluralen Gesellschaften ist, sondern wenn und insofern Migranten und Flüchtlinge auf das Prädikat „islamisch" reduziert werden. Diese Menschen sind *auch* Muslime, aber *nicht nur* Muslime. Ihr Verhalten, ihre Inkulturation, ihre Erziehung, ihr Sinn für plurale Lebenswirklichkeiten, der Grad ihrer Affinität zur Demokratie und ihrer Bejahung von Rechtsstaatlichkeit lassen auf eine Vielzahl an Faktoren schließen. Dies zu verkennen, indem man undifferenziert alles auf den Islam zurückführt, wird nicht zielführend sein.

Im Islam sind selbstverständlich religionsspezifische Normen (Verbote, Gebote etc.) anzutreffen, die aber nicht als Konkurrenz zum Staat zu sehen sind, sondern z. B. die spirituelle und die ethische Dimension des Menschen betreffen. Insofern ist auch die Idee einer Theokratie im islamischen Kontext höchst fraglich und argumentativ nicht nachvollziehbar. Wo der Islam als Rechtfertigung der Gefährdung des öffentlichen Friedens artikuliert wird, muss der Staat jedenfalls rigoros eingreifen. Und das wird auch im Sinne der Muslime sein.

6. Die Gewaltfrage

Aktuelle Nachrichten vom Terror islamistischer Gruppen, aber auch der Verweis auf die kriegerische Geschichte des Islam von Beginn an verbinden das Thema Gewalt im Bewusstsein vieler nicht nur historisch, sondern essenziell mit dieser Religion. Kann der Islam vom gewalttätigen bzw. gewaltbereiten Islamismus überhaupt getrennt werden?

Muslime können Terroristen sein, aber der Terror ist nicht islamisch; Muslime können Gewalt ausüben, aber die Gewalt an sich ist nicht islamisch; Muslime können ungerecht sein, aber die Ungerechtigkeit ist nicht islamisch; Muslime können aus dem Islam eine ideologische Bewegung formen, aber die Ideologie ist nicht islamisch; Muslime können anderen Menschen Schmerz und Leid zufügen und die Welt in Angst und Schrecken versetzen, aber die Erniedrigung des anderen ist nicht islamisch. Kurz: Muslime können ihre Religion verfehlen, aber die Verfehlung der Religion ist nicht Teil der Religion selbst. Die hässlichste Deutung und Praxis der Religion des Islam ist heute unübersehbar. Umso wichtiger ist es, zu differenzieren. Denn in dem Augenblick, in dem wir zwischen dem Islam als einer in sich plural verfassten Religion und der Ideologie des Islamismus nicht unterscheiden, übernehmen wir die Weltsicht jener, deren Weltsicht wir ablehnen. Wir schreiben den Islam auf eine bestimmte Lesart fest. Das ist selbst eine Gewalttat und vor allem theologisch nicht begründbar.

Die essentialistische Fixierung der Religion des Islam auf eine – völlig pervertierte – Lesart widerspricht der Wirklichkeit eines Islam, der traditionell immer geprägt war von einer Vielfalt der Ansichten, Interpretationen und Lesearten, die in argumentativem Wettbewerb um Plausibilität gerungen haben, die koexistiert haben und um die gegenseitige Wertschätzung bemüht waren. Aber Gewalttaten, die im Namen der Religion des Islam von Muslimen selbst verübt werden, können wir nicht einfach dadurch abtun, indem wir sie schlicht für unislamisch erklären. Jeder Islamismus hat mit dem Islam zu tun – als eine wettbewerbsunfähige und mithin primitive Leseart des Islam, aber der Islam lässt sich nicht auf Islamismus reduzieren. Bei aller Offenheit und allem pluralen und polyphonen Charakter des Islam: es geht hier um eine Religion mit klaren, unmissverständlichen Rahmenbedingungen. Es gibt Prinzipien, die gelten müssen, wenn man den Anspruch hat, vom Islam zu sprechen.

Dabei gilt der Grundsatz, dass Gewalt als Selbstzweck inakzeptabel ist. Es kann also bei der Ausübung der Gewalt entweder um das Ziel der Gerechtigkeit gehen oder um die Verteidigung des Lebens und des Friedens. Die Schwierigkeit besteht nun darin, dass sowohl Gerechtigkeit als auch Verteidigung nicht einfach und selbstverständlich gegeben sind, sondern erst interpretiert werden müssen. Diese Interpretation ist eine komplexe und historisch-kontextuelle Angelegenheit. Denn zum einen sind die historisch überlieferten Gewalttaten mit religiöser Konnotation, ob es sich um eine Schlacht, um einen Expansionskrieg oder um die Gewalttat eines Einzelnen handelt, nicht jenseits der Geschichte erklärbar. Bei allem, was geschieht, auch und gerade im religiösen Kontext, ist die Geschichte wirksam. Man muss also immer auch nach den Bedingungen und Konstellationen fragen, die jeder gewalttätigen Handlung vorausgehen. Diese Voraussetzungen und Anlässe sind jedoch nicht eindimensional auf die Religion zurückzuführen, sondern stets komplexe Verstrickungen. Wenn sich z. B. Deutschland am Hindukusch militärisch verteidigt, dann kann dies auf den ersten Blick vollkommen absurd klingen, wenn der historische

Kontext einer solchen „Verteidigung" nicht beachtet wird. Zum anderen ist im Islam der Grundsatz bezüglich der Gewalt unmissverständlich entschieden: Gewalt kann und darf nicht religiös motiviert sein. Gerechtfertigt ist sie allein dann, wenn die Gerechtigkeit, der Frieden oder das Leben bedroht sind und es gilt, diese zu bewahren bzw. zu verteidigen.

Der Islam wird dann zum Islamismus, wenn die Religion zur Legitimation der Gewalt missbraucht wird, wenn der Sinn für Bewahrung in Lust auf Zerstörung pervertiert, wenn die in der Bewertung des anderen geforderte Demut in Überheblichkeit ihm gegenüber und in Missachtung des anderen umschlägt, wenn die Vielfalt des Lebens unterdrückt wird und verkümmert, wenn die Rede von Gerechtigkeit und Frieden der Gewalt dient – und nicht umgekehrt, wie es die Maxime des Islam darstellt.

„Stolpersteine" für Muslime

Antworten von Anselm Grün

1. Wahrheit der Dogmen und die Frage nach dem „wahren Christentum"

Nicht nur fremdenfeindliche Gruppen in den westlichen Gesellschaften bringen die abendländische jüdisch-christliche Tradition gegen Muslime bzw. generell gegen den Islam in Stellung. Sowohl konservative Christen, auch aggressive katholische und evangelische Fundamentalisten, als auch Vertreter einer mystischen Leseart des Christentums berufen sich auf Jesus und die Evangelien. Wer vertritt also das wahre Christentum? Wer ist im Besitz der vom kirchlichen Dogma beschriebenen Wahrheit über Jesus?

Zunächst: Dogmen sind wahr im Sinn des griechischen Begriff von Wahrheit, *aletheia*, und das meint, wie Martin Heidegger dieses Wort übersetzt: Unverborgenheit. Dieser Wahrheitsbegriff meint nicht wahre Sätze. Wahrheit bedeutet vielmehr: Der Schleier, der über aller Wirklichkeit liegt, wird gelüftet, und wir erkennen etwas von der tiefsten Wirklichkeit. Wir schauen auf den Grund des Seins. Es wird uns etwas klar, ohne dass wir das in sozusagen mathematisch klare Sätze kleiden könnten. Die Wahrheit ist auch nicht etwas, was ich *habe* oder besitzen kann. Die Wahrheit kann einem aufgehen. Dogmen sind also keine Festschreibungen, nicht Ausdruck von Rechthaberei, sondern der Versuch, einen Rahmen zu geben, innerhalb dessen die Wahrheit aufleuchtet. Dogmen sind Auslegungen und bedürfen zudem selbst der Auslegung. Für mich ist Dogmatik die Kunst, das Geheimnis offenzuhalten. Dogmatische Sätze, die auf den ersten Blick oft unverständlich erscheinen, wollen unser Denken öffnen auf das absolute Geheimnis hin, wie Karl Rahner Gott nennt: das unbeschreibliche und unbegreifliche Mysterium des unsichtbaren Gottes.

Keiner kann für sich beanspruchen, das wahre Christentum zu besitzen. Und immer, wenn einer meint, er allein habe recht und sei im Besitz der Wahrheit, ist Skepsis angebracht. Um die in den Evangelien überlieferte Botschaft Jesu richtig zu verstehen, müssen wir uns mit ihr konfrontieren, uns davon herausfordern lassen. Die Worte Jesu sind natürlich keine Dogmatik im Sinne genau definierter Wahrheiten. Es sind Worte, mit denen wir ringen müssen, damit sie sich für unser Leben erschließen. Es gibt, im Verlauf der Geschichte ebenso wie heute, verschiedene Antworten auf diese Herausforderung, es gibt viele Traditionen, es gibt Positionen, die sich selber als konservativ oder progressiv verstehen, auch unterschiedliche spirituelle Richtungen, die alle ihren Sinn haben. Es gibt etwa die mystische Richtung oder eine mehr politische Akzentuierung, es gibt eine feministische oder die befreiungstheologische Ausrichtung. Die franziskanische, die benediktinische oder die ignatianische Spiritualität – sie alle betonen in bestimmten historischen oder gesellschaftlichen Situationen einen bestimmten Aspekt. Aber keiner kann für sich beanspruchen, die allein richtige Deutung des Christentums zu haben. Wir sind alle immer auf der Suche, auf dem Weg. Es ist dabei etwas Gutes, auf dem Weg durch die Geschichte aus der Tradition zu leben. Aber wenn ich das historisch Gewachsene festschreibe, bin ich ja nicht mehr auf dem Weg zu Gott, sondern verharre in einer Sicherheit, die der Glaube so nicht geben kann. Ich suche dann die Sicherheit nicht im Glauben, sondern in äußeren Dingen.

Für mich zeigt die Frage Jesu an die Jünger das entscheidend Christliche. Auf die Frage „Wer ist Jesus von Nazaret?" antwortet Petrus: „Du bist der Messias, der Sohn des lebendigen Gottes." Der Messias will in die Freiheit führen. Lebendig sein bedeutet, dass wir Kinder, Söhne und Töchter, Gottes sind. Dort, wo Lebendigkeit aufblüht, da kommt uns Jesus am nächsten, nicht dort, wo Enge ist. Wer nur recht haben will und andere verurteilt, wer den alleinigen Besitz von Wahrheit behauptet und damit auch Gewalt legitimiert, missbraucht das Christentum und hat den Sinn der Worte und des Wirkens Jesu nicht verstanden. In der Mönchstradition gelten vier Kriterien, um zu beurteilen, ob etwas der Wille Gottes ist oder der Wille des eigenen Über-Ichs: Der Wille Gottes führt immer zu mehr Lebendigkeit, Freiheit, Friede und Liebe. Der Geist Jesu ist da, wo diese Kriterien gegeben sind. Wo Enge und Angst im Vordergrund stehen, spricht nicht der Wille Gottes, sondern das eigene Über-Ich.

2. Menschwerdung Gottes – eine Provokation?

Das Christentum sagt, dass Gott Mensch geworden sei. Ist mit dieser Gottesvorstellung nicht die Absolutheit und Erhabenheit Gottes verletzt? Worin besteht die Notwendigkeit, dass der Herr aller Welten Mensch, genauer: ein Mann geworden ist, und zwar ausgerechnet Jesus von Nazaret?

Es besteht natürlich überhaupt keine Notwendigkeit, dass Gott Mensch wird. Die Menschwerdung Gottes in Jesus Christus ist ein geschichtliches Ereignis. Aber wie das zu verstehen ist, dass in Jesus Christus Gott selbst zu uns spricht, das ist und bleibt ein Geheimnis. Wir Christen glauben, dass Gott in der Geschichte immer wieder durch die Propheten zu den Juden gesprochen hat. Jesus gilt auch für uns Christen als Prophet, aber er ist mehr als die Propheten des Alten Bundes. Wir glauben, dass Gott sich in Jesus Christus auf eine neue und nicht zu überbieten Weise den Men-

schen mitgeteilt hat. Karl Rahner spricht von der absoluten Selbst-
mitteilung Gottes in Jesus Christus. Dass Gott hinabgestiegen ist
zu uns Menschen, gerade darin zeigt sich das Geheimnis unseres
Glaubens. Aber Gott ist zu uns Menschen hinabgestiegen in Jesus
Christus, damit wir selbst den Mut haben, in die Tiefen unserer
Seele, in das Schattenreich unserer Seele, wie C. G. Jung das nennt,
hinabzusteigen. Die Rede von der Menschwerdung Gottes hat
immer etwas mit unserer eigenen Menschwerdung zu tun. Aber
wie wir das Miteinander von Gott und Mensch in Jesus Christus
verstehen sollen, das bleibt ein Geheimnis. Um dieses Geheimnis
haben die Kirchenväter der ersten Jahrhunderte gerungen und
auch gestritten. Sie haben dogmatisch festgelegt, wie wir die Beziehung von Gott und Mensch in Jesus Christus verstehen sollen.
Aber das Dogma schreibt nicht fest, sondern beschreibt in Para-
doxien das geheimnisvolle Miteinander und Ineinander von Gott
und Mensch in Jesus Christus. Gott ist in Jesus nicht ein anderer
Gott geworden. Er ist immer Gott geblieben, der unfassbare und
alleinige transzendente Gott. Aber christlicher Glaube besagt: Dieser Gott zeigt sein Angesicht für uns im menschlichen Antlitz Jesu.
In diesem Menschen Jesus leuchtet mir das barmherzige Angesicht
Gottes entgegen. In diesem Menschen Jesus begegnet mir Gott auf
eine einmalige und einzigartige Weise. Alle dogmatischen Aussagen über Jesus als Gottes Sohn wollen uns letztlich nur auf dieses
Geheimnis verweisen: dass uns in Jesus Gott selbst begegnet. Wie,
das bleibt uns letztlich immer dunkel, trotz aller dogmatischen
Formulierungen.

Der Gott der abrahamitischen Religion, auf den sich auch der
Islam beruft, ist auch ein geschichtlicher Gott, der in die Geschich-
te eingreift und nicht, wie im Buddhismus, ohne Zeit und ohne
Geschichte ist. Gottes Handeln zeigt sich etwa im Auszug aus
Ägypten: eine wichtige Gotteserfahrung für Israel. Das Auftreten
Jesu ist ein historisches Ereignis. Und auch die Kreuzigung Jesu ist
in der Geschichte geschehen. Theologie heißt für uns Christen:
Das, was in der Geschichte geschehen ist, im Licht des Glaubens
zu deuten. Wir dürfen keine Theorie über das Kreuz Jesu entwerfen, als ob wir genau wüssten, warum Jesus gestorben ist. Wir können das Faktum nur deuten. Schon die Bibel kennt verschiedene

Deutungen dieses Faktums. Und im Laufe der Kirchengeschichte wurde dieses zunächst unverständliche Geschehen am Kreuz immer wieder neu gedeutet. Und es ist und bleibt für uns Christen ein Stachel, unser Gottesbild und unser Bild vom Menschen vom Geschehen am Kreuz infrage stellen zu lassen. Zugleich aber führt die Reflexion über dieses Geschehen zu tiefen Einsichten in das Wesen Gottes, der ein mitleidender Gott ist, und in das Wesen des Menschen, der – wie das Bild des Kreuzes zeigt – in sich viele Gegensätze miteinander zu verbinden hat, damit er ein ganzer Mensch wird. Und das Kreuz zeigt uns die Tiefe des menschlichen Lebens: dass wir oft durch Leiden aufgebrochen werden für den unbegreiflichen Gott, der aber immer Liebe ist, eben eine unbegreifliche Liebe, wie Karl Rahner es ausdrückt.

Wenn wir Christen also davon sprechen, dass in Jesus Gott selbst Mensch wird, ist das eine Deutung des geschichtlichen Ereignisses, dass in Betlehem von Maria ein Kind geboren wurde, dass dieser Jesus wunderbar von Gott gesprochen hat und dass er von sich behauptet hat: „Wer mich gesehen hat, hat den Vater gesehen" (Joh 14,9) und: „Ich und der Vater sind eins" (Joh 10,30).

3. „Der eine Gott", die Theologie der Dreifaltigkeit und die Gottessohnschaft Jesu

Das Christentum lehrt, dass Gott dreifaltig ist. Ist aber mit der Vorstellung der Trinität nicht die absolute Einheit Gottes verletzt? Wenn Christen vom Geheimnis Gottes sprechen – heben sie das Geheimnis durch das Modell der Trinität nicht wieder auf? Und ist nicht auch die Lehre von der Gottessohnschaft Jesu widersprüchlich zum Glauben an den einen Gott?

Das Christentum ist wie das Judentum und wie der Islam eine monotheistische Religion. Wir bekennen also den einen und einzigen Gott. Die Trinitätslehre ist ein Versuch, das Geheimnis Gottes zu beschreiben: Dieser eine Gott verhält sich nach christlicher Überzeugung zu uns Menschen auf drei verschiedene Weisen: als der Schöpfer; als der, der mit uns geht; und als der, der in uns ist, als der Geist. Das Bild von den drei Personen verursacht eine falsche Vorstellung. Es ist der eine Gott, der sich uns auf verschiedene Weise zeigt. Das Judentum spricht von der Schechina, der Heiligkeit oder der Weisheit Gottes. Auch die Rede vom Wort Gottes, das Fleisch geworden ist, ist in dieser Richtung zu interpretieren. Und wir haben sicher manchmal im Christentum das Geheimnis des dreifaltigen Gottes zu sehr auf die menschliche Ebene gezogen und dann von drei Personen gesprochen, als ob sie selbstständige Personen wären. Die griechische Theologie spricht nicht von „Person", sondern von „hypostasis". Karl Rahner hat aufgezeigt, dass dieser Begriff etwas anderes bedeutet als das, was wir heute unter Person verstehen. Daher ist das Sprechen von dem einen Gott in drei Personen missverständlich. Allzu leicht kann dann das Geheimnis des einen, dreifaltigen Gottes im Sinne eines Tritheismus verfälscht werden.

Die Kirchenväter haben die Dreifaltigkeit, die Dreiheit, auch im Menschen gesehen. Der Mensch ist Leib, Seele, Geist und trotzdem *ein* Mensch. Und so ist auch Gott *ein* Gott, und auch das Sprechen von Dreifaltigkeit ist nur ein Versuch, diesen einen Gott zu beschreiben. Dreifaltigkeit meint, dass Gott ein für uns offener Gott ist, dass er uns hineinnimmt in seine Gemeinschaft, dass er Liebe ist, die strömt. Wichtig ist auch hier, dass wir das Geheimnis offenlassen. Natürlich wissen wir nicht genau, *wie* Gott ist; das ist ein Geheimnis. Aber klar ist: Es ist *der eine Gott*.

Für die jüdisch-hebräische Denkweise drückt „Sohn" eine besondere Beziehung aus. Jesus ist Gottes Sohn, weil er eine besondere *Beziehung* zu Gott hat. Dieses hebräische Verständnis von Jesus als Gottes Sohn können – so denke ich – die Muslime auch akzeptieren. Die griechischen Kirchenväter haben die hebräische Denkweise im Dialog mit der griechischen Philosophie auf ihre Weise gedeutet. Für die griechisch denkenden Theologen bedeutet „Sohn Gottes" nicht nur eine Beziehung, sondern ein Sein. Jesus *ist* auch Gott. Aber die Frage ist auch hier: Was heißt das genau? Ich denke, das heißt, dass ich es nicht nur so *empfinde*, sondern dass Gott mir in diesem Menschen *wirklich* begegnet. Aber er bleibt ganz und gar Mensch. Theologische Aussagen funktionieren nicht nach den Gesetzen der ausschließenden Logik: „entweder – oder". Das christliche Dogma formuliert eine Spannung, die man aushalten muss:

wahrer Gott und wahrer Mensch, ungetrennt und unvermischt. Gott vermischt sich nicht mit den Menschen, er ist ganz Mensch und zugleich Gott. In der christlichen Tradition ist die Spannung sicher oft aufgelöst worden, indem Jesus in einer solchen Weise als Gott identifiziert worden ist, dass es nicht mehr der biblischen Aussage entspricht. Heinrich Böll sagte einmal, Jesus nur als Mensch zu sehen, sei für ihn zu romantisch. Für ihn ist es wichtig, dass in Jesus eine andere Dimension einbricht in unser Leben: also Gott selber. All die dogmatischen oder philosophischen Aussagen über Jesus sind ein Versuch, dieses Geheimnis Jesu zu verstehen, ohne etwas festzulegen. Wenn ich sage: Jesus war nichts anderes als ein religiös begabter Mensch, dann nivelliere ich das Verständnis Jesu auf das uns Bekannte und Vertraute. Und zugleich stelle ich mich über ihn. Wenn ich sage: Jesus war Gottes Sohn, dann weiß ich noch lange nicht, was das wirklich bedeutet. Aber ich stelle mich dann dem Anspruch Jesu, weil ich in ihm Gottes Anspruch an mich sehe. Paul Tillich sagt einmal: Gott ist das, was uns unbedingt angeht. Wenn ich Jesus als Gottes Sohn bezeichne, heißt das für mich, dass mich Jesus unbedingt angeht, dass ich mit seinen Worten ringen soll, bis ich sie verstehe. Denn ich glaube, dass in seinen Worten Gott selbst zu mir spricht und mich herausfordert.

Viele Christen tun sich schwer mit den theologischen Versuchen, die Menschwerdung Gottes in Jesus Christus und das Geheimnis der Dreifaltigkeit zu verstehen. Auch ein gebildeter Theologe kann es nicht letztlich verstehen. Aber viele Christen haben die theologische Lehre in ihre persönliche Spiritualität hinein übersetzt. Und da bedeutet es für sie, dass sie sich nicht nur an Gott wenden, der immer auch der Unbegreifliche und Unsichtbare ist, sondern auch an Jesus Christus, in dem ihnen das Bild Gottes auf menschliche Weise nahekommt. Aber auch die einfachen Gläubigen wissen immer darum, dass sie Jesus nicht „festnageln" und „besitzen" können. Sie stellen sich ihm, sie schauen auf die Bilder der Ikonen, sie lassen sich von Jesus anschauen und ansprechen und vertrauen darauf, dass Jesus sie zu Gott führt und ihnen Gottes Liebe vermittelt. Aber es ist immer die Liebe Gottes, die sie im Gebet erfahren dürfen und von der sie erhoffen, dass sie ihre Wunden heilt.

4. Die Gefahr der Vergöttlichung des Menschen

Wenn Gott Mensch wird – wird da nicht auch der Mensch vergöttlicht? Der Mensch ist aber kein ewiges Wesen: Ist die Idee einer Vergöttlichung des Menschen nicht schon deswegen problematisch? Und bedeutet die Menschwerdung Gottes nicht auch eine Veränderung in Gott?

Die große Not der griechischen Denker war: Der Mensch ist hinfällig und sterblich und verwest. Die frohe Botschaft des Neuen Testaments ist, dass Gott Mensch geworden ist und uns göttliches Leben mitgeteilt wird. Die Kirchenväter können sogar sagen: Der Mensch wird vergöttlicht. Das heißt aber nicht, dass wir uns zu Göttern machen. Es geht diesen Theologen um die Wiederherstellung der Gottebenbildlichkeit des Menschen. Und wenn also von „Vergöttlichung" die Rede ist, ist damit der Ausdruck der Gnade gemeint, dass Gott uns in seiner Liebe sein eigenes göttliches Leben mitteilt und das göttliche Leben uns in das einmalige Bild formt, das Gott sich von jedem von uns gemacht hat. Vergöttlichung heißt eben, dass ich nicht nur von der Erde genommen bin, sondern dass göttlicher Geist mich durchdringt. Dieser Gedanke ist auch dem Islam nicht fremd. Er spricht auch davon, dass Gottes Geist in uns ist. Und doch bleiben wir auch ganz Mensch. Als Mensch sind wir der Ort der Gegenwart Gottes.

Mir hilft für das Verständnis der Vergöttlichung des Menschen das Bild vom brennenden Dornbusch. Der Dornbusch brennt, ohne zu verbrennen. Er bleibt also Dornbusch: vertrocknet und ohne besonderen Wert. Und so bleibt auch der Mensch ganz Mensch. Und trotzdem wird er zum Ort der Gegenwart Gottes. Gottes Feuer brennt in ihm, ohne ihn zu verbrennen. Was Vergöttlichung meint, wird deutlich, wenn ich in mich hineinhorche: Es gibt nicht nur meine eigene Lebensgeschichte, nicht nur meine psychischen Probleme. Wenn ich tief in meine Seele schaue, so ist da auch Gottes Geist auf dem Grund meiner Seele. Gottes Geist, der in mir ist, wird auch im Tod nicht zerstört. Gottes Geist ist die Liebe Gottes, die mich durchdringt. Und diese Liebe ist stärker als der Tod. Im Tod werde ich nicht aus der Liebe Gottes fallen: Das ist für mich das Geheimnis der Vergöttlichung: dass wir im Tod in die Liebe Gottes eintauchen, die jetzt schon in uns ist. „Vergöttlichung" meint letztlich, dass in uns schon ein göttlicher Keim ist, der durch den Tod nicht zerstört werden kann.

Gott bleibt immer der Gleiche. Gott verändert sich nicht. Aber Gott schenkt sich dem Menschen. Er schenkt ihm seine Gnade, seinen Geist. Wir können dieses Geschenk nur dankbar annehmen. Wir haben keinen Anspruch darauf. Es ist immer Gnade.

5. Erbsünde – Erlösung durch das Kreuz

Dass Gott Mensch geworden ist, ist für Muslime anstößig. Und die Rolle Jesu Christi verbindet die Religionen nicht nur, sondern trennt sie auch. Menschen werden nach muslimischem Verständnis nicht unter der Erbsünde geboren. Die Rede von einer Erbsünde ist für Muslime schwer verständlich bzw. selbstwidersprüchlich – und ebenso die Erlösung durch den Kreuzestod Jesu. Die Muslime sind überzeugt, dass Gott mit seiner Gnade und Barmherzigkeit den Menschen nahe ist, und fragen: Warum sollten die Menschen das Kreuzesopfer überhaupt brauchen, um erlöst zu werden?

Auch im Christentum gilt: Die Erlösung kommt von Gott. Und was die Erbsünde angeht, so bedeutet sie nicht, dass der Mensch mit einem Makel geboren wird. Vielmehr meint dieser Begriff, dass wir in eine sündige Welt hineingeboren werden. Und das muss man gar nicht glauben. Um das zu sehen, genügt schon ein Blick in die Zeitung. Dann erkennen wir, dass die Welt nicht vollkommen ist, sondern von Sünde geprägt ist. Wir werden hineingeboren in eine Welt, die nicht perfekt ist. Auch für das Judentum und für die griechische Kultur ist der Mensch erlösungsbedürftig. Der Mensch entfremdet sich von sich selber, er lässt sich bestimmen von negativen Emotionen und von Leidenschaften. Er ist oft genug orientierungslos, er erkennt keinen Sinn in seinem Leben. Auch durch die Erziehung werden viele Wunden geschlagen. Die Folge ist, dass der Mensch von Ängsten beherrscht wird und oft genug auch von sinnloser Wut. Die Erlösung geschieht einmal durch die

Lehre Jesu: dadurch, dass er uns einen Weg zum guten Leben weist und uns den Sinn des Lebens aufzeigt. Die Erlösung geschieht ferner durch die heilende Tätigkeit und Lebenspraxis Jesu. Und die Erlösung geschieht durch seinen Tod und seine Auferstehung. Da wird die letzte Angst des Menschen, die Angst vor dem Tod, geheilt.

Anselm von Canterbury hat in seiner Theologie die Erlösung zu sehr auf die Schuld bezogen. Natürlich ist Schuld auch eine Not des Menschen. Viele Menschen leiden darunter, dass sie schuldig geworden sind. Und die Frage ist: Wie können wir Vergebung erfahren und an die Vergebung glauben? Auch der Islam kennt die Schuld des Menschen. Wenn der Mensch schuldig wird, ist er auf die Barmherzigkeit Gottes angewiesen. Manche Menschen, die sich in Schuld verstrickt haben, hoffen gar nicht mehr auf die Barmherzigkeit Gottes. Für diese Menschen ist der Kreuzestod Jesu eine mächtige Hilfe, an die Vergebung Gottes zu glauben. Auch heute wird freilich noch häufig eine theologische Sicht von Erlösung vertreten, die besagt, dass Christus am Kreuz sterben musste, um unsere Sünden zu sühnen. Karl Rahner hat den Zusammenhang von Jesu Kreuzestod und unserem Angewiesensein auf Erlösung jedoch viel angemessener so formuliert: Wenn wir in unserer Schuldverstrickung auf das Kreuz schauen, an dem Jesus selbst seinen Mördern vergibt, so dürfen wir darauf vertrauen, dass es nichts in uns gibt, was nicht vergeben werden kann. Im Blick auf das Kreuz fühlen wir uns also bedingungslos angenommen und geliebt. Diese Theologie erkennen wir auch etwa im Lukasevangelium. Lukas war Grieche. Er erkennt in Jesus den wahrhaft gerechten Menschen, von dem Platon in der „Politeia" spricht. Platon hat fast 400 Jahre vor Christus beschrieben, wie es wohl einem wahrhaft gerechten Menschen ergehen wird in unserer ungerechten Welt. Und er meint, man würde ihn aus der Stadt hinausdrängen und ans Kreuz heften. Diesen wahrhaft gerechten Menschen sieht Lukas in Jesus am Kreuz. Er lässt sich selbst von den Mördern nicht aus seiner Gerechtigkeit, aus seinem Ausgerichtetsein auf Gott, hinaustreiben. Lukas erklärt die Erlösung durch das griechische Bild des Schauspiels. „Alle, die zu diesem Schauspiel herbeigeströmt waren und sahen, was sich ereignet hatte, schlugen sich an die Brust und gingen betroffen weg" (Lk 23,48). Indem die Menschen auf das Schauspiel des Kreuzes sehen, werden sie verwandelt, werden sie wieder auf Gott hin ausgerichtet, werden sie gerecht. Karl Rahner hat diese lukanische Sicht in eine theologische Sprache gekleidet. Er sagt: Das Kreuz bewirkt nicht die Vergebung, sondern es vermittelt die vergebende Liebe Gottes. Gott vergibt, weil er Gott ist, nicht weil Jesus gestorben ist. Das ist im Islam genauso: Gott vergibt, weil er barmherzig ist. Aber für uns Christen vermittelt uns das Kreuz die vergebende Liebe Gottes. Wenn einer schwere Schuld auf sich geladen hat, kann er kaum noch an die Vergebung Gottes glauben. Dann braucht er dieses Bild des Kreuzes, damit er an die vergebende Barmherzigkeit Gottes zu glauben vermag. Lukas stärkt dieses Vertrauen, indem er von dem Verbrecher an der rechten Seite Jesu erzählt. Dieser Verbrecher hat nichts vorzuweisen als ein verpfuschtes Leben. Aber weil er sich vertrauensvoll und demütig an Jesus wendet, sagt ihm Jesus das wunderbare Wort: „Heute noch wirst du mit mir im Paradies sein" (Lk 23,43). Es ist ein Wort, das unseren Glauben an die vergebende Liebe Gottes stärkt.

Für uns Christen ist und bleibt es ein Paradox, dass dieser reine Mensch Jesus am Kreuz gestorben ist. Für seine Jünger war das erst einmal ein Schock. Sie haben es zunächst gar nicht verstanden. Die Evangelisten erzählen uns auch von dem Ringen Jesu im Garten von Getsemani. Jesus hat mit Gott gerungen, dass der Kelch des Leidens an ihm vorbeigehen möge, aber dann hat er gespürt: Wenn ich mich in Sicherheit bringe und meine Jünger alleinlasse, dann stimmt das nicht mit meiner Botschaft überein. Und er hat gespürt: „Es gibt keine größere Liebe, als wenn jemand sein Leben hingibt für seine Freunde" (Joh 15,13). Das war für ihn die Motivation, dass er sich nicht in Sicherheit gebracht, sondern sich dem Leiden ausgeliefert hat.

Man kann nicht sagen, dass der Tod Jesu „notwendig" war. Er war ein geschichtliches Ereignis. Karl Rahner sagt: In Jesus hat Gott auch die Geschichte angenommen. Und mit der Geschichte hat er auch die konkreten Verhältnisse angenommen, die damals von der römischen Besatzung und von den Streitigkeiten innerhalb des Judentums geprägt waren. Jesus ist so gewissermaßen in die

Zwickmühle geraten. Er hätte sich herausziehen können, aber er hat sie bis zum Ende durchlebt und so verwandelt.

Markus interpretiert die Passion Jesu so, dass Jesus am Anfang der große Heiler und Befreier ist, dem alle Leute nachlaufen. Im zweiten Teil seiner Erzählung macht sich Jesus auf den Weg nach Jerusalem und belehrt seine Jünger. Aber die verstehen nicht, was er ihnen wirklich sagen möchte. Im dritten Teil geht Jesus in den Bereich der Finsternis hinein und erleuchtet die Finsternis von innen her. Das Böse wird durch Jesu Liebe von innen her verwandelt. Der Tod ist die Vollendung dieser Verwandlung. Die Römer meinten, sie hätten Jesus besiegt. Aber in Wirklichkeit hat am Kreuz die Liebe über den Hass gesiegt, Gott über die Feinde und das Leben über den Tod. Wir könnten in der Bibel noch viele andere Deutungen des Todes Jesu am Kreuz und seiner Auferstehung als des zentralen Punktes christlicher Botschaft erkennen. Es bleibt immer ein Geheimnis, was da am Kreuz geschehen ist und was es für uns bedeutet. Aber für mich bleibt das Kreuz ein dauernder Stachel, immer wieder neu nachzudenken über das Geheimnis Gottes und des Menschen, über das Geheimnis von Liebe und Hass, von gut und böse, von Erlösung und Befreiung des Menschen.

6. Die gesellschaftliche Rolle des Christentums

> Muslime wehren sich dagegen, dass Religion in eine Sonderwelt verbannt und auf den Bereich der Innerlichkeit beschränkt wird. Steht nicht andererseits das Christentum in Gefahr, seine gesellschaftlich prägende Kraft zu verlieren – und trotzdem als Kirche in großer Nähe zum Staat zu stehen?

Manche beklagen zwar generell eine Säkularisierung, also die „Verweltlichung" unserer Gesellschaft. Aber das Zweite Vatikanum hat auf den Eigenbereich und die Eigenständigkeit des Weltlichen hingewiesen und das positiv bewertet. Freilich stimmt auch: Die Zahl der Kirchenaustritte nimmt in unserer Gesellschaft zu, und auch der Kirchgang ist rückläufig. Zum Gesamtbild gehört: Das typisch

Religiöse: die Suche nach Gott, Sehnsucht nach einer Gemein-
schaft, in der Glaube, Liebe und Hoffnung wirklich gelebt werden,
der Sinn für Gebet und für Stille, all das ist bei vielen Menschen da.
Aber es verbindet sich oft nicht mehr mit der Kirche. Das ist eine
Herausforderung für die Kirche, wieder zum Ort der spirituellen
Erfahrung zu werden. Viele leiden heute an den Schwächen kirchlicher Wirklichkeit, die sie erleben, und oft fühlen sich auch viele
Suchende in ihren Pfarreien nicht daheim, weil sie dort zu wenig
Spiritualität erfahren und manchmal auch zu wenig Menschlich-
keit. Ich glaube aber durchaus, dass das Christentum in unserer
Gesellschaft noch Kraft und Ausstrahlung besitzt. Ich erlebe auch
in vielen Firmen, dass die Verantwortlichen Werte leben wollen,
die im Christlichen wurzeln. Und so prägen sie die Gesellschaft
doch im christlichen Geist. Die größte Herausforderung in diesem
Zusammenhang ist freilich die Weitergabe des Glaubens an die
Kinder und Enkelkinder. Da erschrecke ich oft, wenn ich höre, dass
auch christliche Eltern ihre Kinder nicht mehr motivieren können,
in die Kirche zu gehen und sich auf den Glauben einzulassen. Auch
im Blick auf die künftige Bedeutung des Christentums in unserer
Gesellschaft müssen wir Christen sicher Phantasie entwickeln, wie
wir die Kinder und Jugendlichen wieder für ein Leben aus dem
Glauben motivieren und begeistern können. Manche Jugendliche
sagen, sie seien religiös. Aber es ist oft eine sehr diffuse und vage
Religiosität. Die Herausforderung besteht darin, den Kern des
Christlichen neu zu entdecken und zu vermitteln, ohne es zu ver-
wässern. Die Christen können zudem die ihre Religion offen prak-
tizierenden Muslime als eine Herausforderung sehen, dass auch sie
im Alltag und auch in der Öffentlichkeit zu ihrem Glauben stehen,
und sei es z. B. indem sie auch im Restaurant das Tischgebet prak-
tizieren.

Warum das kirchliche Leben so zurückgeht, ist schwer zu sagen.
Da gibt es viele Thesen, die das zu erklären suchen. Eine These ist,
dass die Sinnstiftung, die die Religionen anzubieten haben, in unserer pluralen und offenen Gesellschaft viel Konkurrenz bekommen hat. Eine andere These bezieht sich auf die mangelnde Phantasie, Glaubwürdigkeit und Überzeugungskraft, die die Christen
bei der Vermittlung ihres Glaubens entwickeln. Es geht also auch

darum, so über unseren Glauben zu sprechen und Christentum so ansteckend zu leben, dass auch Jugendliche sich mit ihren eigenen Fragen, Problemen und Sehnsüchten angesprochen fühlen.

Die Schwierigkeit, den Glauben in einer säkularen und von materiellen Werten geprägten Gesellschaft authentisch zu verkünden und überzeugend weiterzugeben, haben heute freilich nicht nur die Christen. Davon sind auch die Muslime betroffen. Es geht uns gemeinsam um die Frage: Wie können wir unsere verstandene, gelebte Religiosität heute an die junge Generation als überzeugend und existentiell sinnstiftend vermitteln? Das gilt gerade auch im Hinblick auf viele Menschen, die religiös gleichsam „unmusikalisch" sind. Muslime und Christen haben gemeinsam die Aufgabe, das negative Image, das viele mit den Religionen verbinden, aufzubrechen und ein positives Bild der Religionen zu zeichnen, die für die Humanisierung der Gesellschaft einen wichtigen Beitrag leisten könnten. Solange wir einander nur bekriegen und die andere Religion entwerten, solange können wir die jungen Menschen auch nicht überzeugen. Wir können von den Jugendlichen nicht erwarten, dass sie offen sind für Religion, wenn sie zu wenig sehen können, wie die Erwachsenen authentisch und überzeugend ihre Religion leben, wie sie durch die Religion menschlicher, barmherziger und für die Armen und Ausgegrenzten sensibler werden. Der bloß moralische Appell, die Religion zu leben, fruchtet nicht. Jugendliche brauchen Modelle, an denen sie ablesen können, wie Religion Menschen in einem guten Sinn verwandeln und zu wertvollen Gliedern der Gesellschaft machen kann.

Und was die Verbindung zum Staat angeht: In der Geschichte des Christentums gab es immer wieder eine enge Verknüpfung von Staat und Kirche. Unter Kaiser Konstantin wurde das Christentum zur Staatsreligion. Gegen die damit verbundene Gefahr, dass der christliche Glaube durch die Einheit von staatlicher und kirchlicher Ordnung ausgedünnt wird, haben bereits die frühen Mönche protestiert. Die Wüstenväter wollten die ursprüngliche Kraft des christlichen Glaubens außerhalb der staatlichen Vereinnahmung leben. Durch das Mittelalter zieht sich der Konflikt zwischen Papst und Kaiser. Beide beanspruchten die Macht. Erst in der Aufklärung haben wir das Wort Jesu richtig verstanden: „Gebt dem Kaiser zurück, was dem Kaiser gehört. Und gebt Gott zurück, was Gott gehört." (Mt 22,21) Der Staat braucht zwar die Werte als Grundlage, die das Christentum immer propagiert hat, die es selbst aber teilweise auch aus der griechischen Philosophie übernommen hat. Der Staat sollte gegenüber den Kirchen unabhängig bleiben und einen Raum bieten, in dem Menschen aller Religionen gleichberechtigt miteinander leben können. Die Trennung muss allerdings nicht so strikt sein, wie etwa in Frankreich. Dass ein sinnvolles Miteinander für beide Seiten gut ist zeigt der soziale Einsatz der Kirchen in Caritas und Diakonie.

7. Die Gewaltgeschichte des Christentums

Das Christentum ist zwar als Religion des Friedens angetreten – wie beispielsweise die Bergpredigt es zeigt und fordert –, aber es hat sich in seiner Geschichte keineswegs immer gewaltfrei verhalten und unter seinem Namen wurden immer wieder auch expansive und exklusive Ansprüche aggressiv vertreten. Und nicht nur die Gewaltstellen der Bibel sind problematisch, sondern auch die Gewalttaten, die durch die Kreuzzüge begangen wurden, haben im Bewusstsein der Muslime eine bleibende Narbe hinterlassen. Wie kann man die Liebesbotschaft des Christentums mit diesen Gewalttaten, die auch in der Gegenwart wirksam sind, im Einklang bringen?

Religionen und Politik standen in der Geschichte immer auch in einer Wechselbeziehung. Religiöse Gefühle wurden immer wieder in den Dienst der Macht gestellt, politisch instrumentalisiert und missbraucht. Auf dieses „Doppelgesicht des Religiösen" hat u.a. der Politikwissenschaftler Hans Maier hingewiesen. Auf „Befehle Gottes" berufen sich schließlich bis heute Terroristen, Diktatoren und Nationalisten. Hans Maier fordert daher die klassische Unterscheidung zwischen Religion und Politik und weist darauf hin, dass Religion der Rückbesinnung auf ihr Eigentliches sowie der Vernunftklärung und der institutionellen Sicherung bedarf, um nicht dem Missbrauch offen zu stehen. Das gilt für alle Religionen und für den Friedensimpuls der Bergpredigt im Christentum ganz besonders. Und was die biblischen Stellen angeht: Da ist es zunächst wichtig, die Stellen, in denen von Kriegen und Gewalttaten erzählt wird, bildhaft zu deuten. Es geht heute ja nicht mehr darum, äußere Feinde zu besiegen. Schon innerhalb der Bibel hat man diese Stellen bildhaft verstanden als Kampf gegen die inneren Feinde, die uns daran hindern, uns ganz und gar für Gott zu öffnen.

Und natürlich muss die Kirche ihre eigene Gewaltgeschichte ehrlich anschauen und betrauern, wieviele Menschen durch religiös begründete Gewalt verletzt worden sind. Die Kirche muss betrauern, was etwa durch die Kreuzzüge, durch einen sich theologisch begründenden aggressiven Antijudaismus, durch die gewaltsame Eroberung Lateinamerikas und die gewaltsame Christianisierung der Indios an Leid erzeugt worden ist. Leider gibt es auch heute fundamentalistische Christen, die Gewalt gegen Andersdenkende gutheißen. Sie argumentieren ähnlich wie die Islamisten. Die Christen, die die Botschaft Jesu verstehen, und die Muslime, die den Koran gemäß ihrer toleranten Tradition auslegen, haben gemeinsam die Aufgabe, die aggressiven Tendenzen, die sowohl im Namen des Christentums als auch im Namen des Islam propagiert werden, als falsche Auslegung ihres Glaubens zu entlarven und zu entmachten.

Wir Christen müssen uns immer wieder neu der Botschaft Jesu stellen, wie er sie vor allem in der Bergpredigt verkündet hat. Der frühere Bundeskanzler Helmut Schmidt hat einmal sehr forsch behauptet, mit der Bergpredigt könne man keine Politik machen. Doch christliche Politik muss sich aber gerade auch heute an der Bergpredigt orientieren. Die Feindesliebe ist nichts Romantisches, sondern die Bedingung dafür, dass Menschen, die jahrhundertelang verfeindet waren, zu einer Gemeinschaft zusammenfinden können. Das Nicht-Bewerten, das Nicht-Richten sind geeignete Wege, in unsere Gesellschaften eine barmherzigere Stimmung hineinzutragen. Wir Christen haben die Botschaft Jesu. Aber wir leben sie nicht immer konsequent. Das ist sicher eine berechtigte Anfrage der Muslime an uns Christen. Umgekehrt sehen wir das gleiche Problem natürlich im Islam. Daher braucht es auf beiden Seiten Demut, um die eigenen Fehler einzugestehen und sich (christlicherseits) ehrlich darum zu bemühen, der eigentlichen

Intention Jesu zu folgen, bzw. (auf muslimischer Seite) die tolerante Auslegung des Islam als Grundlage für das Verhalten gegenüber Andersgläubigen zu nehmen. Es führt nicht weiter, sich gegenseitig nur die Fehler aufzurechnen, die in der Geschichte des Christentums und des Islam begangen wurden. Wichtig ist, gemeinsam nach einer friedlichen Zukunft zu suchen. Und die ist nur möglich, wenn wir ehrlich und zugleich demütig auf die Botschaft der je eigenen Religion hören und sie befolgen.

Horizonte und Felder
der Spiritualität

Woher kommen wir?

1 Geschöpflichkeit im muslimischen Verständnis

von Ahmad Milad Karimi

Nach einer Aussage des Propheten Muhammad, die gerne in der Sufi-Tradition zitiert wird, richtet David an Gott die Frage: „O Herr, was war deine Absicht bei der Erschaffung der Welt?" Die Antwort: „Ich war ein verborgener Schatz, und ich wollte erkannt werden, deshalb schuf ich die Welt." Hier wird Gott als Sehnsucht der Schöpfung bestimmt. Die Geschöpflichkeit der Menschen ist demnach von der bleibenden Bezogenheit des Menschen auf Gott her zu verstehen. Mensch ist, wer aus und in der Sehnsucht nach Gott lebt. Wir sind kein Zufallsprodukt der Natur, sondern aus der Liebe und Entschlusskraft Gottes entsprungen. Die ersten Worte, die dem Propheten Muhammad offenbart wurden, bilden den Anfang der Sure 96 des Korans: „Trag vor im Namen deines Herrn, der erschuf, erschuf den Menschen aus einem Blutklumpen! Trag vor, denn dein Herr ist im Guten unübertrefflich, der durch das Schreibrohr nahebrachte, den Menschen lehrte, was er nicht wusste!" Gott als Ursprung von allem erschafft den Menschen und bleibt sein Begleiter im Leben, indem Er ihm erstens Wissen und Erkenntnis und zweitens seine Offenbarung gewährt, ist er doch schwach erschaffen, wie es im Koran (4,28) heißt. Daher stellt Muhammad Iqbal treffend fest: „Der Hauptzweck des Koran ist es, im Menschen das höhere Bewusstsein seiner vielfältigen Beziehungen zu Gott und zum Universum zu erwecken."[12]

> **Wir sind kein Zufallsprodukt der Natur**

Die Frage, ob und was der Mensch vor der Erschaffung war, wird in der islamischen Tradition unterschiedlich beantwortet: Es gibt eine entscheidende Stelle im Koran, die auf eine Art Präexistenz der Menschen anspielt: „Und als dein Herr nahm aus den Kindern Adams, aus ihren

> **Die Erschaffung des Menschen**

55

Lenden, ihre Nachkommen und sie zeugen ließ gegen sich selbst: „Bin Ich nicht euer Herr?", sagten sie: „Ja, wir bezeugen es" (Koran 7,172). Aber auch die andere Position, dass wir nichts waren und sind, gibt es, z. B. bei ʿOmar Chayyām.

Die Erschaffung der Menschen findet im Koran mehrfach und in vielen Perspektiven Erwähnung und ist dabei immer im Hinblick auf die Gottesbeziehung bedacht. Zunächst wird in biblischer Tradition angeführt, dass der Mensch aus Lehm erschaffen ist. Adam ist der Prototyp des Menschen überhaupt. Das heißt: Insofern ich Mensch bin, ist mein Menschsein aus dem gleichen Ursprung wie der des ersten Menschen: „Das Lob Gott, der erschaffen die Himmel und die Erde, geschaffen die Finsternisse und das Licht! (…) Er ist es, der euch aus Lehm erschaffen und dann eine Frist bestimmt" (Koran 6,1f). Endlichkeit prägt das menschliche Dasein. Der Schöpfer des Menschen bleibt aber nicht abstrakt und fern, sondern er gibt sich zu erkennen als „Herr der Menschen" (Koran 114). Der Mensch ist „aus trockenem Lehm, gestaltbarem Schlamm" (Koran 15,26) entsprungen, aber er bleibt nicht Lehm und Schlamm, sondern nimmt Gestalt und Vernunft an. Sodann wird die Zeugung des Menschen angesprochen: „Und wahrlich, geschaffen haben Wir den Menschen aus etwas Lehm, ihn dann gemacht zu einem Tropfen an einem sicheren Ort. Dann den Tropfen geschaffen zu einem Blutklumpen, dann den Blutklumpen geschaffen zu einem Körperklumpen, dann den Körperklumpen geschaffen zu Knochen, dann die Knochen bekleidet mit Fleisch, dann ließen Wir ihn entstehen als eine Schöpfung, eine andere. So sei gesegnet Gott, der beste Schöpfer" (Koran 23,12–14). Und es ist Gott, so erfahren wir aus dem Koran, der „beide Geschlechter, das männliche und das weibliche, aus einem Tropfen, der ausgestoßen" (Koran 53,45f) wird, erschaffen hat und der ihnen etwas „von Seinem Geist" (Koran 32,9) eingehaucht hat: „O ihr Menschen, fürchtet euren Herrn, der euch erschuf aus einer Seele und erschuf aus ihr ihre Frau, der aus ihnen beiden Männer, viele, und Frauen vermehrt hat!" (Koran 4,1). Beide Geschlechter sind aus einer Seele erschaffen.

Bedeutsam ist zudem, dass die Geschöpflichkeit des Menschen als „schön" prädiziert wird: „Erschaffen hat Er die Himmel und die Erde in Wahrheit. Und gestaltet hat Er euch, schön eure Gestalt – und zu Ihm führt die Heimkehr" (Koran 64,3). Und noch prägnanter: „Wir haben den Menschen in schönster Form erschaffen" (Koran 95,4). Nicht nur der Mensch, sondern die ganze Schöpfung Gottes trägt Schönheit, wie der Prophet bezeugt: „Gott hat allen Dingen die Schönheit eingeschrieben."[13] Die Schönheit der Geschöpfe und insbesondere der Menschen spiegeln nach islamischem Selbstverständnis die Schönheit Gottes wieder, denn der Prophet sagt: „Wahrlich, Gott ist schön und er liebt die Schönheit." In der Schönheit begegnen wir unserer Endlichkeit, und in der Schönheit sehen wir uns getragen.

Die Schöpfung ist schön

Doch die Einsicht in diese Schönheit will kein bloßes Wort sein. Sie zielt auch auf die Lebenspraxis. Im Koran wird mehrfach vorgetragen: „Gott liebt die Schönhandelnden" (Koran 2,195). Zur Geschöpflichkeit gehört nämlich zentral auch der Gedanke, dass wir Menschen auf Erden einen besonderen Auftrag haben. Im Koran wird dem Menschen aufgetragen, als „Statthalter Gottes" auf Erden zu fungieren.[14] Damit tragen wir Menschen die besondere Verantwortung, die Schöpfung in Respekt vor ihrem durch Gott gegebenen Wert nachhaltig zu bewahren, Leben und Lebendiges zu schützen, zwischen Menschen Frieden zu stiften. Im Koran wird die Stelle sehr bewegend erzählt, als Gott den Engeln mitteilt, dass Er den Menschen diese Verantwortung anvertraut, und die Engel darüber staunen und sagen: „„Willst Du auf ihr einsetzen einen, der auf ihr stiftet Unheil und Blut vergießt? Da doch wir Dein Lob preisen und Dich heiligen!"" Er sprach: „„Ich weiß sehr wohl, was ihr nicht wisst"" (Koran 2,30). Menschliches Geschöpf zu sein heißt, auf Gott zu vertrauen, und auf diesem Vertrauen gründet unsere Existenz.

Geschöpflichkeit: Schönheit als Auftrag

Muslimisches Selbstverständnis: Diener Gottes und Gottes bedürftig

Einen klaren Umriss gewinnt die Geschöpflichkeit im Islam in dem Ausdruck, dass sich die Muslime als Diener Gottes verstehen. Die Bezeichnung „Sein Diener" findet im Koran zweimal in Bezug auf den Propheten Muhammad Verwendung.[15] Damit ist einerseits die klare Geschöpflichkeit des Propheten benannt und andererseits die Würde des Propheten hervorgehoben, „Sein Diener" zu sein, von dem zugleich gesagt wird: „Ja, du bist von gewaltigem Charakter" (Koran 68,4). Diener Gottes zu sein ist keine Herabsetzung des Menschen; vielmehr ist damit die Lobpreisung Gottes in die eigene Person aufgenommen. Muhammad Iqbal schreibt: „Vor ihm wirft sich das Weltall in den Staub, und doch nennt er nur „Diener Gottes" sich."[16] „Dienerschaft" meint aber keine Versklavung, keine militärische Ergebenheit, keine blinde Gefolgschaft oder dergleichen, sondern die Einsicht in die eigene Geschöpflichkeit und Begrenztheit und die Hoffnung darauf, dass wir von unserem Schöpfer getragen sind, dem wir uns hingeben. Der Islam lehrt, dass der Mensch sich selbst nicht genug ist. Zum Leben benötigen wir nicht nur (als soziale Wesen) Mitmenschen, sondern grundlegend Gott: „O ihr Menschen", heißt es im Koran, „ihr seid Bedürftige Gottes!" (Koran 35,15). Es geht hier nicht um Bedürftigkeit im Sinne ökonomischen Mangels, sondern um eine spirituelle Bedürftigkeit. Sehnsucht ist der Ausdruck davon. Sie ist es, die uns zu Gott hin orientiert und öffnet. Woher wir kommen und wohin wir gehen, fällt daher in eins: „Wir sind Gottes und zu Ihm kehren wir zurück" (Koran 2,156).

2 Christliches Schöpfungsverständnis

von Anselm Grün

Dankbarkeit und Verantwortung

Für uns Christen ist es klar, *dass* Gott den Menschen geschaffen hat. Das ist eine theologische Aussage. Zu klären, *wie* der Mensch entstanden ist, das ist Aufgabe der naturwissenschaftlichen Forschung. Die theologische Aussage, dass der Mensch von Gott erschaffen wurde, bedeutet: Der Mensch wird seinem Wesen nur gerecht, wenn er sich als Geschöpf Gottes versteht. Wir verdanken Gott unser Dasein. Daher ist die angemessene Haltung des Menschen die Dankbarkeit. Alles, was wir sind und haben, haben wir von Gott empfangen, verdanken wir seiner Güte. Wir sind auf Gottes Gnade angewiesen. Und unsere Berufung ist es, in der Kontemplation eins zu werden mit Gott, mit unserem Schöpfer. Aber als vernunftbegabte Geschöpfe sind wir auch verantwortlich für die Schöpfung. Das heißt: Wir sollen gut mit ihr umgehen. Die griechischen Kirchenväter meinen sogar, dass es die Aufgabe des Menschen als vernunftbegabtes Wesen sei, die Schöpfung nach Gottes Plan zusammenzuhalten.

Wie Gott den Menschen erschaffen hat, das erzählt uns die Bibel in zwei Schöpfungserzählungen, die dies jeweils etwas anders beschreiben. Diese beiden Erzählungen sind bildhaft zu verstehen. Als Bilder für das Wesen des Menschen sind sie heute noch gültig. Und sie stehen nicht im Gegensatz zur wissenschaftlichen Erkenntnis. Beide Aussageweisen stehen jeweils auf einer anderen Ebene.

Zwei biblische Schöpfungserzählungen

Im ersten Bericht heißt es, dass Gott nach der Erschaffung der Welt, der Erde und des Himmels, der Pflanzen und Tiere den Menschen erschafft: „Gott schuf den Menschen als sein Abbild; als Abbild Gottes schuf er ihn. Als Mann und Frau schuf er sie" (Gen 1,27).

Im zweiten Schöpfungsbericht formte Gott „den Menschen aus Erde vom Ackerboden und blies in seine Nase den Lebensatem. So wurde der Mensch zu einem lebendigen Wesen" (Gen 2,7). Gott setzt den Menschen in den Garten Eden. Dort formt er aus dem Ackerboden die verschiedenen Tiere. Der Mensch darf ihnen den Namen geben. Aber Gott erkennt, dass es für den Menschen nicht gut ist, dass er allein ist. Und in den Tieren findet er nicht den angemessenen Partner. So formt Gott aus der Rippe Adams eine Frau, die er Eva nennt. In ihr erkennt Adam, dass sie Fleisch von seinem Fleisch ist. Die innere Verwandtschaft zwischen Mann und Frau ist der Grund dafür, dass der Mann Vater und Mutter verlässt und sich an seine Frau bindet: „Und sie werden *ein* Fleisch" (Gen 2,24).

Der Mensch als Bild Gottes Die christlichen Theologen haben versucht, die bildhaften Erzählungen der Bibel mit den Aussagen der griechischen Philosophie zu verbinden. Die Septuaginta übersetzt die beiden Wörter, die im Hebräischen das Gleiche bedeuten – Abbild –, mit zwei verschiedenen Wörtern: „eikon = Bild (Gottes)" und „kat' homoiosin = zu seiner Ähnlichkeit". Die griechischen Theologen haben daraus die Lehre entwickelt, dass der Mensch von seinem Wesen her Bild Gottes ist. Aber seine Aufgabe ist es, diesem Bild immer ähnlicher zu werden. In der Geschichte der Menschheit hat die Sünde das ursprüngliche Bild des Menschen getrübt. Jesus ist das wahre Abbild Gottes. In ihm erscheint das reine Bild Gottes. Und so soll der Mensch Christus immer ähnlicher werden, damit er dem ursprünglichen Bild Gottes in ihm immer mehr gleicht. Das ursprüngliche Bild Gottes im Menschen leuchtet erst dann in seiner Schönheit auf, „wenn Menschen durch Christus befreit sind aus der Versklavung an die Sünde und fähig werden, ihre bei der Schöpfung geschenkten Fähigkeiten zur vollen Reife zu entwickeln".[17]

Die Aussagen des zweiten Schöpfungsberichtes wurden von der Theologie also zum einen so entfaltet, dass der Mensch Gott ganz nahe ist, weil er von Gottes Lebensodem durchdrungen ist. Und man entwickelte aus der biblischen Erzählung eine eigene Theologie von Mann und Frau, von Sexualität und Partnerschaft. Mann und Frau gehören zusammen und sind zusammen das Bild Gottes. Die Liebe, die Mann und Frau zueinander empfinden, hat teil an der Liebe Gottes zum Menschen. In der sexuellen Liebe erfahren Mann und Frau etwas von der ursprünglichen Einheit mit Gott und von ihrer inneren Zusammengehörigkeit.

Von Gott berührt in der Schönheit Der Gedanke der Schönheit, den der Islam mit der Erschaffung des Menschen durch Gott verbindet, ist auch für die christliche Theologie wichtig, auch wenn in der Tradition der Aspekt der Schönheit nicht immer gebührend entfaltet worden ist. Die Bibel sagt uns: Nachdem Gott die Welt und den Menschen erschaffen hatte, sah er alles an, „was er gemacht hatte: Es war sehr gut" (Gen 1,31). Die Septuaginta übersetzt das hebräische Wort „tob" mit „kalos". „Kalos" bedeutet

„schön". Gott sah also, dass alles schön war. Platon hatte als Philosoph festgestellt: „Alles, was ist, ist wahr und gut und schön." Das Schöne gehört also wesentlich zum Sein. In der Schönheit leuchtet die Urschönheit auf, die Gott selbst ist. Die Bibel spricht immer wieder von Gottes Herrlichkeit und Schönheit. Die Psalmen preisen Gottes Schönheit. Die Schönheit ist sicher ein Ort, an dem Christen wie Muslime Gott in gleicher Weise erfahren können. Von Schönheit sind die Menschen immer fasziniert. Wenn wir uns von der Schönheit berühren lassen, lassen wir uns von Gott selbst berühren. Denn Gott ist das Urschöne.

Platon verbindet Schönheit mit Liebe. Schönheit ruft in uns Liebe hervor. Und die Liebe befähigt uns, die Schönheit zu erkennen. Das gilt auch vom Menschen. Wenn ich mich liebevoll anschaue, dann bin ich schön. Und wenn ich andere Menschen liebevoll anschaue, dann erkenne ich ihre Schönheit. Hässlich ist nur der, der sich selbst hasst. Und der andere erscheint uns als hässlich, wenn wir ihn hassen. Das deutsche Wort „schön" kommt von „schauen", aber auch von „schonen". Das Schöne kann ich nur wahrnehmen, wenn ich es schone. Das gilt vom Menschen und von der Schöpfung. Die Schönheit der Schöpfung will geschont werden. Nur dann leuchtet sie mir auf.

Die Aufgabe des Menschen ist es nach dem zweiten Schöpfungsbericht, dass er den Garten Eden hege und pflege. Wir sollen also achtsam mit der Natur umgehen. Im ersten Schöpfungsbericht gibt Gott dem Menschen den Auftrag: „Bevölkert die Erde, unterwerft sie euch, und herrscht über die Fische des Meeres, über die Vögel des Himmels und über alle Tiere, die sich auf dem Land regen" (Gen 1,28). Diesen Auftrag haben manche Christen im industriellen Zeitalter so missverstanden, dass sie die Schöpfung nach ihren Zwecken ausbeuteten. Doch das ist nicht der Sinn der biblischen Aussage. Die frühen Kirchenväter und das Mittelalter verstanden diesen Auftrag so, dass der Mensch Statthalter Gottes auf Erden ist und die Schöpfung so erhalten soll, wie sie von Gott gedacht war. Der Mensch hat sich also der Ordnung Gottes einzuordnen und darf sich nicht über sie stellen.

Die Schöpfung ist uns aufgegeben

**Einheit der
Menschheit in
Adam und Christus**

Die Bibel erzählt, dass Gott zuerst Adam geschaffen hat. Adam ist der Stammvater, von dem alle Menschen stammen. Die griechischen Kirchenväter haben daraus die Lehre entwickelt, dass alle Menschen von ihrem Ursprung her eins sind. Daher gehören alle Menschen zusammen und haben die Aufgabe, in Frieden miteinander zu leben. Die Erlösung durch Jesus Christus wurde so verstanden, dass Christus durch seine Menschwerdung die Einheit der Menschheit wiederhergestellt hat. Die Menschwerdung Christi berührt also alle Menschen. Alle sind durch Christus wieder mit dem göttlichen Funken in Berührung gekommen. So sollen alle in Christus vereint sein, auch wenn sie ihn nicht kennen oder bekennen. Entscheidend ist, dass wir im Grunde unseres Menschseins eins sind miteinander. Unsere Aufgabe besteht darin, diese Einheit immer mehr zu verwirklichen.

Ausgangspunkt und Ziel
unseres Lebens: Gott

1 Die muslimische Vorstellung vom einen Gott

von Ahmad Milad Karimi

Bevor Muhammad zum Propheten erwählt wird, ist er auf der arabischen Halbinsel des 7. Jahrhunderts mit einer Vielzahl an religiösen Gemeinschaften und mit deren Göttern und Götzen vertraut. Doch

Der Glaube an Gott: das tragende Element im Islam

sein Herz findet keine Ruhe inmitten der bunten Darbietungen an der Kaaba in Mekka: damals das zentrale Heiligtum vieler von den arabischen Stämmen verehrter Gottheiten. Er ist ein Gottsucher, ohne zu wissen, wo er ihn, den Unergründlichen, suchen soll. Und als ihm der Engel Gabriel unerwartet erscheint, fordert er ihn auf, sich „im Namen Gottes" aufzurichten und zu sprechen. Die Frage, die er sich stellt, aber nicht ausspricht, ist eindeutig: Im Namen welchen Gottes? Vers für Vers wird der Prophet dann belehrt. Der Koran ist also eine Schule für das Verständnis dessen, was wir Gott nennen. Im arabischen Wortlaut heißt er: Allāh, das heißt: *der* Gott, der *eine* Gott. Dabei geht es nicht um Allāh als einen speziellen Gott der Muslime. Juden und Christen, die sich auf Arabisch artikulieren, sprechen ebenso Gott als Allāh an. Ebenso benennen Muslime, die nicht Arabisch schreiben, ihn in ihrer jeweiligen Sprache. So können wir für das Wort *Gott* bei dem bedeutenden muslimischen Theologen Muḥammad al-Ġazālī (gest. 1111) *Allāh* lesen, wenn er auf Arabisch schreibt, und *Khūdā*, wenn er auf Persisch schreibt. In das Leben der Muslime ist die Einsicht eingeschrieben, dass Gott nicht bloß ein Wort und nicht einfach ein Name ist. Wenn Muslime von Gott sprechen, sprechen sie vor allem von der Sehnsucht, auf die hin sie ihr Leben ausrichten. Es geht um ein Leben, das Gott vergegenwärtigt, der mich tröstet, der mich trägt, der mich zum Guten leitet und der mich zu meiner Wahrheit führt. „So gedenkt Meiner, auf dass Ich euer gedenke", heißt es im Koran (2,152).

Der Prophet Muhammad wird damit vertraut, dass Gott als Erschaffer aller Dinge zugleich auch als Richter am Tage des Gerichts Gerechtigkeit walten lässt,[18] ist er doch als der ewig Lebendige[19] und einzig Beständige[20] der Herr über Leben und Tod. „Von Gott kommen wir und zu Ihm ist die Heimkehr", heißt es im Koran (2,156). Die Muslime begreifen die Erfüllung ihrer Existenz erst in und aus der Hingabe zu dem einen Gott: „Wer hat schönere Religion, als der, der sein Angesicht hingibt Gott!" (Koran 4,125).

Besonders hervorgehoben: Die Einheit Gottes

Allem voran wird im Islam die Einheit Gottes (arab. tauḥīd) hervorgehoben. „Sag: Er ist Gott, der Eine. Gott, der Vollkommene. Nicht hat Er gezeugt und nicht ist Er gezeugt. Und nicht gleich ist Ihm einer!" (Koran 112). Es gibt nur den einen Gott, wobei seine Einheit keine numerische Einheit in dem Sinn bedeutet, dass wir uns Gott der Zahl nach als einen vorstellen. Vielmehr stellt seine absolute Einheit seine Einzigkeit dar: also, dass er keinen Partner oder Teilhaber hat, nicht in Personen unterteilt und auch übergeschlechtlich ist. Mit der Erschaffung der Welt hat Gott etwas anderes generiert, ohne dass damit seine absolute Einheit verletzt würde. Er bleibt nicht unabhängig von ihr, sondern greift in die Welt ein – durch seine Gesandten, durch seine Offenbarung, seine Rechtleitung –, um sie zu vollenden. Gott ist unvergleichlich der Eine, der vollkommen rein ist von jeglicher inneren Verhältnisbestimmung. „Gäbe es in beiden [sc. in den Himmeln und auf Erden] Götter außer Gott, dann wären sie beide verfallen dem Unheil", sagt der Koran (21,22). Alles, was gewesen ist, gegenwärtig ist und künftig sein wird, ist auf den einen Gott zurückzuführen. Er ist jenseits der Zweiheit und Vielheit. Im Koran tritt diese Wirklichkeit Gottes aber nicht als Konkurrenz zur jüdischen und christlichen Gottesvorstellungen hervor. Im Gegenteil: Der Prophet Muhammad erkennt Gott als den Gott, der sich zuvor Abraham, Isaak, Noah, Jakob, Josef, David, Salomon offenbart,[21] sich aber auch durch die Tora und durch das Evangelium mitgeteilt hat. Insofern glauben die Muslime an einen gemeinsamen Gott, der sich in unterschiedlichen geschichtlichen Zusammenhängen in je anderer Weise den Menschen offenbart hat.

Zur Vorstellung von Gott im Islam gehört aber auch, dass Gott unvorstellbar ist. Er ist uns nicht verfügbar, wie uns die Dinge der Welt verfügbar sind oder verfügbar gemacht werden. Im Koran gibt es zwar eine Reihe anthropomorpher Aussagen über Gott, so wenn etwa die Rede von der Hand

Unvorstellbar und unverfügbar – Erkenntnisformen auf dem Weg des Herzens

oder dem Angesicht Gottes ist. Aber in der islamischen Theologie hat sich vor allem die Auslegung durchgesetzt, dass wir zwar vom Angesicht Gottes sprechen können, aber ohne sagen zu können, *wie* es ist. Während sich die Erkenntnis Gottes einer rationalen Annährung entzieht, sieht der spirituelle Weg des Islam einen ganz anderen Weg der Erkenntnis Gottes vor, der sich als Weg des Herzens beschreiben lässt. Der Weg des Herzens kennt eine Reihe von Erkenntnisformen, die von inneren Lichtblitzen, innerer Enthüllung und innerer Schau bis hin zur Ekstase und zum geistigen Schmecken Gottes reichen.[22] So sagt der Prophet Muhammad: „Die Wege zu Gott sind so zahlreich wie die Atemzüge der Menschen."[23]

Seine absolute Einheit und vollkommene Transzendenz (Gott als Erschaffer der Welt ist nicht selbst Teil der Welt, sondern überschreitet sie) wird durch seine Liebe und Barmherzigkeit übertroffen, indem er sich Menschen zuwendet, sie heilt, rechtleitet und Frieden finden lässt. „Sag: ‚Ruft Gott an oder ruft den Barmherzigen an, wie ihr Ihn anruft, Sein sind die Namen, die schönsten'" (Koran 17,110). Sein sind die schönsten Namen, weil Gott schön ist, bezeugt der Prophet Muhammad und sagt: „Er liebt die Schönheit."[24] Im Koran sind eine Reihe an Eigenschaften und Namen Gottes enthalten, die für das spirituelle Leben der Muslime eine große Bedeutung haben: der Herrscher und König, der Majestätische, aber auch: der weise Richter, der Gütige etc. Es sind die schönsten Namen Gottes, die in der islamischen Frömmigkeit auch als die 99 Namen Gottes gepriesen werden – mit der Idee, dass uns der hundertste Name Gottes verborgen ist. Der Prophet selbst soll die 99 Namen laut ausgesprochen und den hundertsten Namen ins Ohr eines Kamels geflüstert haben …

Unterscheidung von Tateigenschaften und Wesenseigenschaften

In der islamischen Theologie wird unterschieden zwischen den Tateigenschaften Gottes als denjenigen Eigenschaften Gottes, die erst mit der Erschaffung der Welt an Bedeutung gewinnen, und den Wesenseigenschaften Gottes als den Eigenschaften, die Gott als Gott unabdingbar zukommen und keinen Gegensatz haben können. Jede theologische Denkschule hat dabei eine eigene Klassifizierung vorgenommen. Unbestritten ist jedoch, dass Gott Leben, Wissen, Macht und Wille wesentlich zukommen. Bei der theologischen Denkschule der Ašʿarīya werden auch Hören, Sehen und Sprechen als Wesenseigenschaften Gottes bezeichnet, bei der Denkschule der Māturīdīya wird neben den erwähnten sieben Eigenschaften auch die Erschaffung der Welt (arab. takwīn) als Eigenschaft Gottes genannt. Nicht nur das Faszinosum, sondern auch das Tremendum in der Wirklichkeit Gottes wird angesprochen. Von der dunklen Seite Gottes sprechen etwa ʿOmar Chayyām oder Farīd ad-Dīn ʿAṭṭār, die in Anlehnung an Hiob mit Gott hadern und Gott anklagen. Aber auch hier kommt die Unverfügbarkeit Gottes stark zum Ausdruck. Wenn im Islam von Gottesfurcht die Rede ist, ist dies nicht zu verwechseln mit der weltlichen Furcht: Die weltliche Furcht bewirkt, dass wir von etwas weglaufen, aber die Gottesfurcht ist eine Ehrfurcht, die die Menschen anzieht, so al-Ġazālī.

Innere Nähe: Aneignung der Namen Gottes

Die Namen Gottes sollen dabei nicht nur äußerlich und theoretisch bleiben, sondern in die eigene Person aufgenommen werden. Der muslimische Mystiker Ibn ʿArabī (gest. 1240) sagte sogar: „Die Aneignung der Namen Gottes – das ist Sufismus."[25] Denn die Aneignung der Eigenschaften Gottes schafft eine innere Nähe zu Gott. So kann im Menschen die Selbstenthüllung Gottes durch seine Namen verwirklicht werden. Dies ist eine Annäherung des Menschen an Gott, und in diesem Zusammenhang entsteht auch die Idee der Selbstentwerdung. Der Weg zu Gott zeigt sich als ein Weg nach innen: „Wir werden sie sehen lassen Unsere Zeichen an den Horizonten und an ihnen selbst, damit ihnen klar werde, dass es die Wahrheit" ist (Koran 41,53). Mit der Offenbarung des

Korans gewinnt daher die Transzendenz Gottes eine unfassbare Nähe. Der Prophet Muhammad überliefert das außerkoranische Wort Gottes: „Gott sprach: Himmel und Erde umschließen Mich nicht, aber das Herz Meines gläubigen Dieners umschließt Mich."[26] Wenn Gott auch nach dem islamischen Selbstverständnis nicht Mensch geworden ist, ist er doch dem Menschen nicht fern. ʿAṭṭār schreibt etwa am Ende seiner Schrift „Die Vogelgespräche", dass zwar die Reise des Lebens *zu* Gott ende, aber nun beginne die Reise *in* Gott, worüber er aber nichts sagen könne und schweige. In diesem Zusammenhang zu sehen ist auch das, was Gott dem Propheten Muhammad ans Herz legt: „Und wenn dich Meine Diener befragen über Mich: Nah bin Ich! Ich höre den Ruf des Rufenden, wenn er Mich anruft" (Koran 2,186).

Auf nichtmuslimischer Seite besteht oft der Eindruck, die Gottesvorstellung der Muslime sei von zu großer Distanz zu Gott bestimmt. Die Distanz Gottes besteht allerdings nicht darin, dass er „ganz oben", also unendlich weit weg, ist, sondern ist dadurch gegeben, dass er uns sehr nahe ist: „näher als unsere Halsschlagader", wie es im Koran (50,16) heißt. Gott sagt selbst: „Ich höre den Ruf des Rufenden, wenn er mich anruft." (Koran 2,186) Und mein persönlicher Lieblingsvers aus dem ganzen Koran lautet: „Er ist mit euch, wo immer ihr seid. Und wo auch immer ihr anblickt, ist das Antlitz Gottes." (2,115) Christlich könnte man sagen: Gott ist unter uns durch die Person Jesus von Nazareth. Jüdisch könnte man sagen: Gott ist über uns. „Gott ist mit uns" wäre die entsprechende islamische Formel. So gesehen wäre der Islam gewissermaßen die Versöhnung der beiden Religionen Judentum und Christentum. Diese Nähe Gottes ist aber dennoch eine Art Verweigerung: eine Verweigerung der Möglichkeit, sich zum Herrn über Gott zu machen. Wenn Gott mir verfügbar bleibt, kann ich auch „in seinem Namen" leben. Aber Muslime leben in Wahrheit nicht im Namen Gottes, sondern in Verantwortung vor Gott. In dem Augenblick, in dem man „im Namen Gottes" etwas tut, hat man Gott sozusagen vor sich stehen. Und das ist ein Missverständnis. Die Begründung „im Namen Gottes" kann grundsätzlich alles erlauben. In diesem

Nähe und Distanz Gottes: „Er ist mit uns"

Bewusstsein wäre es dann auch „gut", so die Missdeutung, wenn ich den anderen töte, weil es im Namen Gottes ist. Aber wenn ich in Verantwortung vor Gott handle, lebe und liebe, heißt das, dass ich immer auch eine kritische Distanz zu mir selbst und zu meinen Handlungen entwickeln muss.

2 Wie Christen vom dreifaltigen Gott sprechen

von Anselm Grün

Gott ist letztlich unverfügbar und unbegreiflich

Vieles, was der Koran über Gott sagt, können wir Christen ähnlich sagen. Auch für Christen ist Gott der eine Gott. Es gibt nur einen einzigen Gott. Die verschiedenen Religionen haben nur jeweils andere Namen und andere Gottesvorstellungen. Keine Gottesvorstellung entspricht ganz und gar Gott. Denn Gott ist für Muslime wie für Christen letztlich jenseits aller Bilder und Vorstellungen. Auch für uns Christen ist Gott unverfügbar. Er entzieht sich immer wieder unserem Bemühen, ihn zu definieren. Gott ist letztlich unvorstellbar und unbegreiflich. Trotzdem lädt uns die Bibel ein, uns Bilder von Gott zu machen und Gott Eigenschaften zuzuordnen. So wie der Islam 99 Namen Gottes kennt, so beschreibt die christliche Theologie auf dem Hintergrund der biblischen Erzählungen wichtige Eigenschaften Gottes: Gott ist barmherzig, er ist allmächtig, gütig. Er ist Liebe. Er ist Kraft und Energie und Licht. Er ist Geist. Er ist der Schöpfer der Welt und ihr Erhalter. Und er ist der Schützer der Menschen. Er liebt die Menschen und sorgt für sie.

Wenn Dogmatik die Kunst ist, das Geheimnis offenzuhalten, dann ist auch die Rede von der Dreifaltigkeit in der christlichen Dogmatik ein Modell, von diesem einen unbegreiflichen Gott zu sprechen, ohne sein Geheimnis und seine Unverfügbarkeit aufzulösen. Auch im Bild der Trinität geht es darum, diese Spannung zwischen Gott und Mensch, aber auch die Nähe Gottes zum Menschen auszudrücken und um das angemessene Verstehen der besonderen Bedeutung Jesu zu ringen.

Die christliche Gottesvorstellung, die des dreifaltigen Gottes, ist für Muslime nur schwer verständlich. Wenn wir vom dreifaltigen Gott sprechen, so sprechen wir nicht von drei Göttern, sondern von dem einen und einzigen Gott. Das Sprechen von

Was meint die christliche Vorstellung der Dreifaltigkeit?

drei Personen ist missverständlich, weil wir uns dann Gott doch in drei *verschiedenen* Personen vorstellen. Die griechische Theologie, die die Lehre vom dreifaltigen Gott auf dem Hintergrund biblischer Bilder entfaltet hat, spricht nicht von Personen, sondern von „Hypostasen". Das ist ein schwer verständlicher Begriff. Aber er teilt Gott nicht in drei Personen ein. Die Lehre vom dreifaltigen Gott will beschreiben, dass Gott sich dem Menschen gegenüber auf drei verschiedene Weisen verhält. Gott ist der Schöpfer, der uns erschaffen hat und uns im Dasein hält. Gott ist uns nahe gekommen in Jesus Christus. Gott ist herabgestiegen in unsere Menschlichkeit, damit wir Gott gerade in der Tiefe unserer Seele und auch in der Tiefe unseres Leibes, unserer Menschlichkeit wahrnehmen. Und in Jesus begleitet uns Gott, geht mit uns unsere Wege. Die Nähe Gottes wird nochmals gesteigert im Bild des Heiligen Geistes. Gott begleitet uns nicht nur in Jesus, sondern er ist in uns. Der Geist, den wir atmen, ist Heiliger Geist. Gottes Geist ist in uns und inspiriert uns. Wir empfangen als Christen wirklich göttliches Leben, weil der Heilige Geist göttlich ist.

Die Theologen haben die Dreifaltigkeit in vielen Bildern zu beschreiben versucht. Und sie haben die Dreifaltigkeit auch im Menschen selbst gesehen. So sieht Marius Victorinus auf dem Hintergrund neu-

Vom Menschen sprechen heißt von Gott sprechen

platonischer Philosophie sowohl in Gott wie im Menschen die Triade von esse (sein), vivere (leben) und intelligere (verstehen). Und so beschreibt er Gott: „Der Vater ist als Sein die Quelle des Ausströmens von Leben (der Sohn) und der Rückkehr durch Verstehen (der Heilige Geist). Christus ist universales Leben; in die Sinnenwelt bringt er höheres Leben und Erkenntnis von Gott, um die Menschen zu Gott zu führen. Nach Jesu Christi Tod wirkt der verborgene Christus weiter im Heiligen Geist, dem Prinzip der Rückkehr zu Gott durch Verstehen."[27] Alle Aussagen über das Wirken des dreifaltigen Gottes wollen letztlich die Nähe Gottes zum Menschen beschreiben. Der christliche Gott ist der Gott, der sich ganz und gar für den Menschen geöffnet hat, der offen ist für ihn, der sich in Jesus und im Heiligen Geist untrennbar mit dem Menschen verbunden hat. Daher können wir nicht über Gott sprechen, ohne vom Menschen zu sprechen. Und wir können nicht vom Menschen sprechen, ohne von Gott zu sprechen.

Gott ist Liebe – Bilder für das Geheimnis

Für den 1. Johannesbrief ist Gott Liebe. „Gott ist Liebe. Und wer in der Liebe bleibt, bleibt in Gott, und Gott bleibt in ihm" (1 Joh 4,16). Das Wesen Gottes ist die Liebe. Und diese Liebe zeigt sich für Augustinus in dreifaltiger Weise: „Als Liebe ist der Vater Grund der Schöpfung und Vorsehung; als Liebe ist das Wort Grund der Bekehrung und Erleuchtung; und der Geist als Urgrund der Liebe ist das Prinzip der Rückkehr zum Vater."[28] Es sind also immer neue Bilder, die uns das Geheimnis dieser Liebe beschreiben. Die christliche Mystik besteht darin, sich in diese Liebe immer mehr hineinzumeditieren. Aber diese Liebe führt uns nicht nur in das Geheimnis Gottes hinein, sondern von Gott her in die Gesellschaft und in die Welt, damit durch uns die Welt immer mehr von der Liebe Gottes durchdrungen und verwandelt wird.

Das Gottesbild trennt nicht

Wenn wir das Wesen des dreifaltigen Gottes als liebende Nähe zum Menschen verstehen, dann können auch Muslime erahnen, dass uns unser Gottesbild nicht voneinander trennt. Wir glauben alle an den einen Gott. Nur wie Gott sich für den Menschen öffnet und ihm nahekommt, das wird verschieden beschrieben. Aber letztlich ist es das gleiche Anliegen: Gott ist nicht nur der ferne und unvorstellbare Gott. Er kommt den Menschen nahe. Er zeigt ihnen sein Antlitz, er reicht ihnen seine Hand. Was der Koran in Bildern von der Nähe Gottes beschreibt, das erzählt die christliche Theologie in der Geschichte von Jesus, der den Menschen nahegekommen ist, der sie mit seinen heilenden Händen berührt und ihnen das Wort Gottes verkündet.

Gott ist für die Christen und für die Muslime immer transzendent, unvorstellbar, unsichtbar. Aber Gott zeigt sich den Menschen, und er will von den Menschen nicht nur geglaubt, sondern auch erfahren werden. Das Bild des dreifaltigen Gottes will uns zu dieser Erfahrung Gottes führen. Das Gottesbild – so zeigt es die spirituelle Tradition – entspricht immer auch dem Selbstbild des Menschen. Das Bild des dreifaltigen Gottes will sich widerspiegeln im Bild des Menschen, der sich in der Tiefe seiner Seele für Gott öffnet und der sich von Gott zugleich in die Welt senden lässt, damit er diese Welt mit göttlicher Liebe gestaltet. Urbild dieser Liebe ist für uns Christen das fleischgewordene Wort Gottes. Und die Kraft dieser Liebe wirkt in uns durch den Heiligen Geist. Wir sind also von unserem Wesen her auf Gott hin ausgerichtet. Der Mensch kommt erst zu seinem Wesen, wenn er für Gottes Liebe durchlässig ist und aus dieser Liebe heraus in der Welt wirkt.

Aus der Quelle leben.
Vom Umgang mit der Heiligen Schrift

1 Vom christlichen Umgang mit der Heiligen Schrift

von Anselm Grün

Wie viele Religionen kennt auch das Christentum heilige Schriften als Norm für unser Leben. Die Bibel der Christen wird seit der frühen Kirche eingeteilt in das Alte und das Neue Testament. Die Schrift des Alten Testamentes ist für Juden und Christen gemeinsam. Das Neue Testament ist ohne das Alte Testament nicht zu verstehen. Es übernimmt die Gotteserfahrung und die Frömmigkeit, wie sie uns das AT beschreibt. Sie legt diese Schriften nur neu aus im Licht der Geschichte Jesu Christi, im Licht seines Todes und im Licht des Glaubens an seine Auferstehung.

Die Christen glauben, dass die Heilige Schrift Gottes Wort ist. Aber natürlich wissen wir, dass die Bücher der Bibel von Menschen geschrieben worden sind. Wir können schon im Alten Testament die verschiedenen Autoren erkennen, die jeweils eine etwas andere Theologie vertreten. Im Neuen Testament haben wir vier Evangelien, die die Geschichte Jesu beschreiben. Jeder Autor hat seine eigene Sichtweise von Jesus. Wir vertrauen darauf, dass die verschiedenen theologischen Sichtweisen uns die Augen öffnen für das Geheimnis Jesu Christi, das immer größer ist als alle unsere Vorstellungen und Begriffe. Und das Neue Testament schließt die Briefe des hl. Paulus und die anderer Autoren mit ein, die das Geschehen Jesu jeweils in eine konkrete Situation der Gemeinde hinein interpretieren und daraus konkrete Schlüsse für das christliche Leben ziehen.

Auch wenn wir die Heilige Schrift als Wort Gottes verstehen, das für uns bindend ist, weil es vom Heiligen Geist inspiriert ist, wissen wir doch um die verschiedenen Formen, in denen die Bibel uns das Wort Gottes verkündet. Da gibt es mythologische Erzählungen wie etwa die Erzählung von der Entstehung der Welt und des Menschen. Wir interpretieren diese biblischen Schöpfungsberichte nicht naturwissenschaftlich. Sie beschreiben vielmehr in Bildern den inneren Kern, die Schönheit und das Geheimnis der Schöpfung. Die Bibel kennt geschichtliche Erzählungen, sie kennt Gleichnisse, Berufungsgeschichten, gesetzliche Texte, prophetische Texte, Trostworte und Mahnworte. Es gibt hymnische Texte, Loblieder und Gebete wie etwa die Psalmen. Jede Form hat ihre eigene Wahrheit. Manche Fundamentalisten wollen die Bibel wörtlich auslegen. Aber sie werden damit der eigentlichen Aussageabsicht der Bibel nicht gerecht. Jede Form hat ihre eigene Wahrheit. Und nur, wenn wir auch der Form gerecht werden, erkennen wir die Wahrheit der biblischen Aussagen. Die Bibel hat für uns Christen Normcharakter. Die Zehn Gebote bleiben auch für uns Christen die Norm unseres Verhaltens. Aber viele konkrete Vorschriften, wie sie in den Büchern Mose beschrieben werden, verstehen wir mehr historisch und sehen darin keine absoluten Normen, die wir heute befolgen müssen.

In vielen Formen – inspiriert und bindend

Schon innerhalb der Bibel gab es die Auslegung älterer Texte. So wurde schon innerhalb des Judentums die geschichtliche Erzählung vom Auszug aus Ägypten zu einem Urbild von Erlösung. Erlösung heißt: Befreiung aus Gefangenschaft, aus Fremdbestimmung, Einzug in das Gelobte Land, in das Land der inneren Freiheit, in dem wir ganz wir selbst sein dürfen. Gerade die Psalmen besingen dieses erlösende Geschehen des Auszugs aus Ägypten in immer neuen Bildern. Für die Psalmen wird darin das erlösende und befreiende Handeln Gottes beschrieben, das uns heute genauso gilt wie den Menschen damals.

Verschiedene Auslegungen Wenn wir die Bibel als Wort Gottes verstehen, ist das kein Gegensatz zur wissenschaftlichen Beschäftigung mit der Bibel. Die Bibelwissenschaft untersucht zunächst den authentischen Text und dann die historischen Umstände, das soziale Umfeld, die Ähnlichkeiten zu anderen religiösen Überlieferungen. Die Bibelwissenschaft löst das Wort Gottes nicht auf. Aber sie hilft uns, die Worte der Bibel angemessener auszulegen.

Schon innerhalb der Bibel gibt es die beiden Auslegungen der Allegorese und der Typologie. Paulus selbst beschreibt den Auszug aus Ägypten als Typus, als Urbild für die Taufe. Und er interpretiert die beiden Frauen Abrahams – Sara und Hagar – allegorisch als Bild für das Neue und das Alte Testament. Die frühe Kirche hat die hermeneutischen Grundsätze der griechischen Philosophie auch auf die Bibelauslegung angewandt. Sie hat aber noch eine weitere Methode der Auslegung entwickelt, und zwar die spirituelle Schriftauslegung. Der spirituellen Schriftauslegung geht es darum, alle Worte der Bibel als Aussagen über unser wahres Sein zu verstehen. Gegenüber der moralisierenden Auslegung, wie sie in den letzten 100 Jahren vorherrschend war, will uns die spirituelle Auslegung eine Antwort geben auf die Frage: Wer bin ich? Wie kann ich mich selbst verstehen? Die moralische Auslegung, die auf die Frage: Was sollen wir tun? antwortet, ist natürlich auch legitim. Nur sollte sie nicht im Mittelpunkt stehen. Die erste Erfahrung ist die Erfahrung des neuen Seins. Heute gibt es verschiedene Auslegungen der Bibel, die alle ihre Berechtigung haben, aber nie für sich beanspruchen können, dass sie die alleinige Auslegungsform sind. So gibt es die tiefenpsychologische Auslegung, die vor allem die in eine bildhafte Sprache gefassten Texte der Bibel als archetypische Bilder auslegt, dann gibt es die befreiungstheologische, die politische, die kirchliche und die persönlich-geistliche Auslegung. Die verschiedenen Auslegungsarten zeigen die Offenheit der biblischen Sprache und zugleich den Reichtum, der in diesen von Gott inspirierten Worten für jeden Menschen in jeder Zeit liegt.

Die Bibelwissenschaft zeigt uns, dass die Bücher der Bibel nicht einfach vom Himmel gefallen sind. Sie wurden im Laufe vieler Jahrhunderte von verschiedenen Autoren geschrieben. Und es gab neben den Schriften, die von der Kirche autorisiert wurden, viele andere, sogenannte apokryphe Schriften, die von der Kirche nicht anerkannt worden sind. Daher bildete sich seit dem 3. Jahrhundert ein Kanon heraus, der für uns heute verbindlich ist. Daher sehen wir Schrift und Tradition immer zusammen.

Wir Christen lesen die Bibel und meditieren sie. Wir Mönche beten täglich die Psalmen, die uns das Alte Testament als Schule des Gebetes überliefert hat. Die Geschichten des AT beschreiben die Beziehung zwischen Gott und Mensch. Sie decken uns

Existenzieller Umgang mit der Bibel: Wegweiser für gelingendes Leben

die eigene Wahrheit auf. Das Neue Testament ist zum einen das Buch, das wir betend meditieren. Aber wir entwickeln auch unsere Theologie immer im Dialog mit der Bibel. Die Dogmatik darf nie im Gegensatz zur Bibel stehen. Sie kann immer nur eine Auslegung der Bibel sein. Die Bibel ist und bleibt die Norm unserer Theologie, unseres Glaubens und unseres Betens. Aber es ist ein kreativer Umgang mit der Bibel.

Wie wir mit der Bibel umgehen sollen, hat Augustinus in einem schönen Wort beschrieben: „Das Wort Gottes ist der Gegner deines Willens, bis es der Urheber deines Heiles wird. Solange du dein eigener Feind bist, ist auch das Wort Gottes dein Feind. Sei dein eigener Freund, dann ist auch das Wort Gottes mit dir im Einklang."[29] Das heißt: Wenn wir uns über ein Wort der Bibel ärgern, ist es immer ein Zeichen, dass wir nicht im Einklang sind mit uns selbst. Die Bibel lesen heißt: mit den Worten solange ringen, bis wir sie verstehen. Und wir verstehen sie richtig, wenn wir freundlich mit uns umgehen, wenn wir unser eigener Freund werden. Dann erleben wir auch das Wort Gottes als unseren Freund, der uns zeigt, wie unser Leben gelingt. Wir werden nie damit fertig, die Bibel zu meditieren. Und jede Zeit legt sie immer wieder neu aus. Denn die Worte, die damals geschrieben worden sind, legen unser Leben heute aus und wollen uns Wege aufzeigen, wie unser Leben von Gott her und von Jesus Christus her gelingen kann. Entscheidend ist, dass die Worte der Bibel immer Worte des Lebens sind, Worte, die zu einem authentischen Leben nach dem Geist Jesu führen. Immer wenn uns die Worte Angst machen oder wenn wir die Worte so auslegen, dass wir anderen damit Angst machen, verstehen wir sie nicht im Sinne Jesu, sondern benutzen sie, um unsere eigenen Vorurteile zu verstärken.

2 Der Koran als göttlich-ästhetisches Ereignis

von Ahmad Milad Karimi

| An alle Menschen gerichtet: Die Offenbarung Gottes an Muhammad | Der *Koran* (wörtl.: Lesung, Rezitation), die heilige Schrift des Islam, enthält nach dem Glauben der Muslime die wörtliche Offenbarung Gottes an den Propheten Muhammad. Nur auf den ersten Blick erscheint es paradox, dass der Islam als eine „Buch- |

religion" sich auf eine mündliche geoffenbarte Quelle bezieht. Der Prophet hat keine Schrift erhalten, sondern der Koran, ein Text von poetischer Schönheit, hat sich in musikalischer Rezitation in sein Leben eingeschrieben. Der Koran selber bezeichnet sich freilich als Schrift (vgl. den Beginn der 2. Sure), und die gesamte Kalligrafie im Islam ist davon inspiriert, dass der Koran als Schrift vorliegt.

Der Islam versteht sich als eine von Gott gestiftete Religion, und der Koran als geoffenbarte Gabe Gottes richtet sich nicht an ein bestimmtes Volk oder eine bestimmte Gemeinschaft, sondern ist an alle Menschen gerichtet. Die Offenbarung des Korans ereignet sich nach dem Selbstverständnis der Muslime im Leben des Propheten Muhammad im 7. Jahrhundert auf der arabischen Halbinsel. Der Prophet pflegte sich immer wieder für eine bestimmte Zeit in die Einsamkeit zurückzuziehen, um Stille zu finden. So zog er sich einmal für eine Weile aus der Stadt in eine Berghöhle zurück, wo ihm unerwartet der Engel Gabriel erschien. Der Engel soll ihm dann den Koran vermittelt haben. Als der Prophet Muhammad zum ersten Mal die koranische Offenbarung erhielt, diese erste göttliche Regung, geschah dies nicht als eine äußerliche Belehrung, als eine Art Diktat von außen. Vielmehr berichtete er: „Es war mir, als wären mir die Worte Gottes ins Herz geschrieben."[30] Geweitet wird ihm die Brust für die Offenbarung Gottes, wie sich der Koran ausdrückt.[31] Gott offenbart ihm mit dem Koran seine Gegenwart.

Und der Prophet Muhammad ist durch diese Gegenwart existenziell ergriffen und spirituell erfüllt. Frieden durchdringt sein Herz, und es pulsiert für Gott wie nie zuvor. Der Prophet Muhammad ist verwandelt. Dabei ereignet sich die Offenbarung nicht als ein einmaliger Vorgang; vielmehr vollzieht sich die koranische Offenbarung innerhalb von dreiundzwanzig Jahren.

Der Koran erzählt weder die Lebensgeschichte Muhammads, noch ist er thematisch oder chronologisch aufgebaut. Die einzelnen Kapitel, die Sure genannt werden, sind nach ihrer Länge angeordnet,

Der Koran: Aufbau und Verschriftlichung

und zwar so, dass die längeren Suren am Anfang und die kürzeren am Ende stehen. Jede Sure besteht mindestens aus drei Versen (arab. āya). Die Surentitel sind erst später redaktionell hinzugefügt und gehören nicht zur ursprünglichen Botschaft. Außer der neunten Sure beginnt jede Sure des Korans mit der Formel: „Im Namen Gottes, des Barmherzigen, des Erbarmers". Ob die Suren in Mekka oder in Medina herabgesandt wurden, ist am Anfang der Sure angezeigt. Gerade die längeren Suren sind thematisch vielschichtig konzipiert. Zudem ist der Koran kein rein erzählerischer Prosatext. Einige Themen bleiben fragmentarisch, andere werden nur sehr knapp oder andeutend angesprochen, und es gibt Stellen des Korans, die dunkel und verrätselt sind. Diese komplexe Gestalt des Korans lässt sich nicht einfach zusammenfassen und vereinfachen.

Heute liegt uns der Koran als Schrift vor, aber die Verschriftlichung des Korans ist erst nach dem Ableben des Propheten durch den dritten Kalifen ʿUṯmān ibn ʿAffān zwischen 644 und 656 vollzogen worden. Zwar wurden auf Anweisung des Propheten Muhammad Teile des Korans auf Palmstengeln, Papyrus und Knochen festgehalten, aber bewahrt wurde der Koran zunächst im Gedächtnis der Menschen. Selbst die erste vollständige Verschriftlichung des Korans, die erst viel später vollständig vokalisiert wurde, diente in erster Linie als Gedächtnisstütze. Die Menschen sind es, in denen der Koran bewahrt ist. Wer den Koran vollständig im Gedächtnis bewahrt, erhält den Beinamen „Hafiz", was wörtlich so viel wie „Bewahrer" bedeutet. So ist der bedeutende persische Dichter und

Mystiker Šams ad-Dīn Šīrāzī, der Goethe zu seinem „West-östlichen Diwan" inspirierte, als Hafiz bekannt.

Auch Hadithe, also vom Propheten überlieferte und von Gott inspirierte Aussagen, enthalten normative Aussagen. Aber der normative Charakter des Korans als unmittelbares Wort Gottes ist noch einmal anders. Der „sakrosankte" und normative Charakter des Korans besteht nicht in seiner physischen Erscheinung als Schrift oder Buch, sondern in seiner Bedeutung als Botschaft Gottes an die Menschen.

Zwei Zugänge: Rezitation und Interpretation Zum Koran gehören daher zwei unterschiedliche Zugänge, die aber zusammengehören: Zum einen ist dies – bezogen auf die Form – die melodiöse, klangvolle und rhythmische Rezitation des Korans in arabischer Sprache. Zum anderen ist es die Notwendigkeit seiner inhaltlich-interpretativen Aneignung. Zur inhaltlich-interpretativen Aneignung des Korans gehört konstitutiv eine eigene exegetische Tradition. So entstanden seit Beginn der theologischen Auseinandersetzung mit dem Koran im Islam eine Vielzahl an großen Kompendien der Koranexegese, die mit unterschiedlichen Methoden den Koran auslegen. Die einen bevorzugten eine philologische Auslegung, die anderen eine genuin historische Interpretation und wiederum andere eine spirituelle Deutung der einzelnen Verse. Der koranische Text veränderte sich über die Jahrhunderte hinweg nicht, aber das Verständnis von ihm sehr wohl. Insofern haben die unterschiedlichen Interpretationswerke keinen normativen Charakter, weil sie nur einen bestimmten Ansatz der Auslegung für die je eigene Zeit darstellen. Wer den Koran verstehen will, braucht daher unabdingbar das historische Verständnis der Zeit, in der der Koran offenbart wurde. Erst dieser Kontext macht den Koran in seiner Gesamtkomposition erschließbar. So lassen sich z. B. Gewaltstellen im Koran aus dem historischen Kontext herauslesen, verstehen und relativieren. Ähnlich ist es mit Aussagen, die auf den ersten Blick im Widerspruch zu einer anderen Aussage des Korans stehen. Auch sie lassen sich unschwer aus dem historischen Horizont heraus erklären. Vor diesem Hintergrund gehen die Exegeten von bestimmten Anlässen der jeweiligen Offenbarungen aus.

Das heißt: Es gibt Gründe, warum bestimmte Verse des Korans offenbart wurden. Doch die Anlässe sind nicht immer im Koran selbst enthalten. Daher fordert der Umgang mit dem Koran eine höchst sensible und kenntnisreiche wissenschaftlich-hermeneutische Arbeit. Hier scheint auch das Missverständnis der extremen und fundamentalistischen Gruppierungen zu liegen: dass sie nämlich davon ausgehen, dass sie sich im Leben an den Koran halten könnten, und zwar buchstabengetreu. Aber wer sich so an den Koran halten will, der hält sich an einem ganz bestimmten Verständnis des Korans fest. Und wer von „Verständnis" spricht, muss prinzipiell auch einräumen, dass ein anderer es auch anders versteht. Zwischen mir und dem Koran liegt also ein dritter Raum, der Raum des Verstehens. Das Verstehen kann aber auch variieren, es ist möglicherweise falsch. Es gibt freilich nicht nur das Missverständnis; das Verstehen kann sich auch verbessern, vertieft werden etc.

Was der Koran aber auf jeden Fall fordert, ist eine dezidiert religiöse Haltung: die Demut. Wer meint, er wisse absolut sicher, was Gott von ihm will, der erhebt sich über den Koran und verfehlt gerade dadurch im Kern die Botschaft, die er verkünden will. *Demut als angemessene Haltung: Gotteswort in Menschenwort* Die Rezeptionsgeschichte des Korans ist also eine nie endende Aufgabe, die immer wieder und immer neu angegangen werden muss. Das heißt auch: Es kann kein einziger Vers aus dem Koran wörtlich genommen werden, weil jedes Wort erst verstanden, das heißt interpretiert werden muss. Der Koran gilt für die Muslime als das reine Wort Gottes. Aber es ist zugleich auch das ewige Wort Gottes in der Geschichte, das heißt in der Zeit. Man kann den Koran also auch als Gotteswort in Menschenwort bezeichnen, ohne dabei seinen Charakter als Wort Gottes zu relativieren. Hierbei spielt die Frage nach der Erschaffenheit (arab. ḫalq al-qurʾān) oder Unerschaffenheit (arab. ġair maḫlūq) des Korans eine große Rolle, die innerhalb der islamischen Theologie ab dem 8. Jahrhundert höchst kontrovers diskutiert wurde. Da Gott allein als ewig und unerschaffen gilt, kann es neben ihm nichts geben, was auch unerschaffen ist. Doch im Koran selbst ist die Rede vom Koran „auf einer wohlverwahrten Tafel" (arab. lauḥ maḥfūẓ).[32] Während vor allem die theologische Denkschule der Muʿtazila den Gedanken der Erschaffenheit des Korans argumentativ und zuweilen auch politisch als Doktrin festschreiben wollte, hielten die sogenannten Hanbaliten, die auf den Theologen und Rechtsgelehrten Aḥmad ibn Ḥanbal (gest. 855) zurückgehen, vehement an der Unerschaffenheit des Korans fest. Zwischen beiden haben in der sunnitischen Tradition vor allem die Denkschulen der Ašʿarīya und der Māturīdīya eine moderate Position eingenommen, die zwischen der „inneren Rede" (arab. kalām nafsī) Gottes und der „lautlichen Rede" (arab. kalām lafẓī) Gottes unterschiedet. Da für beide Denkschulen die Rede Gottes als ein Wesensattribut Gottes gilt – das heißt, dass die Rede Gottes ewig zu Gott gehört –, ist der Koran als Rede Gottes anfangs „ewig" (arab. qadīm), aber in seiner offenbarten Form – einerseits im Blick auf seine Rezitation und andererseits in seiner verschriftlichen Form (als Tinte auf Papier etc.) – „erschaffen".

Der Bezug auf jüdische und christliche Schriften Für das Selbstverständnis des Korans spielen die heiligen Schriften des Judentums und des Christentums eine tragende und selbstverständliche Rolle, weil der Koran in einem allusiven (also andeutenden und verweisenden) Stil verfasst ist. Sowohl die Tora als auch das Evangelium finden im Koran Erwähnung und höchste Würdigung, wenn es einmal heißt: „Siehe, Wir haben herabgesandt die Tora, darin Rechtleitung und Licht. (…) Wir gaben ihm [Jesus, Sohn der Maria] das Evangelium, darin Rechtleitung und Licht, um zu bestätigen, was vor ihm war in der Tora, als Rechtleitung und Ermahnung für die Gottesfürchtigen" (Koran 5,44–46). Dennoch gibt es kritische Stimmen, die das Material, das man mit dem Fachterminus „Isrāʾīlīyāt" bezeichnet, als fremde Inhalte abtun und dessen Heranziehung bzw. die Bezugnahme darauf ablehnen; aber die klassische exegetische Literatur hat zum allergrößten Teil diesen Bezug geschätzt und in die Kommentare eingearbeitet.

Für die Muslime stellt der Koran die unerschöpfliche Quelle der Spiritualität dar. „Sag: ‚Wäre das Meer die Tinte für die Worte meines Herrn, ja, das Meer würde sein Ende finden, ehe die Worte meines Herrn zu Ende gingen, auch wenn wir noch einmal so viel hinzubrächten‘" (Koran 18,109). Der Koran ist für die Muslime kein alltäglicher Gegenstand, sondern ein göttlich-ästhetisches Ereignis. Der Koran lebt in der Rezitation. Erst wenn der Koran erklingt, kann man vom Koran sprechen. Dieser rezitative Charakter macht den Koran zu einem spirituellen und ästhetischen Ereignis im Leben der Muslime. Er wird immer wieder rezitiert und geht unter die Haut, er tröstet, er vergegenwärtigt die Anwesenheit Gottes, er stiftet Frieden im Herzen der Gläubigen, er bejaht das Leben und fordert die Menschen auf, sich für das Heilende und Gute einzusetzen.

Zudem hat der Koran auch als konkretes Buch eine spirituelle Bedeutung im Leben der Muslime. Dieses Buch wird für gewöhnlich mit Tüchern umwickelt und erst nach der rituellen Waschung berührt und rezitiert. Vor allem im Monat Ramadan, in dem der Koran zum ersten Mal herabgesandt wurde, wird der Koran ganz gelesen. Für jeden Tag des Fastenmonats Ramadan ist ein Teil des Korans vorgesehen. Darüber hinaus wird der Koran bei bedeutenden Ereignissen im Leben rezitiert, so z. B. bei der Geburt, bei der Namensgebung und am Sterbebett. Da Teile des Korans auch im rituellen Gebet vorgetragen werden, ist der Koran ein ständiger Begleiter der Muslime in ihrem täglichen Leben.

Unerschöpfliche Quelle der Spiritualität

Der Prophet:
Das Zeugnis eines von Gott Berufenen

1 Was ist im christlichen Verständnis ein Prophet?

von Anselm Grün

Berufener und Rufer Das hebräische Wort für Prophet ist, ähnlich wie im Islam bzw. im Arabischen, „nabī", abgeleitet von einem Verb, das „rufen", „berufen" bedeutet. Der Prophet ist auch für die biblischen Autoren der von Gott Berufene und zugleich ein Rufer, der Gottes Botschaft den Menschen verkündet. Im Alten Testament werden die Propheten auch Gottesmänner oder Seher genannt. Der Prophet wird von Gott berufen, damit er im Auftrag Gottes den Menschen die Reaktion Gottes auf ihr Tun verkündet. Seine Verkündigung ist sowohl Gerichtspredigt als auch Heilsverkündigung. Der Prophet kündet das Gericht Gottes auf das Fehlverhalten der Menschen hin an. Aber er verkündet den Menschen auch Heil. Dabei richtet sich der Prophet nicht nur an das Volk Israel, sondern an alle Völker. Das Heil, das Gott wirkt, gilt allen Völkern mit ihren verschiedenen Religionen. Der Prophet sieht also über die engen Grenzen der eigenen Religion hinweg. Er kündet allen Menschen – Christen, Juden, Muslimen, Buddhisten und Hindus – das Heil an, das Gott uns schenken möchte. Aber er weist darauf hin: Vor dem Heil steht das Gericht, steht die Umkehr.

Verschiedene Arten von Prophetie Das Alte Testament unterscheidet verschiedene Arten von Propheten. Da gibt es Kultpropheten, die an einem bestimmten Heiligtum ihren Dienst tun. Dann gibt es Propheten, die am Königshof arbeiten, wie etwa Natan, der den König David immer wieder auf den Willen Gottes hinweist. Und es gibt die sogenannten Schriftpropheten. Das sind vor allem Jesaja, Jeremia, Ezechiel und Daniel. Und dann gibt es die sogenannten 12 kleinen Propheten wie Hosea, Amos, Sacharja, Micha, Maleachi und andere. Das AT kennt – wie der Islam – auch ein

Verständnis der Propheten als Gesetzesprediger. Unter dieses Verständnis fallen vor allem Mose, Elija, Elischa und Hosea. Nicht nur Männer, sondern auch Frauen wie z. B. Debora (Ri 4,4), Mirjam (Ex 15,20) und Hulda (2 Kön 22,14–20) werden explizit als Prophetinnen bezeichnet. Im Neuen Testament wird der Prophet vor allem als Weissager gesehen: Der Prophet verkündet uns die Zukunft.

Gott beruft den Propheten und nimmt ihn ganz und gar in seinen Dienst. Oft genug wehrt sich der Prophet gegen diese Berufung. So läuft Jona davon, **Von Gott in den Dienst genommen** weil er ahnt, dass der Auftrag, den Gott ihm gibt, misslingen wird. Auch Jeremia wehrt sich gegen seine Berufung: „Ach, mein Gott und Herr, ich kann doch nicht reden, ich bin ja noch so jung" (Jer 1,6). Doch Gott verheißt ihm: „Wohin ich dich auch sende, dahin sollst du gehen, und was ich dir auftrage, das sollst du verkünden. Fürchte dich nicht vor ihnen; denn ich bin mit dir, um dich zu retten" (Jer 1,7f). Manchmal beklagt sich Jeremia über seine Sendung: „Du hast mich betört, o Herr, und ich ließ mich betören; du hast mich gepackt und überwältigt. Zum Gespött bin ich geworden den ganzen Tag, ein jeder verhöhnt mich" (Jer 20,8). Prophet zu sein kann also für einen Menschen auch heißen, sich von Gott ergreifen zu lassen und Gott gehorsam zu sein, auch wenn die Menschen ihn verspotten und sagen, dass seine Worte doch gar nicht eintreffen werden.

Das griechische Wort „Prophet" meint eigentlich jemanden, der offen und verbindlich spricht. In **Kritisches Wächteramt** diesem Sinn sprechen wir nicht nur von bedeutenden religiösen Menschen der Vergangenheit, wenn wir den Wert der prophetischen Rede betonen. Gemeint ist vielmehr etwas Aktuelles und Allgemeines: Denn wir Christen sind in der Taufe alle zum Propheten und zur Prophetin gesalbt und damit ausgesandt worden. Jeder von uns hat die Aufgabe, in dieser Welt etwas von Gott zum Ausdruck zu bringen, was nur durch ihn ausgedrückt werden kann. Doch wenn wir heute vom Prophetenamt der Kirche sprechen, dann meinen wir damit in der Regel, dass Männer und Frauen in der Kirche sich gegen Missstände in der Gesellschaft und in der Kirche richten. Die Propheten richten ihren Protest gegen ungerechte Strukturen, gegen die Benachteiligung der Armen durch die Politik, aber auch durch die Kirche. So haben die Propheten eine kritische Funktion in der Gesellschaft. Sie haben ein Wächteramt, halten der Gesellschaft mahnend einen Spiegel vor und zeigen, wie Gott auf die jeweiligen Situationen in der Gesellschaft reagieren wird.

Jesus als Prophet – und doch mehr als ein Prophet
In der christlichen Tradition ist auch Jesus ein Prophet. Er wird von Johannes dem Täufer angekündigt. Jesus selbst nennt Johannes mehr als einen Propheten. Er ist die Stimme Gottes in der Wüste, von dem Jesaja kündet (Lk 7,26f). Jesus selbst erfüllt all das, was die Propheten des Alten Testamentes über ihn gesagt haben. Wenn die Evangelisten Jesus selbst als Propheten bezeichnen, dann als einen, der die alttestamentlichen Propheten sozusagen überflügelt und ihre Botschaft unüberbietbar erfüllt.

Auch Jesus selbst bezeichnet sich als Prophet: „Heute und morgen und am folgenden Tag muss ich weiterwandern; denn ein Prophet darf nirgendwo anders als in Jerusalem umkommen" (Lk 13,33). Der im Auftrag von Gottes befreiender Botschaft ergehende kritische Widerspruch gegen die Mächtigen nimmt die Gefährdung des eigenen Lebens in Kauf. Und in Jesu Tod erfüllt sich dann tatsächlich das Prophetenschicksal.

An Jesu Wirken zeigt sich auch: Die Propheten sind durch Gott zeichenhaft ermächtigt und beglaubigt: Als Jesus den Jüngling von Nain von den Toten auferweckt, reagieren die Leute mit den Worten: „Ein großer Prophet ist unter uns aufgetreten; Gott hat sich seines Volkes angenommen" (Lk 7,16). Jesus als Prophet wirkt Heilungswunder, wie sie uns das AT von manchen Propheten erzählt. In Jesus hat Gott selbst sich seines Volkes angenommen – oder, wie der griechische Text lautet: Er hat sein Volk besucht. Gott selbst wirkt im Propheten Jesus. Und so überbietet Jesus alle alttestamentlichen Propheten. In ihm kommt Gott selbst zu den Menschen. Gott selbst wird in Jesus gegenwärtig unter den Menschen. So ist Jesus Prophet und zugleich mehr als ein Prophet. In ihm begegnet uns Gott selbst.

Paulus spricht im 1. Korintherbrief von den verschiedenen Gaben, die die Christen bekommen. Darunter ist auch die Gabe des Propheten (1 Kor 12,28). Paulus verteidigt die Aufgabe des Propheten gegenüber der charismatischen Gabe des Zungenredens, die die esoterischen Korinther so fasziniert hat. Und er sieht die Aufgabe des Propheten so: „Wer prophetisch redet, redet zu Menschen: Er baut auf, ermutigt, spendet Trost" (1 Kor 14,3). Paulus geht davon aus, dass es auch heute noch Propheten gibt, die Gott in der Kirche mit besonderen Gaben beschenkt. Es ist vor allem die Gabe des Aufbaus der Gemeinde. Propheten haben die Fähigkeit, die Gemeinde zusammenzuführen und aufzubauen, die einzelnen Christen zu ermutigen und zu trösten und ihnen neuen Halt zu schenken.

Prophetische Gaben aller Christen

Wenn wir den alttestamentlichen und den paulinischen Begriff des Propheten betrachten, dann können wir Christen auch Menschen außerhalb des Christentums als Propheten bezeichnen, also auch Mohammed in diesem Sinn verstehen: als einen Mahner, der uns auf die absolute Wirklichkeit Gottes hinweist. Die christliche Tradition geht ja davon aus, dass Gott immer wieder Propheten unter uns Menschen erstehen lässt, die uns mahnen, wenn wir von Gottes Willen abweichen, und die uns Gottes Nähe verkünden. Besondere Gestalten der Kirchengeschichte wie etwa die heilige Hildegard oder, in der Neuzeit, Oscar Romero wurden als Propheten bezeichnet, weil sie in ihrem Tun und ihrem Leben verkörpern oder anschaulich zeigen: Gottes Nähe ist nicht immer nur Bestätigung unseres Lebens, sondern oft genug Kritik an unserem Verhalten, aber zugleich immer auch Trost, Ermahnung und Ermutigung und die Zusage, dass Gott den Menschen nach dem Gericht immer auch sein Heil anbietet. Es gibt sicher auch heute einzelne Menschen, die Gott zum Propheten erwählt. Freilich: Dabei ist wichtig, dass sich einzelne Menschen nicht ganz und gar mit dieser Aufgabe oder Rolle identifizieren. Sonst ist die Gefahr groß, dass sie sich über andere erheben oder ihr eigenes Geltungsbedürfnis unter dem Bild des Propheten ausleben. Der Prophet kann nur

Mahner und Verkünder der absoluten Wirklichkeit Gottes

in aller Demut seinen Auftrag annehmen und genau hinhören, was Gott ihm als Botschaft vermittelt, die er weitergeben soll.

Die christliche Tradition spricht auch davon, dass die Kirche als ganze eine prophetische Aufgabe hat. Sie soll in dieser Welt ihre Stimme erheben für die Armen und Entrechteten, sie soll wie die Propheten das Unrecht entlarven, das in unserer Welt allgegenwärtig ist. Und sie soll wie die Propheten eintreten für eine gerechtere Welt, für eine Welt, die nach Gottes Willen gestaltet wird.

2 Muhammad als „Siegel der Prophetie"

von Ahmad Milad Karimi

Propheten: Spirituell herausgehobene Menschen | Im Koran ist nicht selten von Propheten die Rede, also von spirituell herausgehobenen Menschen, die von Gott berufen sind, den Menschen seine Botschaft zu verkünden und auch gegen Widerstände auf deren Einhaltung hinzuwirken. Die arabische Bezeichnung für „Prophet" ist *nabī* (Pl. *nabīyūn* bzw. *anbiyā'*), und im Koran kommt das Wort Prophet 75-mal vor. Besondere Erwähnung finden u. a. die Propheten Noah, Abraham, Mose, David, Salomo, Jesus und schließlich Muhammad. Es gibt, insgesamt gesehen, keine Rangunterschiede unter diesen Propheten, aber jeder Prophet findet im Koran eine je eigene Würdigung: Abraham als Urvater des reinen Glaubens, Mose als derjenige, mit dem Gott direkt spricht, Jesus als der Prophet, den Gott durch seinen Geist erschafft etc. Das „Siegel" der Prophetie – im Sinne der Letztgültigkeit – bezieht sich dabei auf die Figur der Propheten und ist keine Aussage über das Prophetische an sich.

Muhammad als Prophet – allen Religionsgemeinschaften verbunden | Wenn Muhammad sich selber als Prophet versteht, ist dieses Selbstverständnis aus dem Verständnis des Korans zu deuten. Der Inhalt seiner Prophetie legt zudem nahe, dass Muhammad in einer bestimmten Tradition steht. Die Prophetie erwächst nach dem koranischen Verständnis aus einer genealogischen

Bestimmung heraus (vgl. u. a. Koran 29,27). Gott erwählt also nicht einen Propheten und dann einen anderen Propheten, sondern er erwählt eine Kette von Propheten, die genealogisch miteinander verbunden sind. Im Koran sind drei Gruppen in diesem Sinne als *erwählt* benannt: das Geschlecht Abrahams (das vormosaische Judentum), die Kinder Israels (das mosaische Judentum) und das Geschlecht Imrans (das nachjesuanische Judentum und Judenchristentum).

Ein weiteres Charakteristikum der Prophetie besteht darin, dass es Gott ist, der durch seine Wahl einen Menschen als Propheten auszeichnet. Daher verweist die Bezeichnung der Muslime als „Mohammedaner" auf ein Grundmissverständnis: als wäre Muhammad der Begründer einer neuen religiösen Gemeinschaft. Muhammad sieht die ihm anvertraute Offenbarung nämlich als Bestätigung und zugleich Reformulierung eines alten Bundes, der jetzt neu ist, insofern er nun ein universaler Bund Gottes mit allen Menschen ist. Muhammad fühlte sich nicht nur mit den erwähnten anderen Propheten, sondern zugleich auch mit deren Religionsgemeinschaften verbunden, insofern sie nicht die für ihn zentrale Wahrheit der universalen Zuwendung und der absoluten Einheit Gottes einschränken. Dass er seine ihm von Gott anvertraute Sendung als für die gesamte Menschheit bestimmt versteht, soll dazu führen, dass die Religionen nun ihre Streitigkeiten hinter sich lassen. Denn in Wahrheit, so die Überzeugung Muhammads, kommt es nicht auf die Bezeichnung an, sondern auf den reinen Glauben. So ist im Koran zu lesen: „Und sie sagen: ‚Seid ihr Juden oder Christen, dann werdet ihr rechtgeleitet.' „Sag: ‚Nein! Zum Glauben Abrahams! Der war reinen Glaubens und nicht einer, der neben Gott Anderes stellte'" (Koran 2,135). Das soll heißen: Muhammad, verliere dich nicht in Bezeichnungen wie „Juden" oder „Christen" und den damit zusammenhängenden Streitigkeiten, sondern wende dich dem reinen Glauben Abrahams zu. Denn er (Abraham) ist derjenige, der zugleich auch der jüdischen und christlichen Gemeinschaft als Urvater des Glaubens gilt.

Prophetie im koranischen Verständnis: Auszeichnung und Verantwortung

Wenn Muhammad sich den vor ihm wirkenden Propheten zutiefst verbunden weiß, heißt das: Er sieht sich wie diese in intimster Weise von Gott in eine Verpflichtung (arab. mīṯāq) genommen. Prophetie ist ihm nicht nur Auszeichnung durch Gott, sondern gleichzeitig auch Verantwortung. Zwei Charakteristika kennzeichnen sein Prophetentum: Erstens ist er passiv: rein und empfänglich als Gefäß göttlicher Offenbarung. Zweitens ist er aktiv und gestaltend, indem er die Botschaft Gottes in der Welt zu verwirklichen versucht. Ein weiteres wesentliches Kennzeichen der koranischen Prophetie ist in dem schon erwähnten Gedanken enthalten, dass die Propheten nicht von ihrer Gemeinschaft gewählt, sondern von Gott erwählt sind: Aus der Mitte einer Gemeinschaft erwählt Gott einen Propheten, wie es auch im alttestamentlichen Buch Deuteronomium heißt (18,15). Erwählt sind sie aber nicht nur für ein bestimmtes Volk, sondern für alle Menschen.

Den Muslimen gilt der Prophet als das normative Vorbild, dem man nachstreben soll, aber auch als eine Instanz, die uneinholbar bleibt. Es ist unmöglich, sich selbst zum Propheten zu küren; allein Gott erwählt seine Propheten, sie sind seine Boten. In diesem Sinne gilt der Prophet Muhammad für das islamische Selbstverständnis als „Gesandter Gottes und Siegel der Propheten" (arab. rasūl Allāh wa-ḫātam an-nabīyīn). Der Koran schließt also aus, dass nach dem Propheten Muhammad andere Propheten erwählt werden mit neuen Offenbarungen und Wundertaten (vgl. Koran 33,44).

Eine andere Frage ist, ob es auch heute prophetische Stimmen und prophetische Handlungen geben kann. Das ist nach islamischer Auffassung sehr wohl möglich, und zwar nicht nur im Islam, sondern in jeder Tradition. Maßgebendes Kriterium ist dabei nicht die Herkunft, also die Zugehörigkeit zu einer bestimmten Religion oder Kultur, sondern ausschließlich der Inhalt und Charakter der Botschaft, also die Tatsache, dass sie im Einklang mit der koranischen Offenbarung steht.

Das islamische Verständnis von Prophetie hat auch einen ethischen Aspekt, der mit der Vorstellung von der Veredlung des Charakters einhergeht. Dem Propheten wird demnach die Aufgabe anvertraut, mit seinem edlen Charakter die Menschen zum Besten zu führen. Von dem Propheten Muhammad ist die Aussage überliefert: „Ich bin entsandt worden, um euren Charakter zu vervollkommnen."[33] Prophetische Handlungen sind dort anzutreffen, wo Menschen den Inhalt der Prophetie verinnerlicht haben. Hierfür sind Tugenden maßgebend, die den inneren Kern der Prophetie Muhammads und der Person des Propheten kennzeichnen: Friedfertigkeit, Gerechtigkeit, Barmherzigkeit, Liebe, Demut, Mildtätigkeit, Geduld und Mäßigung sind ihre markantesten Säulen.

An sich schließt man im Islam eine Rangstufe zwischen den Propheten aus, sind die Propheten doch alle Erwählte Gottes. Der Unterschied zwischen Jesus und Muhammad liegt also allein in ihrer jeweils anderen historischen Situiertheit und nicht in der von ihnen vorgetragenen Botschaft. Doch bildet nach muslimischem Verständnis gerade das Koranereignis im Leben des Propheten ein endgültiges göttliches Geschehen, von dem her und auf das hin die Prophetie, die im wesentlichen *Auftrag* ist, überhaupt bewertet wird. Die koranische Offenbarung als Mitteilung Gottes stellt im Kern die universale Zuwendung Gottes dar. Dieses lebendige Ereignis göttlicher Gegenwart ist dem Leben Muhammads eingeschrieben. Als seine Ehefrau Aischa nach seinem Charakter gefragt wurde, antwortete sie: „Sein Charakter war der Koran – ihm gefiel wohl, was dem Koran wohlgefiel, und er zürnte, wo der Koran zürnte."[34] Der „Mehrwert", das Unüberbietbare, das für Muslime in der Gestalt des Propheten Muhammad zum Ausdruck kommt, besteht also in seiner Haltung im Leben, seinen Willen vor dem Willen Gottes zurückzunehmen. Er ist entsandt als „Barmherzigkeit für die Welten", wie es programmatisch im Koran heißt (Koran 21,207). Als er gefragt wurde, was der beste Islam sei, antwortete der Prophet: „Der beste Islam ist, dass du die Hungrigen speist und Frieden verbreitest unter Bekannten und Unbekannten."[35] Insofern besteht seine Prophetie insbesondere darin, ein „Diener Gottes" zu sein.

Das Unüberbietbare in der Gestalt des Muhammad

Der Unterschied zwischen Jesus und Muhammad

Obgleich sich die Vorstellung von seiner Sündlosigkeit in der islamischen Tradition durchgesetzt hat – weil Gott seine geliebten Propheten vor der Sünde und dem Irrtum bewahrt habe –, ist die Überhöhung des Propheten im Islam nicht mit der Erhöhung des historischen Jesus zum Christus des christlichen Glaubens vergleichbar. Er wurde niemals als Gott oder Sohn Gottes angesehen. Selbst dann, wenn er als der vollkommene Mensch beschrieben wird, wird seine Vollkommenheit gerade in seiner Demut vor Gott offenbar. Ihm werden zwar Wunder zugeschrieben, aber er verfügt über Wunderkräfte nur, weil Gott es will. So wird er im Koran aufgefordert zu sagen: „Sag: ‚Ich sage euch nicht, ich hätte Gottes Schätze, noch kenne ich das Verborgene. Ich sage euch auch nicht, ich wäre ein Engel. Ich folge dem nur, was mir geoffenbart‘" (Koran 6,50). Immer und immer wieder heißt es im Koran, dass Muhammad nur ein Mensch sei, aber die Muslime sehen in ihm das Menschsein geadelt wie „der Rubin unter den Steinen". So spricht die mystische Tradition des Islam von dem Propheten als „Licht der Rechtleitung" (arab. nūr al-hudā). Denn in ihm ist das Geheimnis Gottes verborgen und offenbar: „Wenn du nicht wärest, wenn du nicht wärest, so hätte Ich die Sphären nicht geschaffen"[36], wie ein berühmtes außerkoranisches Wort Gottes festhält.

Muhammad: Nicht nur Bote, sondern Botschaft Gottes

Für die Muslime ist Muhammad als Prophet nicht bloß, gewissermaßen funktionalisiert, der Bote und Verkünder der ihm anvertrauten Offenbarung, sondern er selbst gilt als Botschaft Gottes. An ihm erkennen wir, was er verkündet: „Wahrlich, ihr habt an dem Gesandten Gottes ein Vorbild, ein schönes" (Koran 33,21). Insofern spielt die Person des Propheten in der Frömmigkeit eine herausragende Rolle. So wird z. B. der Geburtstag des Propheten bereits seit dem 12. Jahrhundert feierlich begangen. Vergleichbar mit der Feier der Geburt Jesu im christlichen Weihnachtsfest wird an diesem Tag der Botschaft des Propheten gedacht, und es werden seine Ideale hervorgehoben. Das Geben von Almosen, Koranrezitationen und Lobgesänge bestimmen die Feierlichkeiten. Trotz zahlreicher Bemühungen, aus Biografien, schriftlich festgehaltenen Zeugnissen und historischen Berichten die Gestalt des historischen Muhammad so präzise wie nur möglich herauszuarbeiten, ist die Person des Propheten schon früh spirituell gedeutet und ausgelegt worden, insbesondere als Arzt (ṭabīb) und Freund (ḥabīb). Der „Muhammad des Glaubens", gleichviel, ob es um seinen Namen, seine Geburt oder seine Charakterzüge geht, hat im Leben der Gläubigen eine eigene Wirkmächtigkeit gewonnen. Der türkische Mystiker Yunus Emre schreibt: „Die Welt war ganz in Licht getaucht zur Nacht von Muhammads Geburt!"

Muhammad als Prophet hat eindeutig einen spirituellen Auftrag; es geht ihm um den Geist und die Geistigkeit der Menschen. Für die Muslime gilt er

Muhammad als „lebender Koran"

nicht nur deswegen als normativ, weil er den Koran als göttliche Botschaft verkündet hat, sondern auch wegen der Weise, wie er selbst als der „lebende Koran" aufgetreten ist, indem er den Koran ausgelegt hat und sich – göttlich inspiriert – für ein Leben im Sinne des Islam eingesetzt hat. Dabei geht es für die Muslime nicht darum, seine Taten in blinder Buchstabentreue nachzuahmen. Es geht vielmehr um die Prinzipien, aus denen sich seine Taten begründet haben. In diesem Sinne sind seine politischen Entscheidungen für die junge muslimische Gemeinde, die z. B. auch kriegerische Implikationen besaßen, allein aus dem Kontext seiner Zeit zu verstehen, aber auch nur in diesem Kontext legitimierbar. Dass wir heute in sozialer, politischer, ökonomischer, interkultureller und interreligiöser Hinsicht in einer völlig anderen Zeit leben mit ganz anderen Herausforderungen, Fragen und Problemstellungen, liegt auf der Hand. Diese Evidenz erfordert aber spezifische Kriterien für die praktische Verwirklichung allgemeiner Prinzipien (wie z. B. der Gerechtigkeit), die zwar die verschiedenen Kontexte überdauern, aber in anderen historischen und gesellschaftlichen Umständen jeweils eine andere Interpretation und Umsetzung erfordern. Der Geist der Prophetie ist davon nicht berührt. Ihre Bedeutung und ihr Stellenwert liegt vielmehr gerade darin, dass sie, unabhängig von Zeitumständen oder gesellschaftlichem Kontext, dem dynamischen und veränderlichen Leben verpflichtet ist.

Jesus – Prophet oder Erlöser?

1 Mein Prophet Jesus

Von Ahmad Milad Karimi

Würdigung im Koran: ein Prophet, der keinem anderen gleicht

Jesus, der Sohn der Maria, wird im Koran mehrfach erwähnt. Und der Koran findet die schönsten Worte, um ihn zu beschreiben: „O Maria, siehe, Gott verkündet dir von Sich ein Wort. Sein Name ist der Messias, Jesus, der Sohn Marias, im Diesseits und im Jenseits geehrt und einer der Nahen" (Koran 3,45). Maria ist die einzige Frau, fromm, gläubig und ehrenhaft, die namentlich im Koran Erwähnung findet: „Und ihr Herr nahm sie an auf schöne Weise und ließ sie heranwachsen in schöner Weise" (Koran 3,27). Die göttliche Botschaft, dass sie, unberührt von einem Mann, einen Sohn bekommen werde, wird sie überwältigen. Und wir nehmen teil an dieser Überwältigung. Maria ist ja eher unsicher und Gott überantwortet, aber nicht allein. In Demut nimmt sie an, worüber sie nicht verfügt und was sie überwältigt. Jesus überwältigt uns, weil es ihn nicht geben kann. Und doch ist er da, und sein Dasein ist erfüllt von Liebe und Barmherzigkeit. Im Koran wird Jesus, Sohn der Maria, gewürdigt als ein Prophet, der keinem anderen gleicht. Nicht nur seine Existenz an sich trägt das Geheimnis Gottes in sich, sondern alles an ihm scheint ein Wunder zu sein. Wie sollen wir von ihm reden, wie ihn erfassen? Im Koran werden seine Worte überliefert: „Ich bin ein Diener Gottes. Gegeben hat Er mir die Schrift und mich bestimmt zum Propheten. Und erschaffen hat Er mich zu einem Gesegneten, wo immer ich auch bin, und anbefohlen hat Er mir das Gebet und die Armenspende, solange ich lebe. Und ehrerbietig gegen meine Mutter. Und erschaffen hat Er mich nicht zu einem Gewalttätigen, einem unglücklichen. Und Friede auf mich am Tag, als ich geboren, und am Tag, wenn ich sterbe, und am Tag, wenn ich zum Leben erweckt" (Koran 19,30–33). Als Maria fragt, wie es sein kann, dass es Jesus überhaupt gibt, antwortet ihr der Engel Gabriel: „So ist Gott. Er erschafft, was Er will. Wenn Er beschlossen hat eine Sache, spricht Er zu ihr nur: ‚Sei!‘, und sie ist" (Koran 3,47). Der „Atem des Barmherzigen" – wie der muslimische Mystiker Ibn ‘Arabī diesen Entschluss Gottes nennt – lässt Jesus atmen in Barmherzigkeit als Geist und Wort Gottes, sodass er aufgrund dieses eigenen Schöpfungsaktes Adam gleichgestellt wird (Koran 3,59). Jesus ist nicht der Prophet der anderen. Er wird zu meinem Propheten. Der Koran sagt ganz entschieden, dass Gott zwischen Seinen Gesandten nicht unterscheidet (Koran 2,285). So begegnen wir Muslime dem Propheten Jesus, Sohn der Maria, mit größter Achtung. Die ihm anvertraute „frohe Botschaft", das Evangelium, wird im Koran als eine Quelle erachtet, die Licht und Rechtleitung spendet (Koran 5,46). Jesus, Sohn der Maria, der in seiner Enthaltsamkeit und im Verzicht den Blick auf das Wesentliche eröffnet, ist im islamischen Verständnis stets gegenwärtig und Vorbild. Bei al-Ġazālī ist ein Gedanke überliefert, der Jesus zugeschrieben wird: „Die Welt ist eine Brücke: Geht über sie, aber baut kein Haus darauf."

Auf unserer Reise zu Gott hat die Station Jesu eine hohe Stellung, die uns von allem Materiellen befreit, bis hin zur Befreiung von unserem Ego. Jesu Lebensführung, seine Reinheit, seine Armut, seine Wanderschaft, seine Liebe, die er personifizierte, sind tief in die islamische Geistesgeschichte eingeschrieben. Der Weg des Islam führt zu Jesus; ohne ihn ist kein spiritueller Weg des Islam vorstellbar.

Die islamische Tradition ist erfüllt von Aussagen, Legenden und Motiven aus dem Leben Jesu. Der Prophet Muhammad spricht von Jesus, dem Sohn der Maria, mit großem Respekt. So berichtet der **Jesus – Beispiel für den mystischen Weg des Islam** erste Biograf des Propheten Muhammad, dass er auf seiner Himmelsreise auch Jesus begegnet sei. Die Reinheit Jesu ist zu einem Topos und Exemplum für den mystischen Weg des Islam avanciert, der auf eine Aussage des Propheten Muhammad zurückgeht: Der Satan soll jedes Kind bei der Geburt berührt haben, aber nicht Jesus und Maria. Daher sei Jesus nicht nur rein geblieben, die Reinheit habe vielmehr auch seinen Charakter und damit auch seinen

Blick geformt. Insbesondere ist die Güte Jesu hervorzuheben, die Muslime bewegt und belehrt. Bei Aḥmad al-Ġazālī (gest. 1126) ist von Jesus zu lesen, der gesagt habe: „Eine Träne, die von einem Sünder vergossen wird, löscht das Feuer von Gottes Zorn." In der islamischen Mystik und im Leben des muslimischen Gläubigen hat Jesus also einen herausragenden Platz. Sein Atem gleicht der lebendigen Morgenfrische, die alles belebt. Der muslimische Mystiker Saʿdī (gest. 1238) schreibt: „Freund, den Atem Jesu am Morgen mache dir zu Nutzen / Ob dein totes Herz er wecke, denn von Ihm ist dieser Atem." Jesus gilt zugleich auch als der Betende, der ganz zum Gebet geworden ist. Von der Hand Gottes getragen, heilt er Blinde und Taube. Jesus als Heiler personifiziert den Glauben, der in seiner Einfachheit und Bescheidenheit Menschen verwandelt, zum Guten führt und heilt. Der muslimische Mystiker Maulānā Rūmī (gest. 1273) schreibt: „Wir sind geschickte Ärzte, denn wir sind Schüler Christi."

Distanzierung von der Vergöttlichung – Negierung des Kreuzestodes Im Unterschied zur christlichen Auffassung bleibt Jesus im islamischen Verständnis ausschließlich der Sohn Marias. Seine Gottheit, also die Vorstellung, dass er ganz Gott und ganz Mensch sei, ist im Islam nicht einsehbar. Nicht nur der Koran distanziert sich von einer Vergöttlichung Jesu. Auch die islamische Tradition sieht im Antlitz des Propheten Jesu den herausragenden Diener Gottes, aber nicht mehr als das. Während der Koran auf die Geburt und die besonderen Umstände seines Lebens durchaus detailliert eingeht, bleibt er hinsichtlich seines Todes äußerst lakonisch.

Der Koran negiert den Tod Jesu am Kreuz. So heißt es im Koran: „Sie haben ihn nicht getötet, nicht gekreuzigt" (Koran 4,157). Und die Ablehnung wird begründet: „wa-lākin šubbiha lahum" (Koran 4,157). Die Übersetzung dieser Stelle ist nicht einfach, ja sie gehört zu den dunkelsten Stellen des Korans. Man kann sie entweder so verstehen: „Es wurde ihnen der Anschein erweckt" (Bobzin) oder so: „Er ähnelte ihm für sie nur" (Karimi). Beide Varianten besagen eindeutig, dass es eine Kreuzigung gegeben hat. Mit anderen Worten: Das Ereignis einer Kreuzigung bleibt im

Koran unbestritten. Bestritten wird allein, dass es tatsächlich Jesus war, der gekreuzigt wurde. Erinnert sei in diesem Zusammenhang daran, dass es auch im frühen Christentum Stimmen gab, die die Kreuzigung Jesu geleugnet haben, z. B. der alexandrinische Gnostiker Basilides (gest. 145 n. Ch.), der sagte, dass nicht Jesus, sondern Simon von Cyrene am Kreuz gestorben sei. Der Koran formuliert in dieser Hinsicht eine klare These: In Wahrheit ist nicht Jesus gekreuzigt worden. Gott bewahrt Jesus vielmehr vor der Kreuzigung. Wie genau Gott Jesus vor der Kreuzigung bewahrt, verrät der Koran aber nicht. Jesus ist jedenfalls nicht unsterblich (Koran 19,33). Der Koran schweigt aber darüber, wo, wie und in welchem Alter Jesus starb. Es ist unschwer zu sehen, dass der Koran die Frage geradezu provoziert: Aber was geschah nun wirklich mit ihm? Der Koran sagt dazu: „Erhoben hat ihn Gott zu sich" (Koran 2,158). Jesus ist demnach nicht eines gewaltsamen Todes gestorben. Unabhängig von den historischen Umständen scheint die Ablehnung der Kreuzestheologie aber jedenfalls zugleich eine Absage an die Erlösungstheologie zu sein, die das Heil des Menschen eben im Tod Jesu am Kreuz zu erblicken meint. Die Distanzierung des Korans von der Kreuzestheologie und seine Negation des Kreuzestodes als Heilsereignis sollen die Möglichkeit eröffnen, das Heil des Menschen in ihm selbst zu gründen, ist er doch wesentlich Gott zugeneigt; im Islam ist der Mensch weder mit einer Erbsünde behaftet, noch bildet der Durchgang durch das Kreuz eine theologische Notwendigkeit.

Ohne Zweifel ist das Kreuz nicht das letzte Wort des **Gläubiges Staunen** Christentums. Zum Kreuzestod Jesu gehört für die Christen wesentlich auch die Auferstehung, das große Zeichen, dass der Tod selbst überwunden wird. Diese Deutung des Lebens Jesu kann für uns Muslime eine Zumutung bedeuten, aber sie ist auch lehrreich. Wie unmöglich es mir als Muslim auch erscheint, Gott im Antlitz eines Menschen zu erblicken, der selbst das Kleid der Endlichkeit getragen hat, so sehr bin ich gerührt von dem Gedanken, dass Gott mein Leid, meinen Schmerz und meine Klage auf sich genommen hat, um mich zu tragen, zu trösten und zu heilen, dass nicht ein anderer, sondern Er selbst Mensch unter

Menschen geworden ist, dass Er im Menschen Jesus den Weg ans Kreuz gegangen ist. Das kann ich nicht glauben, aber es ist auch kein Unglaube, der sich in mir einstellt. Es ist vielmehr ein gläubiges Staunen, das mich als Muslim bewegt und zugleich in Hochachtung zurücklässt.

2 Jesus, Sohn Gottes

von Anselm Grün

Das konkrete Antlitz Gottes – eine Herausforderung

Für mich als Christen ist Jesus das konkrete Antlitz Gottes. In ihm sehe ich Gottes menschliches Herz. Ich werde mit Jesus nie fertig. Ich stelle mich seinen Worten und ich ringe mit ihnen, bis ich sie verstehe. Ich bewundere, wie er auf Menschen zugeht, wie er Kranke heilt, wie er die Sünder aufrichtet. Jesus prägt auch mein Beten. Ich bete natürlich wie die Muslime zu Gott. Aber das Jesusgebet, das ich mit dem Atem verbinde – „Herr Jesus Christus, Sohn Gottes, erbarme dich meiner" – bringt in mein Gebet etwas Zärtliches, Liebevolles. Ich lasse in diesem an ihn gerichteten Gebet die Liebe Jesu, wie sie mir in der Bibel begegnet, in mein Herz und vom Herzen in den ganzen Leib strömen, damit der Geist Jesu alles in mir durchdringt und verwandelt.

Es freut mich, wenn ich als Christ lese, dass der Koran Jesus so positiv als einen Propheten sieht. Viele Aussagen des Korans über Jesus kann ich als Christ unterstreichen: Jesus ist von Gott berufener Prophet. Und wenn der Koran die Geburt Jesu als etwas Besonderes beschreibt und sagt, dass Jesus offensichtlich nicht von der Sünde berührt ist, dann entspricht das der christlichen Theologie von Jesu Freiheit von der Sünde.

Jesu Gottheit

Zwei Themen, die einleitend in der Betrachtung der „Stolpersteine" schon angeschnitten waren, möchte ich näher anschauen, mit denen sich der Koran schwertut. Das ist einmal die Gottheit Jesu. Da müssen wir unterscheiden zwischen dem jüdischen und dem griechischen Verständnis Jesu. Für die

96

Juden bedeutet die Selbstaussage Jesu, er sei Gottes Sohn, seine besondere Beziehung zu Gott. So wie der König Sohn Gottes ist, so hat Jesus eine besondere Nähe zu Gott und bezeichnet sich als Sohn Gottes. Die Aussage einer solchen besonderen Beziehung könnte der Koran vermutlich akzeptieren. Doch die griechischen Theologen haben im Dialog mit der griechischen Philosophie die Sohnschaft Gottes ontologisch verstanden. Das heißt: Jesus hat nicht nur eine besondere Beziehung zu Gott, sondern er ist von seinem Wesen her nicht nur Mensch, sondern auch Gott. *Wie* das Menschsein sich mit dem Gottsein verbindet, das bleibt letztlich ein Geheimnis. Die griechische Theologie, der das Christentum gefolgt ist, sieht nicht nur eine besondere Beziehung Jesu zu Gott, sondern seine wesentliche Einheit mit Gott. Auch diese dogmatische Formulierung ist ein Versuch, das Geheimnis Jesu zu verstehen und zu beschreiben. Für mich als Theologen ist klar: Dogma heißt nicht, dass ich alles ganz genau erklären kann. Dogma ist für mich vielmehr die Kunst, das Geheimnis offenzuhalten. Auch Dogmen sind letztlich bildhafte Annäherungen an das Geheimnis Gottes und das Geheimnis Jesu. Was die dogmatische Aussage, dass Gott und Mensch in Jesus eins sind, bedeutet, das kann also niemand letztlich ganz verstehen und erschöpfend beschreiben. Unsere Aussagen bleiben offen für das Geheimnis. Ich wehre mich auch gegen Aussagen, die reduzieren. Wenn ich sage: Jesus war nichts als ein religiös besonders begabter Mensch, dann kann ich mich von ihm distanzieren und mich über ihn stellen. Wenn ich aber sage: Jesus ist Gottes Sohn, dann weiß ich zwar auch noch lange nicht, was es wirklich bedeutet. Aber diese Formulierung sagt: Jesus steht mir gegenüber mit einem Anspruch, der dem Anspruch Gottes gleichkommt. Ich erinnere an Paul Tillichs Aussage: „Gott ist das, was uns unbedingt angeht." Wenn ich sage, Jesus sei Gottes Sohn, so geht mich dieser Jesus an. Ich nehme seine Worte ernst. Ich ringe mit ihnen. Ich stelle mich nicht über seine Worte. Ich kritisiere Jesus nicht als eine geschichtlich bedingte und beschränkte Persönlichkeit, sondern ich stelle mich seinem göttlichen Anspruch. Vielleicht könnte bei dieser Sicht ein gegenseitiges Verständnis von Muslimen und Christen möglich sein. Die verschiedene Deutung wird bleiben. Aber im Dialog geht es dann nicht um Rechthaberei, sondern um eine Offenheit für die Sicht des anderen.

Für uns Christen ist es eine kostbare Vorstellung, dass Gott in Jesus zu uns herabgestiegen ist. Das drückt die besondere Nähe Gottes zu uns Menschen aus. Gott hat sich mit dem Menschen Jesus auf nie dagewesene Weise verbunden. Wolfgang Amadeus Mozart betont in seinen Credo-Vertonungen immer das „descendit": Gott ist in Jesus zu uns hinabgestiegen, damit er uns auf gleicher Augenhöhe begegnet. Und er ist zu uns hinabgestiegen, damit wir den Mut finden, in die Tiefen der eigenen Seele hinabzusteigen und alles in uns vom Licht Gottes erleuchten zu lassen. Und wenn uns Gott manchmal ferne zu sein scheint, dann hilft uns der Blick auf Jesus. Dann stelle ich mir vor: In diesem Menschen Jesus begegnet mir Gottes Liebe. Jesus spricht mich also auf eine Weise an, die mich ganz und gar für Gott öffnet.

Jesu Tod am Kreuz und das Geheimnis der Auferstehung | Das zweite Thema, das ich auf dem Hintergrund der muslimischen Position ansprechen möchte, ist der Tod Jesu am Kreuz und das Geheimnis der Auferstehung. Das Kreuz ist für uns Christen durchaus der Stachel, der unser Gottesbild infrage stellt. Für die Jünger Jesu war der Tod Jesu am Kreuz ein Schock. Und erst nach der Auferstehung haben sie erkannt, dass dieser Tod Jesu am Kreuz kein Scheitern war, sondern ein Geheimnis der Liebe Gottes offenbart, die stärker ist als der Tod. Der Tod Jesu am Kreuz ist nicht unbedingt mit der Erlösungslehre verbunden. Das Kreuz ist keine theologische Notwendigkeit für die Erlösung. Es gibt in der Bibel sehr verschiedene Deutungen des Kreuzes. All diese Deutungen sind erst nach der Auferstehung entwickelt worden. Lukas als Grieche sieht das Kreuz nicht als Sühne für unsere Sünden. Für ihn ist der Tod Jesu am Kreuz ein Schauspiel. Indem wir dieses Schauspiel betrachten, werden wir verwandelt. Wie oben schon einmal ausgeführt: Im Tod Jesu am Kreuz erscheint Jesus als der wahrhaft gerechte Mensch, von dem Platon in der „Politeia" geschrieben hat: „Wie wird es in unserer ungerechten Welt einem wahrhaft gerechten Menschen ergehen?" Platon antwortet: „Man wird ihn aus der Stadt vertreiben, ihn blenden und ans Kreuz heften." In Jesus wird dieser wahrhaft gerechte Mensch sichtbar. Daher sagt der Hauptmann im Lukasevangelium nicht: „Dieser war Gottes Sohn", sondern: „Das war wirklich ein gerechter Mensch" (Lk 23,47) Im Griechischen heißt es noch klarer: „Wahrhaft, dieser Mensch war gerecht."

Nach dem Lukasevangelium bewirkt der Tod Jesu nicht die Erlösung, auch nicht die Erlösung von Schuld. Gott vergibt die Schuld, weil er ein barm-

Schuld, Sühne und Erlösung

herziger und gnädiger Gott ist, nicht, weil Jesus am Kreuz gestorben ist. Aber der Tod Jesu am Kreuz kann uns die vergebende Liebe Gottes vermitteln. Wenn wir Jesus am Kreuz betrachten, wie er selbst seinen Mördern vergibt, dann können wir darauf vertrauen, dass es nichts in uns gibt, was Gott nicht vergibt. Das Schauen auf das Kreuz kann unseren Glauben an die Vergebung stärken, kann die in unserem Unbewussten liegenden Widerstände gegen die Vergebung auflösen. Denn wenn ein Mensch wirklich schuldig ist, dann lehnt er sich selbst so stark ab, dass er nicht mehr an eine Vergebung glauben kann.

Auch das Johannesevangelium kennt keine Sühnetheologie. Für Johannes ist das Kreuz die Vollendung der Liebe. „Es gibt keine größere Liebe, als wenn jemand sein Leben hingibt für seine Freunde" (Joh 15,13). Und Jesus sagt von sich: „Am Kreuz werde ich alle an mich ziehen" (vgl. Joh 12,32). Das Kreuz ist also eine Gebärde der Umarmung. Für uns Christen besteht das Paradox gerade darin, dass am Kreuz, an dem sich die Sünde der Welt, die Feigheit des Pilatus, der Neid der Sadduzäer und die Grausamkeit der Soldaten ausgetobt haben, die Liebe stärker war als aller Hass. Insofern ist das Kreuz für uns ein Hoffnungszeichen. Wenn wir in die Welt schauen, gibt es genügend Grausamkeit und Leid und Böses, das uns schaden möchte. Das Kreuz zeigt uns, dass nicht die Grausamkeit das letzte Wort hat, sondern die Liebe. Und diese Liebe, die stärker ist als Hass und Feindschaft, wird in der Auferstehung bestätigt als eine Liebe, die stärker ist als der Tod.

Erbsünde ist für uns Christen kein Makel, der uns anhängt und der durch das Kreuz gelöscht wird. Erbsünde ist nur eine Beschreibung unserer Welt. Was mit der Erbsünde gemeint ist, ist kein abstrakter Glaubenssatz, sondern vorfindbare Realität. Wir brauchen nur in die Welt schauen, dann sehen wir genügend Böses. Und das, was wir in der Welt sehen, das möchte uns infizieren. Erlösung heißt für uns, dass wir durch die Liebe Jesu, die am Kreuz in ihrer Vollendung sichtbar wurde, zu einer Liebe befähigt werden, die stärker ist als das Böse, dass wir in einen Raum der Liebe versetzt werden, in den das Böse nicht mehr eindringen kann.

Die bleibende Herausforderung des Kreuzes Was Milad Karimi am Schluss schreibt, berührt mich auch, und das ist für mich die bleibende Herausforderung des Kreuzes: Was ist das für ein Gott, der Jesus, seinen Propheten, seinen Sohn, nicht vor dem Tod am Kreuz bewahrt hat, der in ihm durch alles Leid gegangen ist, der in Jesus mit uns allen leidet und so unser Leid von innen her verwandelt? Aber ich kann auf diesen Gott nur schauen im Licht der Auferstehung. Die Auferstehung stärkt in mir auf dem Hintergrund des Kreuzestodes Jesu die Hoffnung, dass es nichts gibt, was Gott nicht verwandeln wird. Es gibt keine Dunkelheit, die nicht vom Licht Gottes erhellt wird. Es gibt kein Scheitern, das Gott nicht zu einem neuen Anfang zu wandeln vermag. Es gibt keine Erstarrung, die Gott nicht in neue Lebendigkeit aufbricht. Es gibt keinen Tod, den Gott nicht in neues Leben verwandelt. Es gibt kein Grab, in dem nicht das Leben aufersteht. Das Kreuz ist für uns Christen also kein düsteres Zeichen, sondern ein Zeichen der Hoffnung. Daher haben die frühen Christen das Kreuz immer als Siegeszeichen verstanden. Sie haben das Kreuz mit Edelsteinen geschmückt. Und sie haben gesungen: „Durch das Holz des Kreuzes kam Freude in alle Welt." Es sind wunderbare Bilder, die christliche Dichter über das Kreuz gedichtet haben, um das Geheimnis des Kreuzes zu beschreiben. Diese Bilder atmen keine Opfertheologie. So heißt es in einem alten Passionslied: „Du bist die sichre Leiter, darauf man steigt zum Leben, das Gott will ewig geben. Du bist die starke Brücke, darüber alle Frommen wohl durch die Fluten kommen. Du bist das Siegeszeichen, davor der Feind erschricket, wenn er es nur anblicket. Du bist der Stab der Pilger, daran wir sicher wallen, nicht wanken und nicht fallen. Du bist des Himmels Schlüssel, du schließest auf das Leben, das uns durch dich gegeben."

Wir werden nie damit fertig, das Geheimnis des Kreuzes zu meditieren und zu verstehen. Vielleicht hat der Islam das Kreuz abgelehnt, weil er zu sehr die Opfertheologie damit verbunden sah. Es gibt natürlich in der christlichen Tradition diese Opfertheologie. Und oft ist diese Opfertheologie leider so verkündet worden, dass wir sie heute als gläubige Theologen auch nicht annehmen können. Denn was ist das für ein Gottesbild, wenn Gott seinen Sohn opfern muss, um uns unsere Sünden vergeben zu können? Wenn Paulus von Sühne und wenn der Hebräerbrief von Opfer spricht, müssen wir das auch richtig verstehen. Wenn wir sagen, dass sich Jesus für uns am Kreuz geopfert hat, dann meinen wir: Er hat sich für uns hingegeben. Opfer ist Hingabe. Und diese Hingabe – dass einer aus Liebe sein Leben für uns gegeben hat, das gibt uns einen neuen Wert, das zeigt uns, wie wichtig wir für Gott sind. Auf der einen Seite sollen wir die Opfertheologie auf neue Weise deuten, zum anderen erlaubt es uns die Bibel auch, das Kreuz auf verschiedene Weisen zu deuten. Und vielleicht gibt es da Deutungsweisen, die auch für einen Muslim möglich sind und ihm das Geheimnis einer Liebe offenbaren, die stärker ist als der Tod.

Opfer und Hingabe

So bleibt sicher auch in einem guten Dialog noch eine unterschiedliche Sichtweise bestehen. Aber für mich ist schon viel gewonnen, wenn wir versuchen, den anderen mit seiner Sichtweise zu verstehen. Und für mich ist die Sichtweise des anderen immer eine Herausforderung, meine eigene Sicht zu hinterfragen und sie vielleicht zu erweitern. So werde ich mit neuen Augen auf Jesus schauen. Und ich wäre dankbar, wenn muslimische Gesprächspartner durch meine Darstellung auch eine neue Sicht auf Jesus gewinnen könnten.

Unterschiedliche Sichtweisen verstehen

Maria – eine besondere Frau

1 Maria aus muslimischer Sicht

Von Ahmad Milad Karimi

Einzigartig als Vorbild in der Hingabe
Ihr Atem muss erzittert sein, als ihr der Engel Gabriel erschien und zu ihr die Worte sagte: „O Maria, siehe, Gott hat dich erwählt und gereinigt und erwählt vor den Frauen der Welten" (Koran 3,42). Der muslimische Mystiker Ǧalāl ad-Dīn Rūmī schreibt jedenfalls zu dieser Szene: „Ein Zittern ergriff Marias Glieder, denn sie war nackt", als sich ihr der Engel offenbarte: „Maria sieht in ihrem Waschraum, wie eine Form, betörend und anmutig, entwuchs vor ihr aus dem Boden: Gabriel." Und Maria sagt bei Rūmī: „Ich gebe mich dem Schutz Gottes hin!" Der Engel Gabriel gibt sich ihr dann als Gesandter Gottes zu erkennen und bestärkt sie, dass er mit ihr sei, „wohin sie auch flieht". Maria verlangt keinen Beweis, sondern glaubt den Worten des Engels. Es ist die Demut Marias, die im Koran besonders würdevoll zum Ausdruck kommt. Maria ist im Koran als einzige Frau explizit mit Namen erwähnt (in arabischer Form als Maryam), und zwar 34-mal, und die Erwähnung erfolgt nicht beiläufig: Ihr ist die Sure 19 des Korans gewidmet.

Bedeutung in Koran und islamischer Mystik
Maria spielt in der islamischen Geisteswelt und insbesondere in der islamischen Mystik deshalb eine herausragende Rolle, weil ihr der Koran eine hohe Stellung zuspricht. Vom Propheten Muhammad ist überliefert, er habe gesagt, Maria gehöre neben Asija (der Frau des Pharaos, die Mose als Kind barmherzig aufgenommen hat), Fatima (der Tochter des Propheten) und Khadija (der Ehefrau des Propheten und ersten Muslimin) zu den besten vier Frauen der Welt. Wie ihr Sohn Jesus, so gilt auch Maria als Inbegriff eines reinen Menschen, einer reinen Seele, unberührt vom Bösen. Bei dem

muslimischen Mystiker Farīd ad-Dīn ʿAṭṭār heißt es, dass Gott am Jüngsten Tag die Menschen in den Paradiesgarten eintreten lässt, und der erste Mensch, der eintreten wird, wird Maria sein, weil sie alle anderen Menschen übertrifft. Immer dort, wo im Koran von Maria die Rede ist, ist sie umgeben von einer Aura der Spiritualität, getragen von Gottes Hand. Zu ihrer Geburt heißt es im Koran: „Also sagte die Frau des ʿImrān: ‚Mein Herr, ich gelobe Dir, was ist in meinem Leibe, es sei geweiht, nimm es an von mir! Siehe, Du bist der unübertrefflich Hörende, der Wissende.‘ Und als sie das Kind gebar, sagte sie: ‚Mein Herr, geboren habe ich ein Mädchen.‘ Und Gott wusste sehr wohl, was sie gebar. Denn nicht gleicht das Männliche dem Weiblichen. ‚Und ich habe sie genannt Maria, Deinem Schutz vertraue ich sie an und ihre Nachkommenschaft vor dem Satan, dem gesteinigten.‘ Und ihr Herr nahm sie an auf schöne Weise und ließ sie heranwachsen in schöner Weise. Und Zacharias nahm sie in die Pflege. So oft Zacharias trat zu ihr in den Tempel, fand er bei ihr Nahrung. Da sagte er: ‚O Maria, woher kommt dies?‘ Sie sagte: ‚Es kommt von Gott. Siehe, Gott gewährt Unterhalt, wem Er will, ohne Abrechnung‘“ (Koran 3,35–37). Gott hat Maria erwählt, und Er ist ihr nahe, Er lässt sie ernähren aus eigener Hand. Maria wächst in einer Nische im Tempel in Jerusalem auf, so die Überlieferung. Daher sind diese Verse aus dem Koran nicht selten in kalligrafischer Gestaltung um die Gebetsnische der Moscheen herum zu lesen. Marias Hingabe ist unermesslich, und darin ist sie ein Vorbild für die Muslime. Maria repräsentiert die unübertreffliche Zurücknahme des eigenen Willens vor dem Willen ihres Herrn. Unberührt von einem Mann wird Maria durch den Geist Gottes mit Jesus schwanger. So heißt es im Koran: „Damals sagten die Engel: ‚O Maria, siehe, Gott verkündet dir von Sich ein Wort. Sein Name ist der Messias, Jesus, der Sohn der Maria, im Diesseits und im Jenseits geehrt und einer der Nahen. Und er spricht zu den Menschen in der Wiege und auch als Erwachsener und ist einer der Rechtschaffenen‘“ (Koran 3,45f). Maria ist überwältigt von dieser Nachricht, die sie kaum fassen kann. „Sie sagte: ‚Mein Herr, soll mir ein Sohn werden, wo mich doch berührte kein Mann?‘“ (Koran 3,47). Und es wird ihr mitgeteilt, was sie erwartet: „So ist Gott. Er erschafft, was Er will.

Wenn Er beschlossen hat eine Sache, spricht Er zu ihr nur: ‚Sei!‘, und sie ist" (Koran 3,47). Doch Maria hadert nicht mit Gott. Sie nimmt in Demut auf sich, worüber sie nicht verfügt. Diese Haltung Marias findet in der islamischen Mystik eine besondere Würdigung. Maria gilt daher als Symbol der Hingabe. Vor allem soll sie, so die islamische Überlieferung, unter großem Schmerz Jesus geboren haben; die Wehen nehmen Maria ganz und gar in Anspruch: „Und so wurde sie schwanger mit ihm und zog sich zurück an einen Ort, einen fernen. Und die Wehen brachten sie zum Stamm der Palme. Sie sagte: ‚O wäre ich zuvor gestorben und doch ganz und gar vergessen!‘ Da rief er [der Engel Gabriel] ihr von unten her zu: „Sei nicht traurig! Geschaffen hat dir Dein Herr unter dir einen Bach. Und schüttele zu dir den Stamm der Palme, so dass auf sie herunterfallen Datteln, frische, reife. So iss, trink und sei frohen Mutes" (Koran 19,22–25). Über den Schmerz Marias regnen nach der Überlieferung also süße Datteln.

Schöpferische Kraft: Unmögliches wird wirklich Maria wird aber auch – so bei dem muslimischen Mystiker Ibn ʿArabī – als Pendant zu Eva angesehen. Während Eva aus dem rein Männlichen hervorging, ist es Maria als Inbegriff der reinen Weiblichkeit, die Männliches hervorbringt. Damit gilt Maria auch als schöpferische Kraft, die in sich Leben gedeihen lässt. Ǧalāl ad-Dīn Rūmī zeigt die reiche Bedeutung und die Symbolkraft Marias, indem er schreibt: „Der Leib ist wie Maria. Jeder von uns hat einen Jesus, aber ehe in uns kein Schmerz sich zeigt, wird unser Jesus nicht geboren. Wenn der Schmerz niemals kommt, geht Jesus zu seinem Ursprung zurück auf demselben Weg, wie er gekommen war, und wir blieben beraubt und ohne Anteil an ihm zurück."[37] Maria erträgt den bitteren Schmerz der Geburt, wodurch sie das Unmögliche Wirklichkeit werden lässt: Jesus.

Symbol für Standhaftigkeit und Geduld Doch die Jungfrau Maria ist zugleich ein Symbol für Standhaftigkeit und Geduld. Ǧalāl ad-Dīn Rūmī schreibt in seinem „Divan": „Wenn der Schatz ‚Kummer um Seinetwillen‘ in deinem Herzen ist, dann wird das Herz ‚Licht über Licht‘, so wie die liebliche Maria, die Jesus in ihrem Leibe trägt."[38] Und Jesus, der vom Geist Gottes selbst zum Leben erwacht, bezeugt die Reinheit seiner Mutter: „Dann kam sie mit ihm zu ihren Leuten, ihn tragend. Sie sagten: ‚O Maria, begangen hast du eine Sache, eine unerhörte.' (…) Da zeigte sie auf ihn. Sie sagten: ‚Wie sollen wir zu einem sprechen, der noch ein Kind ist in der Wiege?' Er sagte: ‚Ich bin ein Diener Gottes. Gegeben hat Er mir die Schrift und mich bestimmt zum Propheten. Und erschaffen hat er mich zu einem Gesegneten, wo immer ich auch bin, und anbefohlen hat Er mir das Gebet und die Armenspende, solange ich lebe. Und ehrerbietig gegen meine Mutter'" (Koran 19,27–32). Während Jesus in der Wiege spricht, gesegnet von Gott, so wird Maria für eine Weile das Schweigen auferlegt: „Und wenn du von Menschen siehst einen, dann sag: ‚Wahrlich, gelobt habe ich dem Barmherzigen ein Fasten, so werde ich nicht sprechen heute zu einem Menschen'" (Koran 19,26). Maria, die „ihre Scham bewahrte" und „eine der Demütigen" (Koran 66,12) war, verkörpert das Schweigen als Stille mit Gott. Bei Ǧalāl ad-Dīn Rūmī heißt es: „Manchmal bin ich ganz Zunge geworden, wie Jesus, manchmal habe ich ein schweigendes Herz."[39]

Eine Verehrung Marias, wie das Christentum sie nicht nur in der theologisch entfalteten Disziplin einer dogmatischen Mariologie, sondern auch ikonografisch in einer reichen Symbol- und Bilderwelt ausdrückt, kennt der Islam jedoch nicht. So distanziert sich der Koran ausdrücklich von einer Übertreibung in der Hochschätzung Marias im Sinne einer Vergöttlichung (vgl. Koran 5,116f). Das Bild Marias ist vielmehr in ihrer vorbildlichen Haltung im Leben zu erblicken: als hingebungsvolle, reine Seele, als Mutter, als schmerzerfüllte und zugleich mit Gnade gesegnete Frau, als standhaftes und demütiges Zeichen für uns Menschen, die an ihr ein Vorbild im Leben haben dürfen, und zugleich als spirituelle und schöpferische Quelle der Besinnung auf die Barmherzigkeit und Milde Gottes. Darin ist sie ein Vorbild für alle Muslime, unabhängig von ihrem Geschlecht.

Vorbild für die Muslime – aber keine Verehrung

2 Maria aus christlicher Sicht

von Anselm Grün

Vorbild und Urbild im Glauben | Die Darlegungen und Gedanken über Maria, die sich im Koran finden, entsprechen der Deutung, die uns das Lukasevangelium gibt. Und einige Einzelheiten über das Leben Marias auch aus der islamischen Tradition ähneln den Erzählungen, wie sie uns manche apokryphe Evangelien von Maria überliefern. Das Verbindende, wie wir es entsprechend auch in der christlichen Tradition finden: Die Geburt Marias ist etwas Besonderes. Sie ist von Anfang an rein. Sie ist die jungfräuliche Mutter Jesu.

Im Islam ist Maria vor allem Vorbild der Hingabe und des Verzichts auf den eigenen Willen, um sich ganz dem Willen Gottes zu ergeben. Im Christentum ist Maria vor allem ein Vorbild und Urbild des Glaubens. Maria lässt sich ein auf die Verheißungen, die Gott ihr durch den Engel Gabriel vermittelt. Sie zweifelt nicht an den Zusagen des Engels, wie es Zacharias getan hat. Sie führt ein Gespräch mit dem Engel und lässt sich von ihm erklären, wie das mit der Geburt Jesu geschehen soll. Am Ende des Gesprächs sagt sie zum Engel: „Siehe, ich bin die Magd des Herrn; mir geschehe, wie du es gesagt hast" (Lk 1,38). Maria weiß nicht, was sie alles erwartet, aber sie lässt sich auf Gottes Wort ein. Sie glaubt diesem Wort. Und sie gibt sich dem Willen Gottes hin. Insofern entspricht die Sicht des Islam auch der christlichen Sicht.

Urbild der Kontemplation | Aber noch etwas ist an dem Glauben Marias wichtig. Als die Hirten ihr die Worte des Engels über die Geburt des Kindes im Stall von Bethlehem erzählen, da bewahrte sie „alles, was geschehen war, in ihrem Herzen und dachte darüber nach" (Lk 2,19). So übersetzt die Einheitsübersetzung. Im Griechischen stehen hier zwei Worte: „synterein" und „symballein". „Synterein" meint: zusammensehen. Maria sieht die Worte, die sie von den Hirten hört, zusammen mit dem armen und hilflosen Kind in der Krippe. Und sie sieht das, was sie sieht, als

Symbol für Gottes Handeln an. Sie ist daher das Urbild der Kontemplation. Sie meditiert das Wort Gottes und lässt es in ihr Herz fallen, um von diesem Wort aus das zu deuten, was sie im Außen erlebt.

Die – sowohl im christlichen Orient als auch im Westen – reiche Ikonografie will Maria nicht vergöttlichen. Die Künstler stellen Maria vielmehr gerne als Vorbild für uns Christen dar. Die Darstellung Marias als Königin erinnert uns an unsere königliche Würde. Sie ist die Madonna, die schöne Frau, in der wir wie in einem Spiegel die eigene Schönheit und Würde erkennen. Sie ist die Mutter, die uns an das Mütterliche in uns erinnert. Natürlich sind in die Mariendarstellungen der Kunst auch archetypische Sehnsüchte eingeflossen, wie sie etwa in antiken Muttergottheiten zum Ausdruck kommen. Bilder sind immer offen, und man muss sich davor hüten, aus den Bildern dogmatische Aussagen zu machen. Wenn etwa Maria als Schutzmantelmadonna dargestellt wird, dann meint das nicht, dass sie uns vor allen Gefahren schützt, sondern dieses Bild verweist auf den mütterlichen Gott. Die protestantische Frömmigkeit hat solche Mariendarstellungen abgelehnt. Die katholische Spiritualität war immer bereit, „katholisch" im Sinne von „allumfassend" zu sein. Sie hat die Sehnsüchte, die in anderen Religionen zum Ausdruck kamen, in den christlichen Glauben integriert. Die christianisierten Indianer in Südamerika haben sicher in Maria die Erfüllung ihrer Sehnsüchte gesehen, die sie mit der „Erdmutter" verbanden. Wenn wir urmenschliche Sehnsüchte, wie sie in anderen Religionen zum Ausdruck kommen, auf Maria richten, dann besteht natürlich immer auch die Gefahr – vor allem im einfachen Volk –, dass Maria überhöht wird und man ihr unbewusst göttliche Eigenschaften zuschreibt.

Mariendarstellungen – Bilder der Sehnsucht

Es braucht also immer auch den kritischen Dialog zwischen den Konfessionen und auch zwischen den Religionen, um die klare theologische Sicht zu trennen von volkstümlichen Übertreibungen. Für die Theologie ist immer klar: Maria ist ein Mensch, eine einfache Frau

Aufgaben für einen kritischen Religionsdialog

aus Nazaret, die von Gott erwählt wurde, Mutter Jesu –und später hat das Konzil von Ephesus dann auch definiert: Gottesgebärerin – zu sein. Der Titel „Gottesmutter" wurde allerdings nicht vom Konzil geprägt, er hat sich in der Volksfrömmigkeit herausgebildet. Auch damit dieser Titel eben nicht falsch verstanden werden kann, braucht es immer die klare theologische Aussage, die uns vor Übertreibungen bewahrt.

Spiegel, in dem wir uns selber sehen

Doch neben der Vorbildrolle Marias stellen die Bilder der Künstler und die theologischen Aussagen über Maria noch etwas anderes dar: Maria ist ganz und gar Mensch. Sie wird nicht vergöttlicht, aber sie ist Typus: Urbild des erlösten Menschen. Daher sind alle Aussagen der Theologie über Maria Aussagen über uns als erlöste Menschen. Wie die Mystiker des Islam, so sehen auch die christlichen Mystiker in Maria ein Urbild für die Geburt Jesu im Menschen. Jeder von uns soll Mutter Jesu werden. Die christlichen Mystiker sprechen jedoch nicht nur von der Geburt Jesu in unserem Herzen, sondern von der Gottesgeburt in uns. Doch was heißt Gottesgeburt? Dieser Ausdruck ist ein Bild für eine Wirklichkeit, über die wir nur in Bildern sprechen können. Gottesgeburt meint, dass wir in Berührung kommen mit dem ursprünglichen, unverfälschten und reinen Bild, das Gott sich von jedem von uns gemacht hat. Maria ist also ein Spiegel, in dem wir uns selber sehen. Und der Lobpreis Marias, der in zahlreichen Liedern und Hymnen erklingt, ist letztlich immer ein Lobpreis Gottes, der Maria gewürdigt hat, seinen Sohn zu gebären. Und es ist ein Danklied an Gott für das, was er an uns Großes getan hat. Die Kirche singt daher täglich das Lied, in dem Maria Gott gepriesen hat: „Meine Seele preist die Größe des Herrn, und mein Geist jubelt über Gott, meinen Retter. Denn auf die Niedrigkeit seiner Magd hat er geschaut. (…) Denn der Mächtige hat Großes an mir getan" (vgl. Lk 1,46–55). Wenn wir Christen dieses Lied singen, besingen wir mit Maria das, was Gott an jedem von uns tut. So verbinden wir uns mit dem Glauben und dem Vertrauen Marias und erkennen in ihren Worten, was Gott an uns tut. Maria ist daher für uns Christen die Herausforderung, dass wir wie sie das „Fiat" sprechen und uns dem Willen Gottes hingeben. Aber zu dieser Hingabe gehört auch das Lob Gottes und die Dankbarkeit für das, was Gott an uns getan hat und tut.

Nicht nur Muslime fragen, woher die Kirche das Recht nimmt, dogmatische Aussagen über Maria zu machen, die so nicht in der Bibel stehen. Das gilt

Was Mariendogmen bedeuten

besonders vom Dogma von der „leiblichen Aufnahme Mariens in den Himmel" (1950) und vom Dogma von der „ohne Erbsünde empfangenen Maria" (1854). Die Kirche hat über das Geheimnis Mariens immer wieder neu reflektiert und in Übereinstimmung mit der Bibel und der spirituellen Tradition dann dogmatische Aussagen über sie getroffen. Auch innerhalb der katholischen Kirche gab es gegen solche Dogmatisierungen Widerstand. Der Schweizer Psychologe C. G. Jung begrüßte dagegen das Dogma über die leibliche Aufnahme Mariens in den Himmel. Er nennt die Dogmatisierung „eine geniale Antwort" der Kirche auf „die Menschenverachtung und Wertlosigkeit des Lebens im letzten Weltkrieg". Die neueren dogmatischen Aussagen der Kirche waren so verstanden immer auch eine Antwort auf Fragen der Zeit.

Diese Dogmen sagen demnach nichts über die Sonderrolle Marias aus, sondern etwas über uns als erlöste Menschen. Wir werden im Tod mit Leib und Seele in den Himmel aufgenommen. Natürlich wird unser Leib verwesen. Aber der Ausdruck „Leib" ist ein Bild für die einmalige Person, die sich im Leib ausdrückt. Wir als die einmalige Person werden in Gott hinein gerettet. Das, was das Dogma von der ohne Erbsünde empfangenen Maria aussagt, wird im Islam ähnlich geglaubt, wenn der Islam von Maria als dem Inbegriff eines reinen Menschen und einer reinen Seele spricht. Für uns Christen ist Maria ein Urbild dafür, dass auch in uns – trotz aller Schuld, die wir immer wieder auf uns laden – etwas ist, was von der Sünde ausgenommen ist, was rein und klar ist, ohne Verunreinigung durch die Sünde. Es sind also letztlich optimistische Bilder, die wir mit Maria verbinden. Das erwähnte Dogma war im 19. Jahrhundert eine Antwort der Kirche auf die pessimistische Sicht des Menschen, wie sie etwa schon vorher im moralisch rigorosen Jansenismus des 17. und 18. Jahrhunderts und in anderen spirituellen Strömungen dieser Zeit üblich war.

**Notwendige
Klärungen im Dialog**

Die Muslime tun sich schwer, wenn wir Christen Maria im Gebet ansprechen. Aber wir müssen da unterscheiden. Wir beten allein Gott an. Maria wird nicht angebetet. Wir bitten vielmehr Maria, unsere Fürsprecherin bei Gott zu sein. Wir bitten nicht nur Maria, sondern auch die Heiligen, ja auch die verstorbenen Menschen, die wir gekannt haben und von denen wir glauben, dass sie jetzt bei Gott sind. Es ist ein menschlicher Glaube, dass wir uns in der Gemeinschaft all derer wissen, die vor uns geglaubt haben und die jetzt bei Gott in seiner Herrlichkeit sind. Im Gebet nehmen wir gleichsam Kontakt auf, damit sie uns zur Seite stehen. Mit dieser Vorstellung der katholischen Frömmigkeitspraxis tun sich auch die Protestanten schwer. Es gibt da sicher auch viele Übertreibungen in der christlichen Tradition, vor allem in der Tradition der letzten Jahrhunderte. Aber in der Theologie war immer klar: Maria wird nicht angebetet. Sie wird als Vorbild des Glaubens, als Urbild des erlösten Menschen und als Fürsprecherin gesehen. Feministische Theologie sieht in Maria ein Urbild der starken und freien Frau, die sich nicht vom Mann her definiert. Sie sieht in der Marienverehrung einen Weg, die weibliche Dimension Gottes erfahrbar werden zu lassen, und versteht die katholische Marienfrömmigkeit als einen Versuch, das Defizit an Weiblichkeit in der Männerkirche, in der bisher nur Männer Priester werden dürfen, auszugleichen. Maria ist nicht Göttin, sondern nur ein Prisma, durch das wir auf den mütterlichen Gott schauen. Indem wir Gottes Wirken an Maria preisen, bekommt Gott für uns ein mütterliches Antlitz. Aber wir müssen uns immer bewusst sein, dass Maria nur ein Mensch ist und nicht Göttin. Der Dialog mit dem Islam kann also auch helfen, die authentische kirchliche Lehre von Maria klarer darzulegen. In den Gemeinsamkeiten mit der islamischen Deutung Marias zeigt sich, dass gerade die christlichen und islamischen Mystiker eine ähnliche Sprache sprechen und Maria auf eine beinahe gleiche Weise verstehen.

Die spirituelle Herausforderung: Leben als geistlicher Kampf

1 Geistlicher Kampf als Weg zu Gott

von Anselm Grün

Der hl. Benedikt richtet sich im Prolog seiner Regel an den, der bereit ist „für Christus den Herrn und wahren König zu kämpfen und den starken und glänzenden Schild des Gehorsams zu ergreifen" (vgl. RB, Prolog 3). Und etwas später sagt er: „Wir müssen unser Herz und unseren Leib zum Kampf rüsten, um den göttlichen Weisungen gehorchen zu können" (RB, Prolog 40). Der Feind, gegen den der Mönch kämpfen soll, ist nicht also außerhalb von ihm, sondern in ihm. Das Ziel des Kampfes ist der Gehorsam Gott gegenüber, oder auch der Gehorsam Christus gegenüber, der als der wahre König bezeichnet wird. Wenn wir als Soldat Christus dienen, dann werden wir wahrhaft frei vom eigenen Egoismus, und wir werden offen für Gott. So spricht Benedikt von der „militia Christi", vom Kriegsdienst für Christus. Doch damit meint er keinen Kampf gegen andere Menschen, sondern einen Kampf gegen alles, was uns hindert, uns für Gott zu öffnen. Dass dieser Kampf, dieser Kriegsdienst für Christus, im späteren Lauf der Kirchengeschichte – etwa im Kampf Karls des Großen gegen die Sachsen oder in den Kreuzzügen – militärisch verstanden worden, das entspricht nicht der Intention der spirituellen Tradition des Christentums. Leider hat man, auch in der Geschichte des Christentums, den Glauben oft als Argument für kriegerische Auseinandersetzungen genommen. Es ist die immanente Gefahr jeder Religion, dass sie religiöse Gedanken verfälscht und sie mit politischen Aktionen vermischt.

> **Der Feind ist in uns, nicht außerhalb**

Was meint „geistlicher Kampf"? Das spirituelle Bild des Kampfes geht schon auf den Epheserbrief zurück. Dort heißt es: „Zieht die Rüstung Gottes an, damit ihr den listigen Anschlägen des Teufels widerstehen könnt. Denn wir haben nicht gegen Menschen aus Fleisch und Blut zu kämpfen, sondern gegen die Fürsten und Gewalten, gegen die Beherrscher dieser finsteren Welt, gegen die bösen Geister des himmlischen Bereichs" (Eph 6,11 f.). Den Kampf gegen den Teufel haben die frühen Mönche nicht als einen Kampf gegen eine Person gesehen, sondern als einen Kampf gegen Kräfte, die uns von unserem wahren Selbst abhalten und die uns gegenüber Gott verschließen wollen. Es ist also ein geistlicher Kampf. Die Mönche nennen ihn „Kampf gegen die Dämonen". Die Dämonen sind keine Personen, sondern Mächte, die uns an der inneren Freiheit hindern. Geistliches Leben ist für die Mönche vor allem ein solcher Kampf gegen die Dämonen. Doch genauso beschreiben die Mönche diesen Kampf als einen Kampf mit den eigenen Leidenschaften, mit den *logismoi*, also mit gefühlsbetonten Gedanken, mit Gedankengebäuden, die in uns entstehen und uns davon abhalten, uns ganz Gott zu überlassen. Die Mönche wechseln in ihrer Sprache sozusagen hin und her: Manchmal sprechen sie von Gedanken und Leidenschaften, die uns überfallen, und dann wieder von den Dämonen, die uns diese Gedanken eingeben. Die „Dämonen" sind Bilder für die Kraft dieser leidenschaftlichen Gedanken, die uns oft genug feindlich gegenübertreten.

Evagrius Ponticus, der wichtigste Mönchsschriftsteller aus dem 4. Jahrhundert, hat diesen Kampf mit den Leidenschaften in seinem Buch „Praktikos" ausführlich beschrieben. Er nennt diese Leidenschaften auch Laster. Es sind acht Laster, mit denen sich der Mönch auseinandersetzen muss. „Laster" ist eher ein moralisch gefärbter Begriff. Evagrius meint damit aber mehr bestimmte Gefährdungen des Menschen, die uns auch heute noch beschäftigen. Wenn der Mensch diesen Gefährdungen, diesen acht Lastern, nachgibt, dann wird er von ihnen beherrscht. Die Mönche sprechen dabei allerdings weniger vom Kampf gegen die Leidenschaften, sondern eher von einem Ringen mit den Leidenschaften. Es geht ihnen darum, die Leidenschaften zu besiegen, aber nicht auszurotten. Denn in den Leidenschaften steckt auch eine Kraft.

Wenn ich die Leidenschaften abschneide, fehlt es mir an Kraft. Doch wenn die Leidenschaften mich beherrschen, dann schaden sie mir. Das Ziel dieses Kampfes ist die *apatheia*. Dieser Ausdruck meint nicht Gefühllosigkeit, sondern die Freiheit von der Herrschaft der Leidenschaften, einen Zustand, in dem die Leidenschaften in mein geistliches Leben integriert sind. *Apatheia* bedeutet für Evagrius Gesundheit der Seele und die Befähigung zu reiner Liebe.

Die Mönche nennen diesen Kampf auch Askese. Askese ist eigentlich Übung, Training in die innere Freiheit. Es geht darum, von der Herrschaft der Lei-

Askese – Training in die innere Freiheit

denschaften frei zu werden, aber sie eben nicht auszurotten. Jesus hat das im Gleichnis vom Unkraut im Weizen erklärt: Wenn wir das Unkraut mit der Wurzel ausreißen, dann reißen wir auch den Weizen aus (vgl. Mt 13,24–30). Denn die Wurzel des Unkrauts ist mit der Wurzel des Weizens verbunden. Wenn wir absolut fehlerlos sein wollen, ohne jedes Unkraut, dann wächst auch kein Weizen in uns, dann bringen wir keine Frucht. Aber wir müssen das Unkraut zurückschneiden, damit der Acker unserer Seele reiche Frucht trägt.

Die Mönche nennen sich Athleten, die mit den Leidenschaften ringen. Dabei haben sie oft auch übertrieben. Sie haben z. B. manchmal so sehr gefastet, dass sie krank geworden sind. Oder sie haben gegen den Schlaf gekämpft. Aber wenn wir die Schriften der frühen Mönche lesen, spüren wir die Kraft, die hinter ihrem Kampf steckt. Ihr Ziel war, ganz und gar vom Geist Gottes und von der Liebe Gottes durchdrungen zu werden. Aber auf dem Weg zu Gott begegneten sie eben den Gefährdungen, den Leidenschaften, den Gedanken und Emotionen, die manchmal ihr ganzes Denken verdunkeln wollten. So war das Leben der Mönche ein ständiger Kampf bis zuletzt. Der Kampf hielt sie lebendig. Und zugleich blieben sie demütig. Denn sie rechneten bis zum letzten Augenblick mit Gefährdungen. Gerade dann, wenn einer meinte, er sei nun ganz und gar diszipliniert, kam der Dämon des Hochmuts und ließ ihn von Gott abfallen. Der Mönch soll bis zuletzt gewappnet sein, gegen Gefährdungen zu kämpfen und mit ihnen zu ringen. Ob ein Mönch in seinem Kampf richtig kämpft, das erkennt man an der

Sanftmut. Wer in seinem Kampf hart gegen andere wird, der hat nicht verstanden, worum es geht: nämlich letztlich um die Befähigung zu wahrer Liebe und zur Sanftmut.

Zwei Wege, mit Leidenschaften umzugehen

Dabei gibt es aber auch Gedanken, Emotionen und Leidenschaften, die man nicht verwandeln kann. Von ihnen muss man sich fernhalten oder, wie die geistliche Tradition sagt: Man muss sie töten. Die christliche Tradition kennt zwei Wege, mit den Leidenschaften umzugehen. In manchen Heiligenlegenden wird der Kampf mit den Leidenschaften als Drachenkampf beschrieben. Ich kann den Drachen zähmen, wie es in der Legende von der hl. Margarete erzählt wird. Die christliche Kunst stellt Margarete dar, wie sie den Drachen am Bändchen führt. Der Drachen dient ihr, gibt ihr gleichsam mehr Kraft. Psychologisch nennt das C. G. Jung die Integration des Schattens. Im Schatten sind die verdrängten Aggressionen versammelt. Wenn sie bewusst gemacht werden, kann ich sie in mein Leben integrieren. Aber es gibt auch das andere Bild: Georg tötet den Drachen. Es gibt feindliche Kräfte in meinem Inneren, die ich einfach töten oder aus mir hinauswerfen muss. Dazu braucht es Kraft und auch den Zorn, mit dem wir gegen diese Mächte kämpfen. Benedikt nennt unter den Werkzeugen der geistlichen Kunst: „Böse Gedanken, die sich in unser Herz einschleichen, sofort an Christus zerschmettern und dem geistlichen Vater eröffnen" (RB 4,50).

Das Bild des geistlichen Kampfes zeigt uns, dass der Mensch auf seinem Weg zu Gott viele Hindernisse zu überwinden hat. Er möchte sich für Gott öffnen. Aber manche Kräfte wollen ihn davon abhalten. Das Bild des geistlichen Kampfes zeigt aber auch die Leidenschaft, mit der die Mönche sich auf den Weg zu Gott gemacht haben. Sie wollten, dass Gott in ihnen herrsche. So kämpften sie gegen die Herrschaft der Dämonen in ihrem Inneren. Der geistliche Kampf der Mönche ist auch für uns heute eine Herausforderung, uns mit Kraft auf den geistlichen Weg zu machen und alles, was in uns ist, für Gott zu öffnen, damit Gottes Geist alles in uns durchdringen und verwandeln kann.

2. Geistlicher Kampf als der große ǧihād

Von Ahmad Milad Karimi

Die Ausführungen über den *geistlichen Kampf*, wie sie Anselm Grün aus christlicher Tradition entfaltet, entsprechen im Kern auch der Auslegung, die wir im Islam finden. Bei allen möglichen Missverständnissen, die sich mit dem Begriff „Kampf" verbinden können, bleibt festzuhalten: Es geht dabei im Islam nicht um einen Kampf gegen andere, überhaupt nicht um eine kriegerische Auseinandersetzung, sondern um den Versuch, sich selbst auf dem Weg Gottes abzumühen. Von diesem Sich-Abmühen ist im Koran vielfach die Rede. Hier steht der Mensch im Mittelpunkt der Barmherzigkeit Gottes.[40] Im Koran fordert Gott den Menschen auf, sich im Leben abzumühen, weil erst diese Anstrengung uns Menschen für Gott öffnet und wir erst in dieser Offenheit für Gott unsere wahre, edle Natur finden. Dieser Kampf ist dann ein geistiger, wenn er sich nach innen wendet. „Und müht euch ab um Gott in rechtem Abmühen! Er hat euch erwählt und euch nichts auferlegt, was euch in der Religion bedrängt" (Koran 22,78). Dieser innere Kampf soll den Menschen nicht versklaven und erniedrigen, nicht überfordern und nicht vereinsamen lassen; vielmehr soll er den Menschen zu der Würde erheben, sein Selbst, sein wahres Selbst zu erlangen. Der muslimische Dichterphilosoph Muhammad Iqbal schreibt: „Zum Ort des Selbst gelangen, das heißt leben!" Das Bild dieses inneren Kampfes zeigt uns, dass der Mensch im islamischen Selbstverständnis kein festgelegtes, sondern ein offenes, dynamisches Wesen ist. Die Rede vom wahren Selbst des Menschen meint also keinen bestimmten Standpunkt im Leben. Sie versteht die Berührung des eigenen Selbst vielmehr als einen Weg, auf dem wir uns abmühen sollen. In „Buch der Ewigkeit" schreibt Muhammad Iqbal: „Das Leben ist nicht ew'ge Wiederholung; Sein Quell liegt im Beständigen, Lebend'gen. Dem nah zu sein, der sprach: ‚Ich bin dir näher!' Heißt: Anteil haben an dem ew'gen Leben. Das Wort ‚Kein Gott als Er' hebt die Person ins Göttliche."[41]

Sich-Abmühen auf dem Weg Gottes

115

Auf dem schwierigen Weg zu sich selbst – koranisches Verständnis

Wir können und dürfen dabei scheitern, sollen uns aber dann erneut an diesen Weg wagen, uns immer und immer wieder abmühen. Sich abmühen bedeutet daher immer auch: auf dem Weg zu sich selbst sein. Der mystische Theologe Abū Hāmid al-Ġazālī schreibt in seiner Schrift „Das Elixier der Glückseligkeit": „Daher sollst du nach der Wahrheit deines Selbst streben: Was du bist, woher du gekommen bist, wohin du gehst, was der Zweck ist, dass du in diese Stätte gekommen bist, weswegen du hervorgebracht worden bist, was deine Glückseligkeit ist und worin sie liegt, was dein Elend ist und worin dein Elend liegt." Dieser Weg ist nicht frei von Hindernissen. Mühen und Schwierigkeiten zeichnen ihn aus, und nur mit Geduld kann man ihn gehen.[42] So ist al-Ġazālī der Auffassung, dass der erste Weg der Religion des Islam die Abmühung sei. „Wer seine Abmühung nicht vollbracht hat", so al-Ġazālī, „darf (…) nicht zu ihm über das Wesen des Geistes sprechen." Für al-Ġazālī ist der innere Kampf also ein Weg der Vergeistigung, freilich einer Vergeistigung, die nicht bei sich bleibt: Sie geht ins Handeln über – gegenüber dem Nächsten, dem anderen, dem Fremden. Im Koran wird die Frucht dieser Anstrengung im guten, schönen Handeln gesehen: „Und die sich abmühen für Uns – Wir werden sie gewiss rechtleiten auf Unseren Wegen. Wahrlich, Gott ist mit den Schönhandelnden" (Koran 29,69).

Der Weg zur Freiheit, das rechte Maß und der mittlere Weg

Es berührt mich als Muslim, wenn ich die Darlegungen über das Selbstverständnis der christlichen Mönche als „Athleten" lese, „die mit den Leidenschaften ringen", denn es erinnert mich an den Propheten Muhammad, der in gleicher Weise von diesem Ringen mit den Begierden, den Leidenschaften und vor allem dem Zorn im Menschen gesprochen hat. Nach einer Überlieferung sagte der Prophet: „Stark ist nicht, wer im Ringen seinen Gegner besiegt, sondern wer seinen Zorn bezwingt."[43] Sich nicht von seinen Begierden und Leidenschaften gefangen nehmen zu lassen zeichnet den Weg der Freiheit vor, die für ein gelingendes Leben unabdingbar ist. Dabei geht es auch im Islam nicht um die Ausrottung der

Begierden, sondern um das rechte Maß, um den mittleren Weg, um den geistlichen Kampf, eben um das Ringen mit uns selbst mit dem Ziel der Sanftmut, aber auch von mehr Gerechtigkeit. Im Islam sind wir ermutigt, danach zu suchen und zu fragen, weshalb in uns die Leidenschaften geschaffen sind. Al-Ġazālī lässt uns über unsere Leidenschaften fragen: „Sind sie in dir geschaffen, damit sie dich gefangen nehmen, damit du ihnen dienst und Tag und Nacht versumpfst?" Der geistliche Kampf entfaltet also innere Freiheit im Umgang mit uns selbst und mit dem, was wir an Unzulänglichkeiten und Schwächen, Begierden und Leidenschaften in uns haben.

Nicht selten aber wird der Kampf missverstanden: als Kampf gegen den anderen, als Verachtung und Zerstörung. Der arabische Terminus für diesen Kampf ist (wie schon erwähnt) *ğihād*. Doch *ğihād* bedeutet in seinem koranischen Ursprung keineswegs „Krieg" oder gar „heiliger Krieg". Das arabische Wort für „Krieg" ist *harb*, und die Bezeichnung „heilig" ist im Islam fraglos allein Gott vorbehalten. Doch in der Fremdzuschreibung und -wahrnehmung wird der *ğihād* oft als religiös legitimierter Krieg aufgefasst. Diese Wahrnehmung ist nicht ganz falsch, weil sie einen Missbrauch des *ğihād* vonseiten mancher Muslime korrekt beschreibt. Es bleibt aber ein Missbrauch und im Kern eine Pervertierung der Religion des Islam. Beim *ğihād* in einem spirituellen Verständnis geht es um ein individuelles *Sich-Abmühen* auf dem Wege Gottes, das heißt: in Verantwortung vor Gott und vor Seiner Schöpfung. In der islamischen Geistestradition wird zudem ausdrücklich zwischen dem „kleinen" und dem „großen" *ğihād* unterschieden. Der „große *ğihād*" gilt dabei als der innere, geistliche Kampf des Menschen mit sich selbst, mit seinen Dämonen. „Groß" ist der Kampf, weil er den Kampf für Gott im Menschen darstellt. Der „kleine *ğihād*" dagegen meint die nach außen gerichtete Auseinandersetzung. Aber selbst der kleine *ğihād* bedeutet bzw. legitimiert keineswegs eine aktive, aggressiv verletzende Gewalt. Legitimiert ist in der islamischen Tradition allein eine verteidigende, abwehrende Gewalt, die im Übrigen auch völkerrechtlich zulässig ist. Erst in unserer Gegen-

Der große und der kleine ğihād

wart wird die aktiv verletzende Gewalt als *ǧihād* bezeichnet und im Namen des Islam vollzogen. Diese Pervertierung kehrt die Idee des Islam um und darf keine Legitimierung im religiösen Sinn finden, weil sie nur einen Namen hat, und der lautet: Verbrechen. Dass es in der islamischen Geschichte diese menschenverachtende Auslegung des *ǧihād* gegeben hat, rechtfertigt gar nichts, sondern zeigt die Anfälligkeit von Religionen, die nicht nur heute, sondern auch in der Vergangenheit immer wieder für politische Macht- und Herrschaftsinteressen missbraucht worden sind. Kern der spirituellen islamischen Tradition ist: Wer nicht nach „Ungläubigen" außerhalb von sich sucht, sondern nach dem Unglauben in sich selbst, wer den Kampf nach innen wendet, ist bemüht, in sich eine innere Landschaft zu errichten, in der nicht Zorn und Leidenschaften herrschen, sondern das feurige Herz Sinnbild wird für die Offenheit des Menschen für Gott. Der muslimische Mystiker Rūmī schreibt: „Ein Ofen ist mein Herz; es liebt das Feuer. Dem Ofen genügt's, des Feuers Haus zu sein. Für die Liebe, wie für einen Ofen, gibt's immer etwas zu verbrennen. Erkennst du es nicht, bist du kein Feuerofen."

Von der Bedeutung und dem Sinn der Gebete

1 Christliches Gebet als personale Gottesbegegnung

von Anselm Grün

Beten ist Gespräch mit Gott, und Beten ist Begegnung mit Gott. Ein solches Verständnis setzt immer eine personale Beziehung und ein personales Gottesbild voraus. Gott ist für uns Christen freilich immer beides: persönlich und überpersönlich. Ich bete nicht nur zu Gott als zu einem personalen Gegenüber, der mich anschaut und anspricht. Ich bete auch den Schöpfer an und falle vor ihm nieder, weil er Gott ist: größer und anders als alles, was wir kennen.

Gespräch und Begegnung mit Gott

Gebet als Gespräch unterscheidet sich durchaus von einem Gespräch mit einem Menschen, der uns Antwort gibt. Gott gibt uns keine Antwort durch klare, unterscheidbare Worte. Er antwortet manchmal im Schweigen. Wir haben dann in uns das Gefühl, dass Gott uns eine Weisung gegeben hat. Und Gott ist nicht in dem Sinn ein klares Gegenüber wie der Mensch, mit dem ich spreche, den ich sehe und höre, den ich mit allen Sinnen wahrnehmen kann. Er bleibt ein unbegreifliches Geheimnis. Gott ist ein Du, das ich anspreche, und ich spüre, dass ich einem Du gegenüber bin, das mich in meine eigene Wahrheit führt. Aber dieses Du entschwindet oft hinter dem Unsichtbaren und Unbegreiflichen.

Wie soll nun ein Gebet sein, und was geschieht da? Das Gebet zu Gott muss nicht „fromm" sein. Es soll vor allem ehrlich sein. Ich soll Gott alles offenbaren, was in mir ist. Für mich ist daher Begegnung der umfassende Begriff von Gebet. Im Gebet begegne ich Gott. Ich halte ihm alles hin, was in mir ist: meine Ohnmacht, mein Zweifeln, meine innere Leere, meine Sehnsucht, meine Schuld, meine Bedürfnisse, meine Zerrissenheit, all das Unbekannte in meiner Seele. Indem ich mei-

Eine Begegnung, die verwandelt

ne ganze Wahrheit Gott hinhalte, stelle ich mir vor, dass Gottes Liebe in meine Seele einströmt, gerade in die Ohnmacht und Verlassenheit, in das Dunkle und Abgründige in mir. Und alles wird dann von Gottes Liebe erfüllt. Paulus sagt im Epheserbrief: „Alles, was aufgedeckt ist, wird vom Licht erleuchtet. Alles Erleuchtete aber ist Licht" (Eph 5,13 f.). Die Begegnung mit Gott im Gebet verwandelt mich. Alles wird in mir von Gottes Liebe durchdrungen. Dadurch kann ich mich selbst anders erfahren und anders erleben.

Gott zaubert nicht: Unerhörte Gebete | Viele beklagen sich, dass ihre Gebete unerhört bleiben. Doch was bedeutet das? Manche Beter haben die Vorstellung, dass Gott ihre Bitten hören und erhören muss. Wenn ich Gott etwa darum bitte, dass er mir die Angst wegnimmt, dann erwarte ich, dass Gott wie ein Zauberer mich von meiner Angst befreit. Doch in einem solchen Verständnis benutze ich Gott, um mich von negativen Symptomen zu befreien. Ich selbst möchte aber der Alte bleiben. Doch Gebet ist etwas anderes: Ich halte mich mit meiner Angst Gott hin. Ich spreche mit Gott über meine Angst. Und dann stelle ich mir vor, dass Gottes Liebe in meine Angst hineinströmt. Das verwandelt meine Angst. Aber es verwandelt auch mich. Es zeigt mir, dass ich nicht an meinem Perfektionismus festhalten und zugleich meine Angst loswerden kann. Vielmehr muss sich in mir etwas wandeln. Ich muss meinen Perfektionismus loslassen. Dann wird Gott nicht nur meine Angst verwandeln, sondern mich als Person.

Zu Jesus beten, die Heiligen bitten | Unser Gebet richten wir an Gott. Aber als Christen können wir auch zu Jesus beten, weil wir vertrauen, dass er als Jesus Christus jetzt in Gott ist. Aber Jesus ist keine Konkurrenz zu Gott. Wir schauen vielmehr in Jesus das Antlitz Gottes. Jesus verweist uns auf Gott. Das gilt auch von den Heiligen. Wir beten nicht zu den Heiligen. Wir bitten die Heiligen nur, dass sie für uns Fürsprache bei Gott einlegen. Wenn ich eine Reise mache, bitte ich Freunde, für mich zu beten. Ich fühle mich getragen vom Gebet der Freunde. So kann ich mich auch getragen fühlen von der Fürbitte der Heiligen. Ich bin nicht allein vor Gott.

Ich stehe in einer großen Glaubensgemeinschaft, die mich hält und mir Geborgenheit schenkt.

Beten kann verschiedene Formen annehmen: Bitte und Fürbitte, Lob und Dank, Klage oder Anklage. Ich bitte Gott, mir oder anderen Menschen zu hel-

Die verschiedenen Formen

fen. In der Fürbitte halte ich meine eigene Ohnmacht Gott hin und bitte Gott, dass er an mir und an anderen Menschen mit seiner Gnade wirkt. Beten ist aber auch Lob und Preis. Im Lob geht es nicht um unser Wohlbefinden. Da geht es um Gott. Da schauen wir auf zu Gott. Er steht im Mittelpunkt. Aber indem wir im Lob Gott in die Mitte stellen, kommen wir auch selbst in unsere Mitte. Zum Gebet gehört aber auch die Klage und die Anklage. Ich klage Gott an, wenn mir das Leben zu schwer scheint. Aber ich bleibe nie in der Klage stecken. Die Klage soll immer in das Vertrauen münden, dass Gott sich um mich Armen und um all die Armen dieser Welt kümmert und sorgt. Und die Klage soll letztlich im Dank enden für all das, was Gott mir schon geschenkt hat. Indem ich Gott danke, wächst mein Vertrauen, dass Gott jetzt auch diese Situation wandelt.

Wenn Gebet in seinem Wesen Begegnung ist, gehört dazu nicht nur das Sprechen, sondern auch das Hören. Im Schweigen höre ich auf Gott.

Hören ins Schweigen Gottes hinein

Manchmal antwortet Gott nur mit Schweigen. Dann höre ich in das Schweigen Gottes hinein, was Gott mir damit sagen möchte. Das Schweigen Gottes zwingt mich, mich noch mehr zu befreien von meinen eigenen Bildern von Gott. Und zur Begegnung gehört das Hinhalten: Ich setze mich vor Gott und beobachte im Angesicht Gottes alles, was in meiner Seele auftaucht. Und alles halte ich in die Liebe Gottes hinein. In dieser liebenden Begegnung mit Gott kann Heilung geschehen.

Eintauchen in den Traditionsschatz der geformten Gebete Natürlich kennen wir Christen neben dem persönlichen Gebet in eigenen Worten auch einen reichen Traditionsschatz von oft in poetischer Sprache vorformulierten Texten, die in Gebetbüchern festgehalten sind, in der Frömmigkeitspraxis oder in der Liturgie tradiert werden und Richtschnur für das persönliche Beten sein können. Jesus selbst hat uns das Vaterunser gelehrt, das wir täglich sprechen sollen. In diesem vorgeformten Gebet begegnen wir dem Geist Jesu und haben teil an seinem Gebet. Aber diese Worte sind auch angereichert durch die vielen Christen, die seit 2000 Jahren diese Worte gebetet und damit ihr Leben bewältigt haben. Und wir beten gemeinsam mit den Juden die Psalmen. Die Psalmen sind die Gebetsschule schlechthin. Da werden alle menschlichen Gefühle vor Gott ausgesprochen, aber immer in dem Vertrauen, dass Gott unser Leid wandelt und unsere tiefste Sehnsucht erfüllt.

Nicht nur im Kopf. Auch der Leib drückt sich aus Gebet ist schließlich auch etwas Ganzheitliches. Es geschieht nicht nur im Kopf, berührt nicht nur Geist und Seele, sondern drückt sich auch in unserem Leib aus, auch in bestimmten Gebärden und Haltungen. Wir knien uns vor Gott nieder, dessen Größe wir erfahren. Wir stehen vor ihm, der uns aufrichtet und vor dem wir unsere Würde erfahren dürfen. Wir erheben unsere Hände zum Gebet. Oder wir sammeln uns vor Gott und richten uns ganz und gar auf Gott aus, indem wir die Hände falten. Wir erheben die Hände zum Segen und lassen den Segen Gottes zu den Menschen strömen. Und wir öffnen unsere Hände zu einer Schale, um alles, was in uns ist, Gott hinzuhalten. Diese Gebärden unterstützen nicht nur das Beten. Sie führen auch jeweils zu einer anderen Erfahrung Gottes und meiner selbst.

Tägliche Gebete Im Islam gehört das tägliche Gebet zu den Pflichten eines Gläubigen. Auch das Christentum kennt das tägliche Gebet. Viele Christen beten morgens und abends. Im Volk war der „Engel des Herrn" beliebt, den man dreimal am Tag gebetet hat. Der hl. Benedikt lädt die Mönche täglich siebenmal zum Gebet ein, einmal zu nächtlicher Stunde. Heute beten wir Mönche auch – wie die Muslime – fünfmal am Tag gemeinsam in der Kirche. Das gemeinsame Gebet trägt uns und stützt unseren Glauben. Wir tauchen cin in den Glauben der anderen und fühlen uns von ihnen unterstützt. Und wir bekennen mit dem fünfmaligen Gebet, dass wir immer und überall in Gottes Gegenwart leben und arbeiten und dass Gott die eigentliche Mitte unseres Lebens ist.

Wir beten nicht, damit es uns guttut, sondern wir beten zu Gott, weil Gott die Mitte unseres Lebens ist. Aber man kann durchaus auch wahrnehmen, **Ein Tun, das verwandelt** dass das Gebet uns verwandelt. Es gibt inzwischen medizinische Untersuchungen, die zeigen, dass Beten innere Kräfte stärken und Krankheiten schneller heilen kann. Aber das ist eine sekundäre Wirkung. Entscheidender und grundsätzlicher ist: Wir dürfen darauf vertrauen, dass das Gebet uns wandelt. Es wandelt uns von Menschen, die sich selbst entfremdet sind und oft im weltlichen Geschehen aufgehen, zu Menschen Gottes: zu Menschen, die in Gott ihre Mitte erkennen und die durch das Gebet immer durchlässiger werden für den Geist Gottes und für den Geist Jesu Christi.

2 Vergegenwärtigung Gottes – muslimisches Gebetsverständnis

von Ahmad Milad Karimi

Das Gebet hat im Islam verschiedene Formen, die sich vom Gedenken Gottes (arab. *ḏikr*) über das Bittgebet (arab. *duʿāʾ*) bis hin zum rituellen Gebet **Formen und Sinn des Gebets im Islam** (arab. *ṣalāt*) in unterschiedlichen Weisen ereignen. Aber jede Form des Betens hat einen besonderen Reiz, eine je eigene existenzielle Bedeutung. Zugleich wird im Gebet all das artikuliert, ob verbal oder nonverbal, was uns als Menschen unbedingt angeht: unsere Dankbarkeit, aber auch unser Schmerz; Lob und Preis, aber auch unsere Klage; unsere Hoffnung, aber auch unsere Reue.

Welchen Sinn aber erfüllt das Gebet? Beten ist Zuwendung zu Gott, und Beten ist die intimste Möglichkeit einer Selbstentgrenzung. Was heißt aber, sich selbst zu entgrenzen? Im Gebet wird das eigene Selbst überschritten. Indem wir uns Gott zuwenden, betrifft das, worum es uns geht, nicht in erster Linie uns selbst. Im Mittelpunkt unseres Gebets ist unser Schöpfer. Er wird gelobt. Mit diesem Lob wird der Koran eröffnet: „Das Lob Gott, dem Herren der Welten, dem Barmherzigen, dem Erbarmer." Dabei fordert das Gebet also ein bestimmtes Gottesbild. Auch wenn Gott nicht als ein Gegenüber im Sinne einer Person angenommen wird, so ist doch Gott in seiner ganzen Fülle gegenwärtig: als der, der mich erschaffen hat, mein Leben in Güte und Barmherzigkeit durchdringt und mich letztlich vollendet, „zu meiner Wahrheit führt", wie es Anselm Grün formuliert. Nicht selten wird aber das Gebet funktionalisiert, indem wir das Gebet als etwas sehen, wodurch unsere Erwartungen und Wünsche Erfüllung finden sollen. Das ist schon deshalb ein Missverständnis, weil wir damit Gott selbst vergegenständlichen und funktionalisieren, indem wir ihn an Bedingungen verknüpfen, deren Mittelpunkt allein wir selbst sind. Aber Beten ist, wie auch Anselm Grün hervorhebt, wesentlich Begegnung. Im Gebet wird das Verhältnis zwischen Gott und Mensch persönlich und existenziell übersetzt. Das Gebet ist zudem nichts Starres, nichts, was auch eine programmierte Maschine übernehmen könnte. Denn das Gebet ereignet sich im je eigenen zutiefst menschlichen Vollzug. So bleibt das Gebet seinem Wesen nach eine Frage.

Beten mit dem Propheten | Damit ist eine der zentralen Haltungen der Muslime angezeigt: Muslim ist derjenige, der sich als ein Fragender begreift. Sein Leben nicht von endgültigen, unverrückbaren Dogmen beherrschen zu lassen, sondern in Sehnsucht nach dem zu trachten, was einen trägt, tröstet und erhebt, diese Beschreibung stellt in aller Kürze das religiöse Leben der Muslime dar. Somit tritt der Prophet Muhammad in das Leben der Gläubigen als ein Betender ein. Daher beten wir Muslime nicht den Propheten an, aber wir beten mit ihm, der selbst sagte: „Meinen Augentrost habe ich im Gebet gefunden." Wenn wir unser Gebet auch ausschließlich an Gott richten, so kann das Gebet auch die Propheten und Heiligen umfassen in dem Sinne, dass wir um deren Fürbitte beten. Gerade die mystische Tradition des Islam kennt zahlreiche Heilige, das heißt jene Menschen, die in ihren Taten und Erkenntnissen eine Tiefe und eine beseelte Geistigkeit erreicht haben, die wir besonders würdigen. Sich an diese Heiligen zu wenden, darf jedoch nicht als Konkurrenz zu unserer Beziehung zu Gott gesehen werden. Gebetet wird in diesem Zusammenhang allein um deren Fürbitte.

Wer sich Gott hingibt, wer sich nach Gott sehnt, dessen Leere ist gleichsam aufgehoben. Die Selbst-abstandnahme kehrt sich um, die unendliche Dis-tanz wird zur Nähe, zum Geschenk, zur Gnade und Gabe. Was sich im Gedenken Gottes einstellt, ist kein materieller Reichtum, son-dern existenzielle Fülle: „Die, die glauben und deren Herzen im Gedenken Gottes ruhen – ja, im Gedenken Gottes ruhen die Her-zen" (Koran 13,28f). Das Gebet ist keine Kommunikation, sondern Ereignis. Es ist aber auch kein Selbstgespräch des Menschen, der darin seinen eigenen Gott entwerfen würde, um seine endliche Einsamkeit ertragen zu können. Im Gebet wird Gott vergegenwär-tigt, nicht als ein Gegenüber, sondern als eine unendliche Gabe. Die Begegnung mit Gott gleicht keiner anderen weltlichen Begeg-nung. Das Gebet ist der Versuch, außerordentlich dem Außer-ordentlichen zu begegnen. Die Vergegenwärtigung Gottes findet in der Weise statt, dass wir uns im Angesicht Gottes behütet wis-sen. Wenn wir beten, erheben wir uns zum Absoluten.

Unendliche Distanz wird Nähe

Im Islam ist das rituelle Gebet zugleich eine religiö-se Pflicht. Doch auch dieses Gebet ist keine äußer-liche Bestimmung. Das Gebet ist ein intentionaler Akt, denn der Mensch richtet sich in ihm zu seinem Gott, aber nicht deshalb, weil Gott das Gebet benötigt. Gott will, dass der Mensch betet, aber für ihn selbst. So ist aus dem Koran zu entneh-men: „Und wer sich reinigt, der reinigt seine eigene Seele" (Koran 35,18). Insofern gewinnt das Gebet eine subtile „anthropologische Wende" derart, dass der Betende in seinem Gebet, welches an Gott gerichtet ist, zu sich selbst zurückkehrt. In diesem Sinne schreibt der muslimische Dichterphilosoph Muhammad Iqbal: „Das Gebet,

Das rituelle Gebet als religiöse Pflicht

sei es individuell oder gemeinschaftlich, ist also der Ausdruck des innerlichen Sehnens des Menschen nach einer Antwort in der schrecklichen Stille des Universums."[44] Im Betenden ereignet sich die Gegenwart Gottes, der ihm näher ist als seine Halsschlagader, wie es im Koran heißt (vgl. Koran 50,16). Das Gebet bleibt aber eine Frage, eine existenzielle Frage, ist doch der Habitus des Betenden durch Demut und Dankbarkeit geprägt. Damit avanciert das Gebet zu einem inneren Ruf des Menschen, zum Ausdruck dessen, dass er sich zur Frage geworden ist. In diesem Akt des Fragens oder gar der Klage ereignet sich zugleich die Gegenwart Gottes: „Nah bin Ich. Ich höre den Ruf des Rufenden, wenn er mich anruft" (Koran 2,186), so lässt Gott im Koran erklingen. Im Gebet ist also der intimste Ausdruck des Verhältnisses zwischen Mensch und Gott zu sehen. Muhammad Iqbal schreibt: „Die Wahrheit ist, daß alles Streben nach Erkenntnis seinem Wesen nach eine Form des Gebets ist."[45] Das Gebet bleibt nicht ohne Wirkung, zumindest dann nicht, wenn das Gebet nicht bloß äußerlich vollzogen wird. Vielmehr verändert das Gebet den Betenden. Ob es das rituelle Gebet ist, das Bittgebet oder die einfache Stille mit Gott, im Gebet öffnen wir uns einer Wirklichkeit, die uns übersteigt. Diese Öffnung, die mich erhebt, verwandelt meine Einsamkeit in Begegnung, meine Leere in Fülle, meine Angst in Hoffnung.

Beten in der Sinnlichkeit des Vollzugs: Der ganze Mensch ist angesprochen Bedeutsam ist in diesem Zusammenhang, dass das Gebet im Islam keine rationale Tat darstellt, sondern ein zutiefst ästhetisches Ereignis. Daher bleibt das Gebet nicht nur im Geist, sondern umfasst den ganzen Menschen. Unser ganzes Dasein richtet sich zu Gott. Wie auch zu Lebzeiten des Propheten ist das rituelle und das gemeinschaftliche Gebet Ausdruck dieser sinnlichen Handlung, indem sich die Betenden im Moment ihrer Zuwendung als eine Einheit begreifen, ohne eine Trennung nach Geschlechtern. (Diese Trennung – an der Kaaba bis heute nicht üblich – hat sich erst mit der Zeit durchgesetzt, allerdings gibt dazu unterschiedliche Positionen.) Gerade das gemeinschaftliche Gebet hat im Islam eine soziale und zwischenmenschliche Bedeutung. Wenn das Gebet rituell vollzogen wird, das heißt: rhythmisch mit wiederkehrenden Elementen, die sich Gebet für Gebet wiederholen, erzeugt es ein erhebendes Gefühl, ein Gefühl des Bleibenden, als wäre die Zeit, unsere Vergänglichkeit unterbrochen. Die Ritualität, die Wiederholung in der Zuwendung zu Gott unterbricht das Vergängliche. Jedem Gebet, vor allem in seiner ritualisierten Verfasstheit, wie es die Muslime fünfmal am Tag, also am Morgen, am Mittag, am Nachmittag, am Abend und in der Nacht, verrichten, geht eine spirituelle Handlung voraus: die rituelle Waschung. Es ist das fließende Wasser, welches über die einzelnen Teile des Körpers rinnt; die Hände berühren sich, berühren den Körper, während das kalte Wasser belebend alles Alltägliche, allen Lärm, allen Stress und alle Sorge hinwegfließen lässt. Das Wasser berührt den Körper und reinigt dieses weltliche Gefäß, bevor das Göttliche an die Seele rührt. Das Gebet wird auf einem Tuch oder einem Teppich vollzogen. Die nackten Füße berühren bewusst den Boden. Wie einst Mose vor seiner Begegnung mit dem Ewigen am Dornbusch, so ziehen die Muslime die Schuhe aus und lassen den Boden unter sich zu einem ausgezeichneten Ort werden. Die ganze Erde ist in diesem Akt heiliger Boden, eine Moschee, also eine Niederwerfungsstätte, wenn das Leben in der Hingabe zu Gott empfunden wird, wie es bereits der Prophet Muhammad den Menschen ans Herz legte. In aufrechter Haltung steht der Betende dann, rezitiert aus dem Koran, mal laut, mal leise, aber stets mit Andacht und Achtsamkeit, er verbeugt sich, er wirft sich nieder, verwelkt und erwacht. Mit einem Friedensgruß nach rechts und einem Friedensgruß nach links beendet er sein Gebet, reckt seine Hände nach oben, macht sie zu einem Gefäß, welches ihn selbst symbolisiert, und ist so zur Frage geworden. Dabei wird der Sinn des Gebets in der Sinnlichkeit des Vollzugs dargestellt. Es gibt dabei verbindliche Gebetstexte, meistens aus dem Koran, die im Gebet rezitiert werden. Dazu gehört z. B. die erste Sure des Korans, die mit dem Vaterunser vergleichbar ist. Der Koran selbst enthält darüber hinaus noch zahlreiche andere Gebete, Gebete der Propheten, der Engel und der Gläubigen in Dankbarkeit und in Not.

Probleme in der säkularen Gesellschaft In unserer säkularen Gesellschaft ist es für uns Muslime nicht immer einfach, unsere rituellen Gebete zu vollziehen. Das kann als Hindernis für die religiösen Pflichten angesehen werden, aber es ist auch ganz verständlich, dass wir keinen vorzüglichen Anspruch darauf erheben können, die Gebetszeiten exakt einhalten oder überhaupt überall beten zu dürfen. So gesehen ist der Islam eine höchst dynamische Religion. Die Gebete können nach den meisten Rechtsschulen zusammengelegt werden, so wie auch nicht jedes Gebet in Gemeinschaft vollzogen werden muss, wenn die Umstände dies nicht erlauben. Der Sinn des Gebets ist dann nicht erfüllt, wenn es sich zum äußerlichen Zwang entwickelt. Genau genommen betet der Mensch nicht ausschließlich an bestimmten Zeiten und Orten; sondern insofern der Mensch im Glauben verankert ist, kann sein ganzes Leben als Gebet vollzogen sein. In diesem Sinn sagt der Mystiker Maulānā Rūmī einmal: „Ich ward ganz zum Gebet."

Spirituelle Orte – Kirche und Moschee

1 Das christliche Gotteshaus

von Anselm Grün

Das Wort „Kirche" („ecclesia") hat oft auch die Bedeutung von „Gotteshaus" bzw. bezeichnet den Ort, wo Christen sich zum Gottesdienst versammeln. Und es bezeichnet auch heute noch die Gemeinschaft aller Gläubigen. Ursprünglich bezeichnete man mit diesem Wort nur die Christen einer Ortschaft bzw. die Gemeinschaft der Gläubigen und Heiligen mit Christus. Erst im Mittelalter wurde es auch zur Bezeichnung für das Kirchengebäude. Dieses Gebäude erhielt im Verlauf der Geschichte freilich immer auch eine symbolische Bedeutung und war immer auch Ausdruck des Selbstverständnisses dieser Gemeinschaft der Gläubigen.

Versammlungsraum der Gläubigen, Ort der Liturgie

Die frühen Christen beteten wie die Juden weiter im Tempel und in der Synagoge. Doch in ihren Häusern feierten sie das Abendmahl. „Tag für Tag verharrten sie einmütig im Tempel, brachen in ihren Häusern das Brot und hielten miteinander Mahl in Freude und Einfalt des Herzens" (Apg 2,46). Wichtiger als der Raum, in dem sie beteten und miteinander das eucharistische Mahl feierten, war die Gemeinschaft. In der Gemeinschaft war Christus anwesend. Erst als die Gemeinden größer wurden, hat man den Baustil der römischen Antike nachgeahmt und große Hallen gebaut: die Basiliken. Die Kirchen dienten der Liturgie. Daher war der Mittelpunkt der Kirche der Altar.

Im Laufe der Kirchengeschichte entstanden viele verschiedene Stile des Kirchenbaus, die symbolische Ausformungen von Glaubensvorstellungen waren. Die bei christlichen Kirchen praktizierte Ausrichtung der Gotteshäuser nach Osten entsprach dem in heidnischen Kulturen üblichen Brauch, beim Gebet in Richtung der aufgehenden Sonne

Kirchenbau: Die Steine predigen

zu blicken. Die Christen, die in Christus das „Licht der Welt" (vgl. Lk 1,78) sahen, übernahmen diesen alten Brauch. In der Romanik und Gotik war die Kreuzesform der Kirche üblich. Die romanischen Kirchen sind gedrungener. Sie symbolisieren oft den Mutterschoß. In der romanischen Kirche feiert man nicht nur Gottesdienst. Man setzt sich auch in die Kirche zum stillen Gebet und fühlt sich von Gottes Liebe eingehüllt. In den gotischen Kirchen predigen die Steine. Sie sprechen von der Schönheit Gottes und erheben das menschliche Herz himmelwärts. Der Mensch soll im Gebet sein Herz zu Gott erheben. So sind die gotischen Bauten Gestalt gewordenes Gebet oder Stein gewordener Himmel. Die hochaufgerichteten Türme sind für die Menschen dieser Zeit Zeichen für die Predigt. Und die Kirchenfenster symbolisieren die Schrift, die das Licht Gottes weitergibt. In der Barockzeit wird dann die Vielfalt des Lebens in die Kirche hineingenommen. Die Herrlichkeit Gottes wird in vielen Deckengemälden dargestellt. Die Kirchen öffnen gleichsam den Himmel über der irdischen Wirklichkeit. Im 19. Jahrhundert entstehen aufgrund der Bevölkerungsexplosion viele neue Kirchen. Sie sind oft neugotisch oder neuromanisch gebaut, fühlen sich also vergangenen Stilepochen verpflichtet. Erst vor und nach dem Zweiten Weltkrieg setzt sich eine neue Form von Kirchen durch: die Kirche als Zelt Gottes unter den Menschen oder die Kirche als Versammlungsraum der Gemeinde um den Altar.

Raum gewordener Glaubensausdruck | Jede Kirche ist Ausdruck des Glaubens von Menschen, die diese Kirche konzipiert und gebaut haben. Die Menschen des Mittelalters wollten bewusst die Schönheit und Größe Gottes für alle Menschen sichtbar werden lassen. Wenn wir uns heute in eine romanische oder gotische Kirche setzen, wird die Kirche auch zum Ort des stillen Gebetes und zur Erfahrung des Heiligen. Ein solcher Sakralbau umgibt uns mit Stille, aber auch mit Schönheit. Er öffnet unseren Geist für Gott. Natürlich kann man auch in der Natur beten oder im Zimmer zu Hause. Aber die Menschen lieben es, sich in eine Kirche zu setzen oder sich vor einem Altar niederzuknien und zu beten. Viele kommen in die Kirche, um ihre Bitten für die Familie oder für die eigene gesundheitliche Situation vor Gott zu bringen. Andere setzen sich in die Kirche, um in ihr still zu werden. Die Kirche beruhigt den unruhigen Geist. Und die Kirchen sind der Ort, an dem die Liturgie gefeiert wird. Die Schönheit des Raumes, die Schönheit der Musik, die von der Orgel oder auch von Orchestern hörbar gemacht wird, und die Schönheit der Liturgie erheben die Herzen zu Gott. Und in der Liturgie öffnet sich ein Fenster zum Himmel. Man hat teil an der himmlischen Liturgie, die jetzt von all denen gefeiert wird, die schon bei Gott sind. So verbindet die Liturgie Himmel und Erde miteinander.

Heute sind die Kirchen in unseren Städten und Dörfern lebendige Zeugen des Glaubens. Ob das Stadtbild von Hochhäusern geprägt ist oder aber
Öffentliche Glaubenszeugen
von Kirchen als den zentralen Punkten einer Stadt – die Art ihrer Präsenz macht etwas mit einer Stadt. Die Kirchen öffnen auch eine säkularisierte Stadt auf Gott hin. Sie sprechen von Gott, ob die Menschen das wollen oder nicht, ob sie es wahrnehmen oder nicht. Insofern verwandeln die Kirchen eine Stadt. Sie zeugen vom christlichen Geist dieser Stadt, selbst wenn in der Stadt nicht mehr viele Menschen in die Kirche gehen. Man kann von den Kirchen sagen, was Max Horkheimer von den Religionen im Allgemeinen sagt: Sie halten die Sehnsucht nach dem ganz Anderen in unserer Gesellschaft wach. Sie öffnen den Himmel über den Menschen. Und so sprechen sie die tiefste Sehnsucht der Menschen an, dass es noch etwas gibt, das größer ist als sie selbst, etwas, das ihre Herzen mehr bewegt als nur Geld und Macht. Die Kirchen sind Orte „umbauter Stille". Sie bieten den Menschen einen Raum der Stille an. Die Stille ist schon da, auch wenn die Menschen innerlich voller Unruhe sind. Aber wenn sie sich in den Raum der Stille setzen, kommen sie in Berührung mit der Stille auf dem Grund ihrer eigenen Seele. So sind die Kirchen ein Ort, an dem die Menschen mit sich selbst in Berührung kommen, an dem sie ihre eigene Mitte wiederentdecken können. Von den Kirchen geht eine heilende Wirkung auf ihre Umgebung aus. Und diese Sakralbauten bringen uns in Berührung mit den Wurzeln unseres Glaubens. In ihnen drückt sich der Glaube unserer Vorfahren aus. Wenn wir uns in eine Kirche setzen,

in der seit Jahrhunderten Menschen gebetet haben, dann haben wir teil an ihrer Glaubenskraft. Und allein schon der Bau der Kirche bringt uns in Berührung mit dem Glauben, der sich in diesen Steinen ausdrückt. Der Glaube und die Hoffnung vieler Menschen vor langer Zeit haben diese Kirche mit viel Mühe, aber auch mit viel Liebe gebaut. So haben wir teil an ihrer Liebe zu Gott und zur Schönheit und an ihrem Glauben, mit dem sie sich für den Bau dieser Kirche eingesetzt und dafür auf viele vordergründige Annehmlichkeiten verzichtet haben.

2 Die Moschee als Gebetshaus

von Ahmad Milad Karimi

Vergegenwärtigung der Kaaba – Ort der Anbetung Als Haus Gottes (arab. *bayt Allāh*) gilt im Islam die Kaaba in Mekka. Das Wort Moschee hingegen bedeutet nicht „Gotteshaus". Es stellt vielmehr ein arabisches Lehnwort dar, das „Niederwerfungsstätte" (arab. *masǧid*) heißt, also den Ort der Anbetung bezeichnet. Doch jede Moschee ist in Richtung Kaaba ausgerichtet. Daher ist die Moschee die Vergegenwärtigung der Kaaba als das Haus Gottes. Für jede Moschee gilt, was Anselm Grün für die Kirche festhält: dass sie Ausdruck des Glaubens von Menschen darstellt.

Zunächst hat die Moschee eine funktionale Bedeutung, denn damit wird ein Raum benannt, der für das islamische Ritualgebet vorgesehen ist. Dieser Raum muss nicht ein eigenständiges Gebäude sein, er kann auch ein ganz einfacher Raum sein, der klar umrissen und vor allem sauber ist. Am besten sollte dabei die Wand gegenüber dem Eingang in Richtung Mekka (arab. *qibla*, „Gebetsrichtung") ausgerichtet sein. Zusätzlich zum überdachten Raum gehört auch ein offener Platz (arab. *muṣallā*) zur Moschee, die ebenso als Gebetsort dienen kann. Denn gerade in den Anfängen des Islam versammelten sich die Gläubigen in einem offenen Raum, um sich gemeinsam vor Gott aufzurichten. Außerdem zählt seit dem 8. Jahrhundert eine Gebetsnische (arab. *mihrāb*) und eine Kanzel (arab. *minbar*), die beide an der Hauptwand der

Moschee angebracht sind, zu den konstitutiven Bestandteilen einer Moschee. Die Gebetsnische in ihrer halbrunden Form kennzeichnet den Ort des Vorbeters, dem die zentrale Rolle in der Liturgie zukommt. Häufig ist über der Gebetsnische eine Hängelampe angebracht, die in Anspielung an den „Lichtvers" des Korans („Gott ist das Licht der Himmel und der Erde. Das Gleichnis von Seinem Lichte: Eine Nische, in der eine Leuchte … Licht über Licht" [Koran 24,35]) die Gebetsnische als die eigentliche Mitte der Moschee anzeigt, aus der Licht und Segen ausstrahlen soll.

Der Vorbeter steht der Gemeinschaft der Betenden vor, und zwar so, dass er mit dem Rücken zur Gemeinschaft der Betenden, in Richtung Kaaba blickend, einen Schritt vor der ersten Reihe steht, eben in der Gebetsnische. Und die Kanzel, die rechts von der Gebetsnische angebracht ist, dient beim Freitagsgebet als Ort der Predigt (arab. ḫuṭba) des Vorbeters. Die Kanzel hat in der Regel mindestens drei Stufen, wobei die dritte Stufe die Stufe des Propheten darstellt, sodass der Vorbeter stets von der zweiten Stufe aus die Predigt vorträgt. Zudem gehört ein separater Waschraum, in dem die rituelle Waschung vor dem Gebet vorgenommen wird, zum Moscheekomplex. Für gewöhnlich ist vor dem Eingang der Moschee ein Vorraum angebracht, in dem die Betenden ihre Schuhe ausziehen. Zur Moscheearchitektur gehörte auch schon früh das Minarett – ebenso ein arabisches Lehnwort (arab. manār) –, das ursprünglich „Leuchtturm" bedeutet. Zum einen ist das Minarett der Ort, von dem aus der Gebetsrufer (arab. muʾaḏḏin, wovon unser Wort Muezzin stammt) zum Gebet ruft, und zum anderen stellt es auch die Erhebung des betenden Menschen zu Gott dar. Häufig wird es aber vor allem als ein Symbol für die Präsenz des Islam empfunden.

Symbol für die Präsenz des Islam

Es ist wahrscheinlich, dass die erste Moschee in Qubāʾ in der Nähe der Stadt Yathrib, heute Medina genannt, errichtet wurde. Doch die erste bedeutende und große Moschee wurde in Medina selbst zu Lebzeiten des Propheten erbaut. Der Prophet selbst soll bei dem Bau tätig gewesen sein. Die große Moschee, die heute als „Prophe-

Ort der Begegnung, Ort der Gemeinschaft

tenmoschee" (arab. *masǧid an-nabī*) bekannt ist, war allerdings mehr als nur ein Ort der Anbetung. Unter anderem war sie ein Ort der Begegnung, ein Ort der Gemeinschaft, ein Ort, an dem Arme gespeist wurden, ein Ort des Lernens und der Spiritualität. In der Moschee empfing der Prophet auswärtige Gesandtschaften, in ihr wurden aber auch Bürgerversammlungen abgehalten. Überhaupt wird die Moschee als ein sozialer Ort begriffen, wo die Gläubigen ihre Sorgen und Probleme miteinander teilen und diese im gemeinsamen Gebet Gott vortragen. Als Herzstück der Stadt ist die Moschee in der Folgezeit und bis heute insbesondere für das gemeinschaftlich vollzogene Freitagsgebet bedeutsam. Schon früh hat sich in der islamischen Geschichte die Moschee zum Symbol des lebendigen Glaubens entwickelt, die das Bild der Städte geprägt hat und prägt. Somit gewinnt die Moschee nicht nur eine religiöse, sondern auch eine kulturelle Bedeutung. Der Streit um Moscheebauten und Minarette zeigt deutlich die Spannung, die dann aufkommt, wenn religiöse Identität kulturell übersetzt wird. Das Minarett macht die Moschee nicht wesentlich aus, aber wenn das Minarett als Symbol der Präsenz – in diesem Fall der unerwünschten Überpräsenz – der Muslime gedeutet wird, ist ein differenzierter Dialog von beiden Seiten von großer Bedeutung. Denn für das Selbstverständnis der Muslime ist das Minarett als Lichtspender ursprünglich ein Symbol der Andacht und des Lichts.

Was Architektur und Innenraum visualisieren Die Architektur der Moschee weist keine lineare Geschichte auf. Vielmehr passte sich die bauliche Gestalt der Moschee an die jeweiligen Kulturräume an, in denen die Moscheen entstanden sind. Dementsprechend variieren die Stilmomente und die Bauformen je nach kulturellem Raum sehr stark. Die Kuppel, zuweilen als Dreifachkuppel errichtet, die geräumigen und offenen Innenhöfe, die Säulenhallen und Innenräume, die als Pfeilerhallen mit großen Stützen gestaltet sind, diese Elemente zeichnen unterschiedliche Moscheearchitekturen aus. Dabei weisen die Innenräume der Moscheen kaum bildliche Darstellungen auf, sodass sich auch keine ikonografisch festen Bildprogramme herausgebildet haben. Vielmehr hat sich neben der Kalligrafie als einer formalen Ästhetik in der islamischen Kunst die Kunst der Ornamentik als dekorative Ausformung der Oberflächen durchgesetzt, sodass die Wände, die Kuppel oder auch die Eingangstore und -hallen der Moscheen häufig ornamental verziert wurden. Dabei fanden sowohl geometrische als auch pflanzliche Ornamente Eingang in die Gestaltung der Moschee. Ineinander verflochtene geometrische und florale Figuren, die den Blick des Betrachters gewissermaßen in sich hineinverweben, sodass der Blick kaum die verschiedenen Ebenen voneinander unterscheiden kann, sind fast die Regel. Jede Ornamentik ist an sich unendlich, aber niemals in Gänze darstellbar. Insofern symbolisiert die Ornamentik die Sehnsucht des Menschen nach der Darstellung des Undarstellbaren, und sie öffnet einen neuen Raum der Betrachtung, die das Gebet als Zuwendung des Menschen an Gott visualisiert.

Das Freitagsgebet, das während der Mittagszeit in der Moschee verrichtet wird, gilt als Höhepunkt des Ritualgebets, insofern die Menschen dabei die **„Die Erde ist eine Moschee"** Kraft des Betens miteinander teilen und gemeinsam ihre Herzen, wie Anselm Grün es formuliert, „zu Gott erheben". „Kein Ritualgebet ist gültig", sagt der Prophet Muhammad, „wenn das Herz nicht anwesend ist." In diesem Sinne ist die Moschee ein spiritueller Ort, ein Ort des Friedens und der Achtsamkeit. Die Moschee repräsentiert zugleich die Erde selbst, die wir Muslime im Gebet mit der Stirn berühren. Die Erde ist ein heiliger Boden, ein spiritueller Ort, weil an jedem Ort Gott gegenwärtig ist, weil wir überall Seiner gedenken können. Der Prophet Muhammad sagte in Verantwortung vor der Schöpfung Gottes: „Die Erde ist eine Moschee" – als Inbegriff des Friedens, als Ort der Stille. Und die Moschee erinnert an diesen Frieden mit Gott.

Pilgerschaft und Lebensreise

1 Glauben als Pilgerreise im christlichen Verständnis

von Anselm Grün

**„Pilgern um Christi willen":
Die Wandermönche** Der Evangelist Lukas beschreibt Jesus selbst als Wanderer. In Jesus besucht Gott selbst die Menschen. Jesus wandert mit ihnen und hält immer wieder Mahl mit ihnen und macht ihnen dabei göttliche Gastgeschenke, das Geschenk der Vergebung und der Liebe gerade zu denen, die sich von der Gemeinschaft ausgeschlossen fühlen. In der Mönchstradition hat man diesen wandernden Jesus zum Vorbild genommen. Es gab Mönche, die sich nicht an einem Ort niedergelassen haben, sondern ihr Leben lang gewandert, gepilgert sind. Sie verstanden ihre Pilgerschaft als „peregrinari propter Christum" („Pilgern um Christi willen"). Sie wollten damit die Worte des Hebräerbriefes erfüllen, „dass sie Fremde und Gäste auf Erden sind" (Hebr 11,13).

**Loslassen der Welt:
Schweigen als
Pilgerschaft** Der hl. Benedikt war etwas skeptisch gegenüber den wandernden Mönchen. Er kritisiert in seiner Regel die „Gyrovagen", die von einem Kloster zum anderen gehen und dabei jede Disziplin vermissen lassen. Er möchte, dass seine Mönche „stabilitas" geloben: das beständige Bleiben in der Gemeinschaft und an einem Ort. Das Bild des Pilgers, das für die Mönche so wichtig war, hat Benedikt verinnerlicht. Für ihn – wie für andere Wüstenväter, die auch in ihrem Kellion geblieben sind – war das Schweigen die eigentliche Pilgerschaft. So heißt es einem Apophthegma (einem Ausspruch der alten Wüstenmönche): „Pilgerschaft ist Schweigen." Und in einem andern heißt es: „Wenn du nicht Herr über deine Zunge wirst, bist du kein Fremdling, wohin du auch gehst. Beherrsche also deine Zunge, und du bist ein Fremdling."[46] Das lateinische Wort für Pilgerschaft, *peregrinatio*, meint immer auch: Leben in der Fremde

oder: Leben als Fremdling. Im Schweigen wandert der Mönch aus dieser Welt aus. Er verzichtet darauf, überall seinen Kommentar dazuzugeben. Im Reden greife ich in das Geschehen der Welt ein, werde aktiv, kommentiere, kritisiere oder lenke es in eine bestimmte Richtung, indem ich anordne und befehle. Im Schweigen lässt der Mönch die Welt los. Er verzichtet darauf, sie zu verändern, sie zu verbessern. Denn die Gestalt dieser Welt vergeht. Er maßt sich nicht an, sie zu beurteilen, weil er sie von Gott gelenkt weiß. So lässt er die Welt Welt sein und geht seinen Weg zu Gott durch die Welt wie durch ein fremdes Land, in dem er sich nicht niederlassen darf. Der Pilger darf sich nicht häuslich einrichten. Er muss weiterwandern.

So ist auch Abraham auf den Ruf Gottes hin ausgewandert aus seiner Heimat, aus seinem Vaterland und aus seiner Vaterstadt. Abraham gilt als Urbild des Glaubens und als Vorbild aller Pilgerschaft.

Abraham: Urbild des Glaubens, Vorbild aller Pilgerschaft

Gott spricht zu Abraham: „Zieh weg aus deinem Land, von deiner Verwandtschaft und aus deinem Vaterhaus in das Land, das ich dir zeigen werde" (Gen 12,1). Die Kirchenväter haben diesen dreifachen Auszug so gedeutet: Wir sollen (1.) ausziehen aus allem, was uns abhängig macht, aus alten Gewohnheiten, aus Bindungen, die uns die Freiheit nehmen. 2. Wir sollen ausziehen aus den Gefühlen der Vergangenheit, sowohl aus den schmerzlichen Gefühlen aufgrund der Verletzungen, die wir erlebt haben, als auch aus dem Schwärmen, als ob die Vergangenheit eine goldene Zeit gewesen wäre. 3. Wir sollen ausziehen aus dem Sichtbaren und uns auf den Weg machen auf das Unsichtbare hin. Der Hebräerbrief sieht in Abraham ein Urbild unseres Glaubens. Wir sind wie Abraham immer unterwegs, um eine Heimat zu suchen. Wir wollen nicht in die alte Heimat zurückkehren, sondern wir streben „nach einer besseren Heimat, nämlich der himmlischen" (Hebr 11,15).

Das Urbild des Pilgers ist für uns Christen also Abraham. Glauben heißt: ausziehen aus dem Gewohnten, aus dem rein Irdischen, sich auf den Weg machen auf Gott zu. Unser Weg zu Gott ist also ein Pilgerweg. So

Glauben als Unterwegssein zu Gott

haben es auch die Mystiker immer wieder gesehen, die unser Leben als Pilgern auf Gott hin verstanden haben. Der hl. Augustinus legt in diesem Sinn den Vers aus dem Pilgerpsalm 122 aus: „Ich freute mich, als man mir sagte: Zum Haus des Herrn wollen wir pilgern" (Ps 122,1). „Wir gehen zum Hause des Herrn! Steht also auf und lasst uns eilen. Beeilen wir uns! Keiner hat das Recht, ermüdet zu sein, denn wir gehen dorthin, wo keine Müdigkeit uns mehr erreicht. Eilen wir zum Hause des Herrn, dass unsere Seele sich an jenen freue, die es uns verkünden: Sie haben die Heimat vor uns gesehen und rufen von ferne den Letzten zu: Wir gehen zum Haus des Herrn!"

Viele Mystiker haben unseren Weg zu Gott als Pilgerweg verstanden. So nennt Bonaventura eine seiner Schriften „Itinerarium mentis in Deum" („Reiseweg der Seele zu Gott"). Die Mystiker verstehen unseren Pilgerweg als Aufstieg zu Gott. Wir sollen aus den Niederungen der Welt aufsteigen zu Gott. Klassisch geworden ist das große Werk des spanischen Mystikers Johannes vom Kreuz: „Aufstieg zum Berge Karmel". Das Ziel des Aufstiegs zu Gott ist, mit Gott eins zu werden. Dieser Aufstieg zu Gott geschieht letztlich in jedem Gebet. Da steigen wir aus dieser Welt auf zu Gott. Aber der Aufstieg ist genauso wie das Pilgern nicht in erster Linie unsere Leistung. Vielmehr werden wir von Gottes Liebe angezogen, uns auf den Weg zu machen, immer mehr auf Gott zuzugehen. Im Pilgern werden wir frei von aller Anhaftung an die Welt. Wir drücken damit das Wesen unseres Lebens aus, dass wir immer auf dem Weg zu Gott sind und dass Gott das Ziel all unserer Wege ist.

Traditionelle Pilgerwege und Wallfahrtsorte | In der christlichen Tradition gab es viele Pilgerwege. Die Kirche hat damit ein Phänomen übernommen, das es in allen Religionen gibt.

Die Israeliten der biblischen Zeit pilgerten jedes Jahr nach Jerusalem, um dort im Tempel die großen Feste zu feiern. Im Griechenland der Antike pilgerte man zu Orakelstätten, die letztlich Heilungsorte waren. Weil sie der Überzeugung waren, dass allein das Heilige zu heilen vermag, wanderten die alten Griechen zu heiligen Orten, um im heiligen Tempel zu schlafen und im Traum von Asklepios, dem Gott des Heilens, besucht zu werden.

Die Christen haben dann die Praxis des Wallfahrens übernommen. Die Gräber der Märtyrer wurden für sie heilige Orte, wo sie Heilung erhofften. Indem sie am Grab eines Menschen standen, der für seinen Glauben gestorben war, wurden sie in ihrem eigenen Glauben gestärkt. Später war dann das Heilige Land ein beliebtes Pilgerziel. Man pilgerte ins Heilige Land, um auf den Wegen Jesu zu gehen und sich immer mehr in das Geheimnis seines heilenden und erlösenden Wirkens hineinzumeditieren. Im Mittelalter wurde dann der Pilgerweg nach Rom und zum Apostelgrab in Santiago de Compostela beliebt, der auch heute wieder unzählige Menschen anzieht. Wenn der Pilgerweg nach Santiago im Mittelalter neun Monate dauerte, erfuhr man das wie eine Neugeburt. Der Pilgerweg verwandelte die Menschen.

In der Aufklärungszeit, in der man keinen Sinn für Wallfahrten oder Wallfahrtsorte hatte, in der man auch den Glauben rational erklärte, entstanden im katholischen Raum besonders viele Marienwallfahrtsorte. Das war offensichtlich ein Protest gegen die rationalistische Sicht des Glaubens. Denn die Marienverehrung ist von Emotionen geprägt, nicht von rein rationalen Argumenten. Heute haben viele Wallfahrtsorte und Pilgerwege wieder eine neue Belebung erfahren. Der Pilgerweg nach Santiago zieht heute nicht nur Christen an, sondern suchende Menschen aus allen Religionen. Offensichtlich suchen die Menschen danach, auf einem Pilgerweg innere Verwandlung zu erfahren.

Als Christen wissen wir natürlich, dass Gott überall ist. Aber das Pilgern zu einem Wallfahrtsort ist eine konkrete Einübung des Glaubens. Wir machen uns auf den Weg, um auszuwandern aus all dem, was uns im Alltag gefangen hält. Wir wandern aus den Bildern aus, die andere uns übergestülpt haben. Das Ziel solchen Wanderns ist Gott. Aber zugleich hat das Wandern immer auch etwas mit uns zu tun. Wir wandern in die eigentliche Gestalt hinein, die Gott jedem von uns zugedacht hat. Das Pilgern hat immer eine religiöse Bedeutung. Wir unternehmen eine Pilgerfahrt, wenn wir ein Anliegen haben. Wir pilgern, um für uns selbst Heilung von Krankheiten zu erfahren, Versöhnung in einem Konflikt oder Klärung

Gottes Nähe in besonderer Weise erfahren

vor einer wichtigen Entscheidung. Zugleich ist das gemeinsame Pilgern ein Weg, um tiefere Gemeinschaft zu erfahren. Wandern verbindet. Wir gehen zusammen, um im Wandern Gemeinschaft mit und Halt bei anderen zu erfahren. Wenn andere mit uns gehen, dann fühlen wir uns angespornt, weiterzugehen, nicht stehen zu bleiben auf unserem inneren Weg. Seit jeher gibt es auch die Tradition, *für* einen anderen zu pilgern. Für einen anderen zu gehen, das verwandelt auch meinen Weg. Es macht ihn zu einem heilenden Weg, zu einem Segen nicht nur für mich, sondern auch für andere.

Das Pilgern hat immer ein Ziel: den Wallfahrtsort. „Wallen" bedeutet ursprünglich „gehen, pilgern". Wallfahrt ist also ein anderer Name für Pilgern. Nach langen Wegen am Wallfahrtsort anzukommen, ist immer ein besonderes Erlebnis. Da erfahren wir Gottes Nähe in besonderer Weise.

In der katholischen Kirche gibt es viele Marienwallfahrtsorte. Maria ist eine von uns, die geglaubt hat. Am Marienwallfahrtsort sehen wir zum einen Maria als Vorbild des Glaubens. Sie hat sich auf Gottes Wort eingelassen und sich Gott zur Verfügung gestellt. Zum anderen verkörpert Maria für uns den mütterlichen Aspekt Gottes. Wir erfahren an Marienwallfahrtsorten Gott als den zärtlichen und mütterlichen Gott, der für uns sorgt wie eine Mutter. Maria verweist uns auf diesen mütterlichen Gott. So fühlen wir uns an Marienwallfahrtsorten bei Gott geborgen. Und wir vertrauen, dass wir von Gott mit unseren Anliegen verstanden und ernst genommen werden.

Kirche als pilgerndes Gottesvolk Das Zweite Vatikanische Konzil hat für die Kirche das Bild des pilgernden Gottesvolkes gebraucht. Es hat dieses Bild aus dem Hebräerbrief übernommen. Die Kirche versteht sich als Pilgerin mit allen Pilgern dieser Welt verbunden. Wir alle sind auf dem Weg zu Gott, auf dem Weg zur himmlischen Vollendung. Und wir alle müssen immer wieder ausziehen aus zu engen Vorstellungen vom Menschen, von der menschlichen Gemeinschaft und von Gott. Gott ist jenseits all unserer Begriffe. Daher sind wir immer auf dem Weg – hin auf den unsichtbaren Gott, der uns erst im Tod in seiner Klarheit aufgehen wird. Als Pilger dürfen wir an den Wallfahrtsorten etwas von der Nähe des liebenden Gottes erfahren, des mütterlichen und väterlichen Gottes, der uns die Gewissheit schenkt, dass wir als Pilger die ewige Heimat finden werden, in der wir mit allen Menschen in Gott eins sein werden.

2 Unterwegs zum nahfernen Gott: Pilgern im muslimischen Verständnis

von Ahmad Milad Karimi

Die Pilgerreise nach Mekka (arab. ḥaǧǧ) stellt die höchste spirituelle Säule des Islam dar, ihr Verständnis führt daher tief ins Verstehen dieser Religion selbst. Im Zentrum der Wallfahrt steht die Kaaba, ein quadratisches Gebilde im Innenhof der großen Moschee in Mekka. In ihr befindet sich ein schwarzer Stein, der die eigentliche Bedeutung der Kaaba ausmacht. Diesen Stein (wahrscheinlich ein Meteorit, dessen Herkunft aber nicht sicher bestimmt ist) soll Abraham einer Legende nach vom Engel Gabriel erhalten haben. Er symbolisiert den Glauben als eine himmlische Gabe. Heute ist der Stein aufgrund seiner Fragilität in einer silbernen Fassung gehalten. Die Kaaba selbst, deren vier Ecken in die vier Himmelsrichtungen zeigen, ist über dreizehn Meter hoch, wird nur zweimal im Jahr zur rituellen Reinigung geöffnet und ist von einem schwarzen Brokattuch umhüllt, auf das mit goldenem Faden kalligrafisch gestaltete Verse aus dem Koran gestickt sind. Die besondere Pilgerreise findet einmal im Jahr statt, im zwölften Monat (arab. ḏū l-ḥiǧǧa) des arabischen Mondkalenders. Darüber hinaus können Muslime aber auch zu jeder anderen Zeit nach Mekka pilgern; diese Pilgerreise wird 'umra genannt und gilt als die „kleine Pilgerreise".

Pilgerreise nach Mekka – spirituelle Säule des Islam

Die Bedeutung der Kaaba als Haus Gottes Die Kaaba war bereits vor der Entstehung des Islam eine religiöse Kult- und Pilgerstätte, die viele Götzen und Götterstatuen beherbergte, die in der arabischen Stammesgesellschaft verehrt wurden. Für die mekkanischen Kaufleute hatte der Pilgerstrom eine besonders attraktive ökonomische Bedeutung (was man bis heute bei den saudischen Wahhabiten beobachten kann). Erst im Jahre 632 wird der Prophet Muhammad die Kaaba und die damit verbundene Pilgerreise für den Islam in Anspruch nehmen, sie also in den Kontext dieser Religion dauerhaft einbetten. So ist im Koran zu lesen: „Und begeht für Gott die Wallfahrt und den Pilgerbesuch!" (Koran 2,196). Auch Muhammad selbst hat das Ritual der Pilgerreise vollzogen. Es gilt seit seinem kurz danach eingetretenen Tod für die Muslime als verpflichtend. Seine Abschiedswallfahrt begann mit dem Eintreten in den rituellen Weihezustand (arab. *iḥrām*). Dieser Weihezustand beginnt auch heute mit der großen rituellen Waschung; die Pilger tragen dabei ein einfaches Gewand aus zwei weißen Baumwolltüchern. Das eine Tuch wird um die Hüfte gewickelt, das zweite Tuch bedeckt den Rücken, die linke Schulter und die Brust. Pilger in diesem Weihezustand sollen nicht nur den Geschlechtsverkehr vermeiden, sondern auch das Jagen und vor allem Blutvergießen jeder Art. Im Haus Gottes herrscht Frieden und eine Atmosphäre größtmöglicher Achtsamkeit: Nicht einmal die kleinsten Insekten dürfen getötet werden. Verschiedene symbolische Handlungen und Rituale, die der Prophet selber vollzogen hat, sind heute noch vorbildlich. Die männlichen Pilger rasieren sich das Haupthaar, die Frauen schneiden sich eine Haarsträhne ab, um damit die eigene Läuterung zu symbolisieren.

Das Umkreisen der Kaaba Einen Höhepunkt der Pilgerreise stellt das Umkreisen der Kaaba (arab. *ṭawāf*) dar. Die Kaaba wird dabei entgegen dem Uhrzeigersinn siebenmal umkreist. Außerdem gehört die Vergegenwärtigung heilsgeschichtlicher Geschehnisse zu den konstitutiven Bestandteilen der Pilgerreise, etwa der Geschichte von Hagar und Ismail (dem ersten Sohn Abrahams): Die Pilger gehen siebenmal zwischen zwei Hügeln (Safa und Marwa) hin und her, um Hagers Suche nach Wasser nachzuempfinden. Hagar soll, dem Verdursten nahe, siebenmal zwischen den Hügeln hin- und hergelaufen sein, um schließlich unter den Füßen des kleinen Ismail eine Wasserquelle (arab. *zamzam*) sprudeln zu sehen. Um diese Quelle herum soll die Stadt Mekka und darin die Kaaba entstanden sein, errichtet von Abraham selbst. So heißt es im Koran: „Und als Wir Abraham die Stätte des Hauses zugewiesen: ‚Stelle nicht Anderes neben Mich! Und reinige Mein Haus für die Umkreisenden, die Betenden, die sich Verneigenden und sich Niederwerfenden!'" (Koran 22,26) Diese Wasserquelle, die als heilendes Wasser empfunden wird, liegt heute im Hof der großen Moschee in Mekka.

Die Kaaba ist im Leben der gläubigen Muslime vor allem ein Sehnsuchtsort, und die Pilgerreise symbolisiert das Leben des Menschen überhaupt. Wie die Rede des Zweiten Vatikanums vom „pilgernden Gottesvolk" (in der Konstitution „Lumen gentium") die ganze Menschheit in den Blick nimmt, so werden im Islam ausdrücklich alle Menschen als Wesen begriffen, die sich auf der Lebensreise zu Gott befinden. Das heißt auch, dass sich unsere Lebensreise in Wahrheit gemeinschaftlich vollzieht. Ritueller Ausdruck dessen ist, dass die Muslime, ungeachtet von Geschlecht, Herkunft, konfessioneller Zugehörigkeit oder sozialen Unterschieden, alle umhüllt von weißen Tüchern, die die Gleichheit der Pilgernden symbolisieren, gemeinsam die Kaaba umkreisen. Dieses Motiv der Umkreisung ist in der islamischen Mystik auch immer wieder als bildhafte Antwort auf die Frage nach dem Sinn unserer Lebensreise gedeutet worden. Existenziell gedeutet und spirituell gesprochen heißt das: Gott als Ziel bleibender Sehnsucht ist der Ausgangspunkt, und die Hingabe des Herzens ist auch das Ziel dieser Reise. Symbolisch gesehen ist Leben Umkreisen Gottes, dem wir immer näherkommen, den wir aber nicht berühren und beherrschen können, so wie – in einem anderen mystischen Bild – der Nachtfalter die Kerze umkreist. Die Bezeichnung der Kaaba als „Haus Gottes" ist nicht wörtlich zu verstehen, denn Gott „ist" nicht dort oder an irgendeinem anderen Ort lokalisierbar. Die Idee des mühsamen und aufwendigen Pilgerns ist verankert in der entscheidenden Idee, dass

Pilgern als Symbol: Leben als Umkreisen Gottes

143

wir uns auf den Weg zu machen haben – hin zu diesem nahfernen Gott.

Nach innen führt der Weg: Das Herz als wahre Kaaba Der spirituellen Praxis der großen Pilgerreise ist in der islamischen Geschichte immer wieder eine heilende Kraft beigemessen worden, und die Kaaba steht spirituell immer auch für die Hoffnung und den Trost der suchenden Herzen. Die eigentliche Reise findet freilich nicht außerhalb von uns statt, sie zielt nicht in die Fremde, sondern geschieht in jedem von uns selbst. Wir lassen nicht von uns selber ab, wenn wir uns auf den Weg machen. Gott ist nicht zu finden unter den anderen Dingen oder an noch so entfernten Orten. Der Weg führt nach innen, in unser Herz. Unser Herz ist das Haus Gottes, die wahre Kaaba. Kommen wir in Berührung mit unserem Herzen, so entfacht sich die Hingabe (arab.: *islam*).

Nicht alle Muslime pilgern nach Mekka. Viele sind gesundheitlich oder ökonomisch dazu gar nicht in der Lage. Für sie ist die Reise auch nicht als Pflichtgebot gedacht. Aber ihre Herzen sehnen sich dennoch nach der wahren Kaaba. Vor diesem Hintergrund gibt es eine Vielzahl heiliger Orte, die ebenso als religiöse Sehnsuchtsorte empfunden werden, ohne dass man sie als Konkurrenz zur mekkanischen Kaaba ansehen würde – ob es nun Jerusalem, Medina, Kerbela, Maschhad oder Masar-e Scharif ist. Solche heiligen Orte sind insbesondere die Gräber von Heiligen und spirituellen Menschen, die durch ihre Reinheit, Tiefe und Geistigkeit zu Lebzeiten die Herzen der Menschen gewonnen haben.

Aktuelle Perspektiven Was in der Gegenwart dazukommt: Heute unterscheidet sich die Pilgerreise von frühen Pilgerreisen durch den Pilgertourismus, der durch die komfortableren modernen Massenverkehrsströme begünstigt wird. Die Pilgerreise begann früher bereits an den Heimatorten, wenn Menschen sich lange Zeit vorbereiteten, ehe sie sich auf dem mühevollen Weg nach Mekka begaben. Der Weg nach Mekka gehört insofern zum Pilgern selbst, als sich die Pilgernden auf diesem Weg, geprägt von unerwarteten und unkalkulierbaren Begegnungen und Ereignissen, verändert haben. Jede Pilgerreise wird zudem als eine Lebenszäsur verstanden und soll die Menschen verändern. Damit diese tiefe Bedeutung nicht ganz verloren geht, müssen die Muslime heute dafür Sorge tragen, die Pilgerreise nicht als eine geistlose Komfortreise zu begreifen.

Die Kaaba als ein heiliger Ort der Anbetung Gottes ist bis heute für Nichtmuslime nicht zugänglich. Das ist auf der einen Seite bedauerlich, weil gerade heilige Orte autonome und offene Orte für alle Menschen sein sollten. Aber auf der anderen Seite soll die Kaaba auch nicht zur Touristenattraktion werden, sondern ein Ort bleiben, an dem sich Menschen ohne Zuschauer Gott ganz intim zuwenden.

Zur Aktualität eines solchen spirituellen Ortes gehört auch, dass gerade in Zeiten, in denen weltweit viele, auch gewalttätige Konflikte zwischen islamischen Gruppierungen und Konfessionen das friedliche Miteinander gefährden, die Pilgerreise eine besondere Bedeutung gewinnt: Ob Schiiten oder Sunniten, wir stehen als Muslime Schulter an Schulter und umkreisen gemeinsam unsere gemeinsame, uns anvertraute Kaaba in der Sehnsucht nach Frieden.

Ein Weg zur Freiheit – Fasten

1 Vom Sinn des Fastens im Christentum

von Anselm Grün

Verinnerlichte Ausdrucksform der Frömmigkeit

Wie der Islam und das Judentum, aber auch wie andere Religionen, etwa der Hinduismus, kennt auch das Christentum das Fasten. Für die Juden galten das Almosengeben, das Fasten und das Beten als Ausdrucksformen der Frömmigkeit. In der Bergpredigt übernimmt Jesus diese drei Formen der Frömmigkeit, aber er verinnerlicht sie. Bei allen drei Ausdrucksformen besteht die Gefahr, dass wir uns selbst in den Mittelpunkt stellen, dass wir mit den Almosen, dem Fasten und dem Beten angeben. Daher sagt Jesus, dass wir im Verborgenen beten, im Verborgenen Almosen geben und fasten sollen. Und er sagt noch etwas Wesentliches über die Haltung des Fastens aus: Wir sollen kein finsteres Gesicht machen, sondern unser Haar salben und das Gesicht waschen (vgl. Mt 6,16f). Fasten ist also nichts Trübsinniges, sondern es soll mit Freude geschehen. Und das Fasten will uns körperlich wie seelisch reinigen. Es will die Schönheit des Leibes und der Seele zum Ausdruck bringen. Jesus sieht eine innere Verbindung der drei Formen der Frömmigkeit. Das Fasten ermöglicht es uns, den Armen Almosen zu geben. Noch heute werden daher die großen kirchlichen Kollekten in der Fastenzeit durchgeführt. Und das Fasten intensiviert das Gebet. Das gilt vom persönlichen Gebet: Es wird durch das Fasten wacher. Und es gilt vor allem auch für das Fürbittgebet. So hat man in der christlichen Tradition bewusst für andere gefastet und gebetet. Das Gebet für andere, das mit Fasten verbunden wird, geschieht nicht nur im Kopf, es bezieht den ganzen Leib ein. Und indem ich mich im Fasten körperlich schwäche, vertraue ich auf Gott, von dem allein Hilfe kommt.

So verstanden ist das Fasten im Christentum ein spiritueller Weg und hat nichts mit dem heutigen Gesundheits- und Schlankheitsfasten zu tun. Es ist wesentlich ein Weg in die innere Freiheit. Indem ich auf bestimmte Speisen verzichte, indem ich bewusst weniger esse, teste ich meine Freiheit. Ich beweise mir durch die Disziplin, dass ich nicht jedes Bedürfnis sofort erfüllen muss, sondern dass ich bewusst auch darauf verzichten kann. Diese Erfahrung der inneren Freiheit tut uns gut und entspricht unserer Würde.

Matthäus überliefert uns auch die Frage der Johannesjünger an Jesus: „Warum fasten deine Jünger nicht, während wir und die Pharisäer fasten? Jesus antwortete ihnen: Können denn die Hochzeitsgäste trauern, solange der Bräutigam bei ihnen ist? Es werden aber Tage kommen, da wird ihnen der Bräutigam genommen sein; dann werden sie fasten" (Mt 9,14f). Jesus gilt nicht als der typische Faster. Man beschimpft ihn sogar als einen Fresser und Weintrinker (Mt 11,19). Doch die frühe Kirche hat gefastet. Und sie hat das Wort Jesu so verstanden, dass das Fasten ein Warten auf das Kommen des Bräutigams ist. Im Fasten streckt sich der Christ aus nach dem kommenden Messias. Wenn der Messias endgültig kommt, dann feiern die Christen die ewige Hochzeit mit Gott.

Zeit der Erwartung

Die Juden haben am Dienstag und Donnerstag gefastet. Die frühe Kirche hat den Mittwoch und den Freitag als Fasttage gewählt, um sich vom Judentum abzugrenzen. Am Mittwoch dachten sie an die Gefangennahme Jesu und am Freitag an seinen Tod am Kreuz. Man hat sich auch auf die Taufe fastend vorbereitet. Und bevor die Jünger den Männern, die zum Verkündigungsdienst berufen waren, die Hände auflegten, fasteten und beteten sie (vgl. Apg 13,1–3). Daher sollte der Bischof, bevor er Priester weihte, einen Tag lang fasten. Zunächst bereitete man sich in der Kirche fastend auf das Osterfest vor. Dann entwickelte sich die 40-tägige Fastenzeit als Antwort auf das 40-tägige Fasten Jesu, das schon in den 40 Fastentagen des Mose und des Elija ein Vorbild hat. Die frühen Mönche kannten ein strenges Fasten. Viele aßen nur jeden zweiten Tag, andere nur am Wochenende.

Die großen Fastenzeiten des Kirchenjahres, traditionell vor Ostern und vor Weihnachten, sind christologisch motiviert – also auf Christi Leiden und Auferstehung sowie auf das adventliche Warten auf Christi Geburt bezogen.

Reinigung und Umkehr Ein wichtiger Aspekt des Fastens ist – neben der Erfahrung innerer Freiheit als Folge bewussten Verzichts – die Reinigung. Es geht beim körperlichen Fasten um die Reinigung des Leibes von krankmachenden Schlacken. Aber es geht noch mehr um die Reinigung des Geistes. Ein Mönch aus dem 4. Jahrhundert sagt einmal zu einem anderen Mönch: „Es nützt nichts, wenn du kein Fleisch isst. Denn du isst ja ständig das Fleisch der Brüder, indem du über sie redest." So geht es in der Fastenzeit auch darum, den Geist zu reinigen von allen Bewertungen und Beurteilungen der Mitmenschen. Ein bewusster Verzicht darauf, über andere zu reden, wäre eine gute Fastenübung, die dem körperlichen Fasten auch einen geistigen Sinn gibt.

Fasten ist für die Christen immer Ausdruck der Umkehr. Ich bekenne, dass mein Leben nicht in Ordnung ist, dass ich von Gott abgewichen bin. Im Fasten bekennen wir leibhaft, dass wir umkehren wollen. Das griechische Wort für Umkehr ist „metanoia". Es bedeutet eigentlich: Umdenken. Wir sollen unser Denken überprüfen. Entspricht unser Denken dem Geist Gottes, dem Geist Jesu? Oder hat sich in unser Denken das egoistische Habenwollen eingeschlichen?

Offen werden für das Gebet Das letzte Ziel des Fastens ist jedoch, dass unser Geist offen wird für das Gebet. Bernhard von Clairvaux sieht die Verbindung von Fasten und Beten so: „Das Fasten gibt dem Beten Zuversicht und macht es glühend." Die Erfahrung der frühen Mönche war, dass das Fasten den menschlichen Geist für Gott öffnet. Philoxenes von Mabbug sagt vom Fasten: „Faste, um zu sehen!" Das Fasten macht den Menschen offen für göttliche Visionen. Die Kirche verkündet am 2. Fastensonntag immer das Evangelium von der Verklärung Jesu. Damit zeigt sie das Ziel der Fastenzeit: all das, was unseren Geist trübt, negative Gedanken, schuldiges Handeln und Oberflächlichkeit, das soll durch das Fasten gereinigt werden, damit der ursprüngliche Glanz Gottes in uns aufleuchtet. Das Fasten hat also für die Christen eine positive Bedeutung. Der hl. Augustinus meint, dass man zum Fasten durch die Freude des Geistes getrieben wird und dass das Fasten den Leib für die Auferstehung vorbereitet. Das Fasten führt uns zu einem Leben, das ganz auf Gott ausgerichtet ist.

Ein wichtiger Aspekt des Fastens ist das Fasten für andere Menschen. Die frühen Mönche haben gefastet, wenn ein Bruder in Sünde gefallen ist. Durch das Fasten und Beten, so hofften sie, werde der Bruder umkehren und geheilt werden. Das Fasten für

Die soziale Dimension: Fasten für andere Menschen

andere darf aber nicht mit dem Hungerstreik von Gefangenen verwechselt werden. Im Hungerstreik bekommt das Fasten einen aggressiven Charakter. Gandhi hat das Fasten oft als politische Aktion, als Protest gegen ungerechte Strukturen eingesetzt. Er schreibt: „Meine Religion lehrt mich, dass man in einer Not, die man nicht lindern kann, fasten und beten muss." Gandhi wollte durch Fasten die Atmosphäre reinigen. Doch diese reinigende Wirkung hat das Fasten für Gandhi nur, wenn es mit Gebet verbunden ist und wenn ich den, für oder gegen den ich faste, liebe und für ihn Verständnis aufbringe. Wenn das Fasten von aggressiven Hassgedanken erfüllt ist, ist es kein Fasten mehr, sondern ein Hungerstreik.

Seit etwa 100 Jahren hat man das Fasten immer mehr abgeschwächt. Doch in den letzten Jahren ist auch in christlichen Kreisen ein neues Gespür für

Neues Gespür für das Fasten

das Fasten entstanden. Und man versteht den Sinn, dass man 40 Tage gemeinsam fastet. Ähnlich wie der Ramadan soll auch die Fastenzeit eine Zeit der Reinigung sein, eine Zeit, in der wir uns bewusst auf die eigentlichen Ziele unseres Lebens besinnen. Es gibt Versuche, diese Fastenzeit mit neuen Inhalten zu erfüllen. In der evangelischen Kirche versteht man die Fastenzeit als Zeit, „anders zu leben": „Sieben Wochen ohne": ohne Fleisch, ohne Alkohol, ohne Fernsehen, ohne Internetspiele usw. Aber auch als Zeit für positive Impulse: sieben Wochen, in denen man alte Gewohnheiten aufbricht, neue Haltungen einübt und dem Heiligen Geist Raum geben möchte.

Das geistliche Ziel: Reinheit des Herzens

Der hl. Benedikt versteht die Fastenzeit ähnlich wie der Islam als eine Einladung, eigentlich immer bewusst mit Gott und vor Gott zu leben. So beginnt er sein Kapitel über die Fastenzeit: „Der Mönch soll zwar immer ein Leben führen wie in der Fastenzeit. Dazu aber haben nur wenige die Kraft. Deshalb raten wir, dass wir wenigstens in diesen Tagen der Fastenzeit in großer Lauterkeit auf unser Leben achten und alle gemeinsam in diesen heiligen Tagen die früheren Nachlässigkeiten tilgen" (RB 49,1–3). Es geht also um die Reinheit des Herzens *(puritas cordis)*, das Ziel des asketischen Weges im Mönchtum. Gemeinsam um die Reinheit des Herzens sich zu bemühen, das ist auch der Sinn der Fastenzeit, die für alle Menschen ins Bewusstsein ruft, dass unser Leben auf Gott ausgerichtet werden muss, damit wir heil werden und ganz.

2 Fasten – eine Grundsäule des Islam

von Ahmad Milad Karimi

Unterbrechung für das Wesentliche: Was Ramadan bedeutet

Das Fasten gehört zu den Grundsäulen des Islam. Das arabische Wort für das Fasten im Monat Ramadan ist *ṣaum*, was soviel bedeutet wie „ruhen", „Stille finden". Der Fastenmonat Ramadan ist der neunte Monat im arabischen Mondkalender. Vor allem mit der Herabsendung des Korans, die sich im Monat Ramadan ereignete (vgl. Koran 2,185), avanciert dieser Monat zu einer besonderen religiösen Vergegenwärtigung. Im Koran heißt es: „O ihr, die ihr glaubt! Das Fasten ist euch vorgeschrieben" (Koran 2,183). In diesem Monat sollen Muslime, sofern ihre Gesundheit es erlaubt und sie nicht auf Reisen sind, vom Sonnenaufgang bis zum Sonnenuntergang fasten, das heißt zunächst: nicht essen, nicht trinken und sich auch der sexuellen Aktivitäten enthalten. Auch

150

Schwangere, stillende Frauen und Kinder sind von der Fastenpflicht ausgenommen.

Der Monat, in dem die Muslime ausdrücklich angehalten sind, das Fasten zu begehen, ist auf mehr ausgerichtet als bloß auf die Vorschrift, auf dieses und jenes Verzicht zu üben. Das Fasten im Monat Ramadan lässt sich in kürzester Form als Unterbrechung beschreiben. Kein Stillstand, aber Stille. Das Alltägliche, der Stress, die Verstrickung des Lebens mit seiner Umgebung, das Streben nach mehr und immer mehr, nach Fortschritt und Optimierung, das immerwährende Begehren, Konsum, sinnlose Kommunikation, üble Nachrede, kurz: die Tendenz, zu leben, als würde man ewig leben, wird unterbrochen. Plötzlich ist alles anders, alles schlägt in sein Gegenteil um. Der Verzicht findet nicht seine Realität dadurch, dass auf dieses oder jenes verzichtet wird, sondern im Grunde auf all das, was vermeintlich Leben generiert. Der Ramadan ist ein Monat wie kein anderer, aber eigentlich soll er genau das sein: ein Monat wie jeder andere. Dieser Monat sollte sich nämlich nicht als Ausnahme im Jahr verstehen, sondern im ganzen Leben gegenwärtig sein. Wenn die Fastenden im Monat Ramadan von einer einzigen Frage getragen wären, dann wäre sie: Was hält mich in Wahrheit am Leben? Brot und Wasser sind es nicht, auch nicht alles Genussvolle, wonach wir sonst trachten. Nach welchem Glück, nach welcher Art Wohlergehen, nach welchem Gut trachten wir zumeist im Leben? Worin besteht unser wirkliches Glück? Was sind die Genüsse, die uns in dem beflügeln, wonach wir zutiefst streben? Wie ist mein eigenes Wohlergehen im Blick auf die anderen und ihre Not zu sehen? Was ist es wert? Was hat Wert?

Das Fasten im Monat Ramadan versteht sich zugleich als eine subtile Kritik unserer gewöhnlichen Haltung zum Leben. Die Kritik ist nicht theoretisch, sondern die Muslime vollziehen sie sozusagen am eigenen Leib. Verschwendung, Gier und Selbstsucht sind nur einige Begriffe, die hier im Mittelpunkt stehen. Wer sich im Islam beheimatet sieht, blickt jetzt also kritisch auf sich selbst. Doch damit wird das Leben hier und jetzt nicht entwertet, sondern ins rechte Licht gerückt. Fasten und Verzicht fungieren als existenzielles Kor-

Kritischer Blick auf sich selber – eine neue Freiheit

151

rektiv, sodass die Muslime sich im Ramadan selbst näherkommen, sich ein Stück besser kennenlernen, indem sie zu sich selbst in Distanz gehen.

Das Fasten scheint auf dem ersten Blick der Inbegriff einer negativen Freiheit zu sein, indem wir uns von allem gleichsam entfesseln, frei sind von diesem und jenem. Aber eigentümlicherweise schlägt diese negative Freiheit in die positive Freiheit um, indem sie sich als Potenzial zum Guten, zum Wertvollen und zum Nachhaltigen offenbart, und auch als Öffnung zum anderen hin. So lässt sich das Fasten im Monat Ramadan als freiheitsstiftend begreifen, weil und insofern es die Unverfügbarkeit des Menschen bewahrt und stiftet, indem es die Erfahrung mit der eigenen Grenze in den Mittelpunkt rückt – in der lebendigen Hingabe vor Gott.

Das Fasten zeigt sich demnach als Haltung im Leben, die dazu führt, sich auf das Wesentliche zu besinnen. Der Monat Ramadan unterbricht das Einerlei, das nahelegt, es wäre immer alles gleich. Die Zeit zwischen Sonnenauf- und Sonnenuntergang hat eine große Bedeutung; sonst werden Aufgang und Untergang der Sonne kaum beachtet, weil wir die Bindung zur Natur ein Stück verloren haben. Das Fasten wird daher zu einer Schärfung der Sinne, die in der Übung besteht, verzichten zu können.

Öffnung auf Gott hin: Verzichten mit Hand und Herz Das Verzichten als eine Grundhaltung im Leben wird in der Tradition der islamischen Mystik mit zwei Begriffen in Verbindung gebracht, die am besten zeigen, was es heißt, zu verzichten: Hand und Herz. Dabei soll auch das Herz von dem leer werden, wovon die Hand entleert ist. Sich von dem zu befreien, was wir in der Hand haben, was aber in Wahrheit uns in der Hand hält, weil wir unser Herz daran gebunden haben, ist kein einmaliger Akt. Vielmehr soll sich das Herz im Verzicht üben, also verzichten, verzichten und verzichten. Sich so im Verzicht zu üben macht den Verzicht zu unserem Charakterzug, zu einer Haltung. Zu verzichten bedeutet freilich keine Abkehr von dem, was die Welt uns anzubieten hat. Wer nicht sein Glück an das bindet, was er in der Hand hält, dessen Herz ist frei. Beim Verzicht geht es nicht um bloße Ablehnung im Sinne einer negativen Haltung. Dieser Verzicht hat vielmehr eine positive Qualität: Er öffnet das Herz für das, was hingebungsvoll begehrt werden will: Gott. Wessen Herz sich um Gott dreht, dessen Hand nimmt alles, was sie halten kann, wie eine Gabe – eine Gabe, die ihm nicht gehört, die ihn nicht erfüllt und die sein Begehren nicht stillt. Vom Verzicht getragen zu sein heißt, im Herzen die Armut zu begehren, die ich auf meiner Hand trage. Diese Erfahrung innerer Armut macht auch das Herz offen, sie sensibilisiert für die Bedürftigkeit anderer. Der Ramadan ist daher auch eine Zeit der Begegnung, des Teilens und der Gerechtigkeit.

Zumeist wird in diesem Monat der Koran einmal ganz gelesen. Der Koran wird in dreißig Teile eingeteilt, sodass jeder Fastentag mit einem Teil des Korans verbunden ist. Außerdem werden auch besondere Gebetseinheiten (arab. *tarāwīḥ*) nach dem Nachtgebet in der Moschee verrichtet. Zudem ist der Ramadan gemeinschafts-stiftend: Man teilt den Verzicht, also etwas, was kaum teilbar ist, und geht den Weg der Enthaltsamkeit gemeinsam.

Zum Fasten gehört aber auch das Fastenbrechen (arab. *ifṭār*), das wie ein kleines Fest jeden Abend gefeiert wird. Ein besonderer Augenblick in der Fastenzeit ist der Moment des Fastenbrechens, in

Eine besondere Erfahrung: das Fastenbrechen

dem man nach einem langen Tag zum ersten Mal Wasser trinkt. Das gewöhnliche Wasser schmeckt plötzlich süß, und man spürt, wie der Körper es aufnimmt. Dankbarkeit und die Wertschätzung des Gewöhnlichen ist im Ramadan gegenwärtig. Diese Wertschätzung unserer Lebenswelt mit all ihren Gaben, die wir Tag für Tag genießen dürfen, teilen wir miteinander. Dies hat vor allem eine soziale Bedeutung, denn zum Fastenbrechen besuchen sich Familien und Freunde gegenseitig. Sie teilen das Essen miteinander und erfahren voneinander in einer durch Achtsamkeit bestimmten Zeit. So verwundert es nicht, wenn der Mystiker Maulānā Rūmī schreibt: „Obgleich der Glaube auf Pfeilern ruht, ist, bei Gott!, das Fasten der größte Pfeiler!"[47] Das Fasten im Monat Ramadan ist also ein Sinnbild für den Islam überhaupt, insofern es bedeutet: in einer subtilen Weise in der Welt zugleich nicht in der Welt zu sein.

Barmherzigkeit – Kern der Spiritualität

1 Gott erbarmt sich der Barmherzigen

von Ahmad Milad Karimi

Gott ist „der Barmherzigste der Barmherzigen" Nach der geläufigen Außenwahrnehmung scheint im Islam von einem Gott die Rede zu sein, der vor allem rigide und herrschsüchtig ist, der bestraft, ängstigt und mit Zorn regiert. Im Selbstverständnis der Muslime aber und insbesondere in der Frömmigkeitsgeschichte des Islam herrscht eine völlig andere Vorstellung von Gott. Er ist zwar als kraftvoller universaler Herrscher zweifellos auch immer der erhabene Gott, über den wir Menschen nicht verfügen können. Aber in Übereinstimmung mit der koranischen Offenbarung hat sich ein Bild Gottes tief in die Herzen der Gläubigen eingeschrieben, das mit dem Motiv der Barmherzigkeit beschrieben wird.

Im Koran heißt es: „Sag: ‚Ruft Gott an oder ruft den Barmherzigen an, wie ihr Ihn anruft, Sein sind die Namen, die schönsten'" (Koran 17,110). Gott hat viele Namen, viele Eigenschaften. Aber der Name, mit dem er sich in Seiner Schöpfung für die Menschen identifiziert, ist die Barmherzigkeit. „Euer Herr hat Sich selbst Barmherzigkeit vorgeschrieben" (Koran 6,54). Nahezu jede Sure des Korans beginnt mit dieser Vergegenwärtigung: „Im Namen Gottes, des Barmherzigen, des Erbarmers." Zudem gehört die Selbstidentifikation Gottes mit der Barmherzigkeit zu den am häufigsten erwähnten Eigenschaften Gottes, sodass die Barmherzigkeit mehr als 600-mal im Koran vorkommt. Die 55. Sure, die im Titel diesen besonderen Namen Gottes trägt, beginnt mit den Worten: „Der Barmherzige, der gelehrt den Koran, der erschaffen den Menschen, ihn gelehrt die Rede" (Koran 55,1–4). Zentrale Aussage des Korans ist: Das Handeln Gottes in seiner Schöpfung, seine Zuwendung, seine Offenbarung ist von seiner Barmherzigkeit getragen. So besteht nach dem bedeutenden muslimischen Mystiker Ibn ʿArabī die ganze Welt im „Atem des Barmherzigen". Das arabische

Wort für die Barmherzigkeit ist *raḥma*. Es ist ein Wort, das etymologisch nicht etwa – wie im Deutschen – ein Herz für die Armen bedeutet und Mildtätigkeit meint. Durch die Wortwurzel r-ḥ-m klingt vielmehr die Sinnbedeutung von „Mutterschoß" an. Der Barmherzige ist demnach derjenige, der eine ursprüngliche, unverstellte, friedvolle Bindung zum Ausdruck bringt. Im Koran ist in diesem Sinn von Gott als dem „Barmherzigsten der Barmherzigen" (Koran 21,83) und als „dem Besten der Barmherzigen" (Koran 23,118) die Rede. Umgekehrt bedeutet das auch: In der Barmherzigkeit ist Gott mir nahe, in der Erfahrung und der Haltung der Barmherzigkeit bin ich von Gott getragen und geborgen wie im Schoß der Mutter.

Vor diesem Hintergrund steht die Barmherzigkeit Gottes seiner absoluten Gerechtigkeit nicht entgegen. Gerechtigkeit und Barmherzigkeit sind keine Gegensätze. Vielmehr ist die Barmherzigkeit Gottes die ständige Begleiterin im Leben, denn die Barmherzigkeit Gottes ist im Unterschied zu seiner Strafe grenzenlos, wenn es im Koran heißt: „Mit Meiner Strafe treffe Ich, wen Ich will. Meine Barmherzigkeit jedoch umfasst alle Dinge" (Koran 7,156). Auch dann, wenn wir fehlgehen, uns für das Falsche entscheiden, irren und es wieder bereuen, ist Er in Barmherzigkeit mit uns. Von dem Propheten Muhammad ist der für das innere Verständnis des Islam bedeutende Gedanke überliefert, den ihm der Ewige ins Herz geschrieben hat: „Wahrlich, Meine Barmherzigkeit übertrifft meinen Zorn."[48] Im Herzen der Gläubigen ist das Antlitz Gottes davon bestimmt, ja die Erfahrung Gottes ist durchdrungen von dieser Barmherzigkeit. Im Koran werden die Menschen immer wieder daran erinnert, auf Gottes Barmherzigkeit zu vertrauen: „Sag: ‚O meine Diener, die ihr euch maßlos verhaltet gegen eure eigenen Seelen, verzweifelt nicht an Gottes Barmherzigkeit! Gott vergibt die Sünden allesamt. Er ist der unübertrefflich Vergebende, der Barmherzige'" (Koran 39,53). In diesem Sinne sagt der Prophet einmal: „Im Westen gibt es ein Tor, das für die Reue offensteht; seine Spannweite ist siebzig Jahre, und es wird nicht geschlossen, ehe nicht die Sonne im Westen aufgeht."[49]

Absolute Gerechtigkeit und grenzenlose Barmherzigkeit sind keine Gegensätze

**Gelebte Religion:
Barmherzigkeit
als Auftrag
für das Leben**

Im Bereich gelebter Religion hat die spirituelle Dimension der Barmherzigkeit einen entscheidenden Stellenwert. Im gerechten Umgang miteinander soll stets die göttliche Barmherzigkeit als Praxis vergegenwärtigt werden. Die explizite Zuwendung Gottes in Form der Offenbarung des Korans wird im Islam selbst als eine Tat der Barmherzigkeit begriffen. Denn in Barmherzigkeit erschafft Gott die Welt, in Barmherzigkeit trägt er sie, und in Barmherzigkeit führt er die Menschen zu ihrer Wahrheit. Das heißt: Der Koran als Rechtleitung des Menschen ist zugleich als Barmherzigkeit Gottes für die Menschen zu verstehen, sodass die Offenbarung des Korans an vierzehn Stellen mit der Barmherzigkeit Gottes begründet wird.[50] Aber nicht nur die Herabsendung des Korans wird als Akt der Barmherzigkeit begriffen. Zentral ist auch der Gedanke, dass der Prophet Muhammad als Prophet der Barmherzigkeit gesandt worden ist, denn im Koran wird der Prophet mit den deutlichen Worten angesprochen: „Und gesandt haben Wir dich [sc. Muhammad] nur aus Barmherzigkeit für die Welten" (Koran 21,107). Das Leben des Propheten, seine normative Bedeutung und seine spirituelle Kraft für das Leben der Muslime wird an der Kategorie der Barmherzigkeit bemessen. An dieser Stelle ist der Koran entschieden: Es geht hier nicht nur um die Muslime, sondern um die ganze Welt. Es bedeutet also, den Islam als religiöse Kraft im Dienste der Menschheit zu begreifen und zu gestalten, wenn man in der Person und vor allem im Werk und Wirken des Propheten eine Barmherzigkeit sieht, die für die ganze Welt wirksam ist. Eine Barmherzigkeit, die sich unter Ausschluss der anderen Menschen nur auf die eigene Gemeinschaft bezieht, wird diesem umfassenden Verständnis nicht gerecht. Deshalb wird der Prophet nicht aus Barmherzigkeit nur für die Muslime gesandt, sondern für alle Menschen. Konkret heißt das, dass die Barmherzigkeit als Auftrag für das Leben gelten soll. Muslim darf sich derjenige nennen, der im Dienst der Menschheit steht.

Islamische Spiritualität bedeutet im Kern: Die göttliche Barmherzigkeit erfüllt das Herz der Gläubigen, aber sie bleibt nicht auf seine Innerlichkeit beschränkt. Barmherzigkeit hat vielmehr zugleich Auswirkungen auf unsere Beziehungen, sie bestimmt auch das Verhältnis zum Nächsten. Der Umgang der Menschen untereinander soll davon getragen sein. Denn nach einem Wort des Propheten sind „die Herzen der Menschen zwischen zwei Fingern des Barmherzigen". Im Islam geht es um dies: Wir alle sind unterwegs, und jeder Gläubige teilt sein Leben mit anderen. Unser aller Weg ist ein gemeinsamer, ein geteilter Weg. Wenn im Islam vom geteilten Weg die Rede ist, ist damit auch hier gemeint: Es ist die Pflicht der Muslime, diesen Weg des Lebens in Demut und Barmherzigkeit gemeinsam zu gestalten. Diese Pflicht leitet sich aus der Barmherzigkeit Gottes selbst ab. Indem sich Muslime in der Barmherzigkeit üben, sodass die Barmherzigkeit zu ihrer Haltung wird, verwirklichen sie eine Eigenschaft Gottes in ihrem Leben. In der Vita des Propheten wird dies anschaulich bezeugt: Als Muhammad die Nachricht erhält, dass das Kind seiner Tochter im Sterben liegt, eilt er zu ihr, nimmt den Jungen auf seinen Schoß und hält ihn während seiner letzten Atemzüge in seinen Armen. Als ein Gefährte die Tränen des Propheten sieht, fragt er ihn: „Was ist das, o Gesandter Gottes?" Da antwortet Muhammad: „Das ist eine Barmherzigkeit, die Gott in die Herzen einiger seiner Diener einlegt, die er auserwählt hat. Und Gott erbarmt sich nur derer von seinen Dienern, die selbst barmherzig sind."[51]

Nicht auf Innerlichkeit beschränkt

2 Barmherzigkeit: Eigenschaft Gottes und Forderung an den Menschen

von Anselm Grün

Papst Franziskus hat die Barmherzigkeit als aktuellen christlichen Impuls für die ganze Welt beschrieben: „Die Welt braucht Barmherzigkeit, weil sie Einheit stiftet und das Böse bekämpft." Er hat damit eine Perspek-

Im Gottesbild verankerter Impuls

tive ins Zentrum gerückt, die wesentlich zum biblisch-christlichen Glauben gehört und in ihrem Anspruch und ihrer Bedeutung weit über die Kirchen hinauszielt. Barmherzigkeit ist nach christlicher Glaubensüberzeugung die grundlegende Eigenschaft Gottes. Aber auch der Mensch soll Barmherzigkeit üben. Schon im Alten Testament bezeichnet sich Gott selbst als den Barmherzigen: „Jahwe ist ein barmherziger und gnädiger Gott, langmütig, reich an Huld und Treue" (Ex 34,6). Die Antwort des Menschen ist das barmherzige Verhalten gegenüber seinem Nächsten. „Wer barmherzig und gerecht ist, wird lange leben" (Tob 12,9). Bei den Propheten wird Gottes barmherzige Zuwendung zum Menschen immer wieder betont, und die Existenz des Menschen vor Gott wird so beschrieben, dass auch er die Güte lieben soll (vgl. Mi 6,8). Das hebräische Wort für Barmherzigkeit, *raḥam*, entspricht dem arabischen Wort *raḥma* und bedeutet ebenso: Mutterschoß. Gottes Barmherzigkeit ist gleichsam wie ein Mutterschoß, in dem wir uns geborgen und angenommen fühlen.

Nicht verurteilen – mit den Sündern gehen

Das Neue Testament hat drei Ausdrücke für Barmherzigkeit. Da ist einmal das Verb „splanchnizomai". Es heißt eigentlich: in den Eingeweiden ergriffen werden. Es meint also auch ein Mitleiden. Von Jesus heißt es, dass er mit dem Aussätzigen Mitleid hatte (Mk 1,41). Doch auch wir sollen aus dem Mitleid heraus handeln, wie der barmherzige Samariter es tut (Lk 10,33). Das zweite Wort ist das Substantiv „eleos". Es meint ein tätiges Erbarmen: Ich handle barmherzig, und meine Sprache ist barmherzig. In der christlichen Tradition ist das die Wurzel der sieben Werke der Barmherzigkeit, die das Klima der Gesellschaft lange Zeit prägten. Jesus spricht oft von „eleos". Im Matthäusevangelium sagt Jesus zweimal: „Barmherzigkeit will ich, nicht Opfer" (Mt 9,13 und 12,7). Beide Male zitiert Jesus ein Wort von dem Propheten Hosea. An der ersten Stelle sagt er: „Geht hin und lernt." Das ist eine typisch jüdische Schulformel. Es heißt also: Geht heim, setzt euch hin und lernt, worauf es ankommt. Das Zentrale des Glaubens ist die Barmherzigkeit. Es geht nicht darum, Opfer zu bringen, Leistungen vor Gott vorzuweisen oder Geld oder Tiere zu opfern. Es geht vielmehr darum, barmherzig mit den Menschen umzugehen, sie nicht zu verurteilen. Barmherzigkeit bedeutet hier vor allem: die Sünder nicht verurteilen, sondern zu ihnen gehen, um ihnen einen neuen Weg zu eröffnen.

Das dritte griechische Wort für Barmherzigkeit ist das Adjektiv „oiktirmon". Es bedeutet: mitfühlend, Mitgefühl habend. Lukas gebraucht dieses Wort, wenn er Jesus sagen lässt: „Seid barmherzig, wie es auch euer Vater ist" (Lk 6,36). Die Barmherzigkeit, das Mitfühlen mit den Menschen, ist eine Wesenseigenschaft Gottes. Aber der Mensch soll ebenso mit allen Menschen, ja auch mit der Natur, mit den Pflanzen und Tieren, mitfühlen. Indem er mitfühlt, fühlt er sich mit allen Menschen verbunden. Er stellt sich nicht über sie, sondern geht mit ihnen den gemeinsamen Weg. Und im Mitgefühl hat er Anteil an Gott selbst. Indem er mit den Menschen mitfühlt, fühlt er sich eins mit Gott, erkennt er das Wesen Gottes.

Mitgefühl verbindet

Lukas sieht die Barmherzigkeit als den eigentlichen Grund, aus dem Gott heraus handelt. So besingt Maria im „Magnificat" die Barmherzigkeit Gottes, mit der er auf sie geschaut und Großes an ihr getan hat (Lk 1,50). Und die Barmherzigkeit Gottes ist der Grund des erlösenden und befreienden Handelns Gottes in der Geschichte (Lk 1,54f). Im Lobgesang des „Benedictus" beschreibt Lukas die Barmherzigkeit Gottes als den Grund für die Menschwerdung Gottes in Jesus. Es ist ein eigenartiger Ausdruck, mit dem er das Erbarmen Gottes hier beschreibt: „dia splanchna eleous", also „durch die Eingeweide des Erbarmens", das heißt: durch sein herzliches Erbarmen (Lk 1,78). Die Einheitsübersetzung deutet das Wort so: „durch die barmherzige Liebe". In diesem herzlichen Erbarmen, in dieser barmherzigen Liebe lässt Gott uns in Jesus das Licht aus der Höhe für uns aufleuchten, ja Gottes Barmherzigkeit besucht uns in Jesus, um uns diese Barmherzigkeit konkret vor Augen zu führen.

Gott handelt aus Barmherzigkeit

Das Wesen Gottes ist Barmherzigkeit, und Gott handelt an uns barmherzig. Er verurteilt uns nicht, sondern nimmt uns in seiner barmherzigen Liebe an, vergibt uns die Schuld und befreit uns von

Selbstvorwürfen und Selbstzweifeln. Doch der Christ sollte auf die Barmherzigkeit Gottes antworten, indem er selbst barmherzig wird und sein Tun von Barmherzigkeit geprägt wird. Zum Wesen der Barmherzigkeit gehört es, dass wir nicht über andere urteilen oder richten. Barmherzigkeit ist eine mütterliche Haltung. Und das Wesen der Mutter ist, dass sie das Kind nicht bewertet, sondern für es sorgt, es hegt und pflegt.

Alle Menschen sind im Blick, nicht nur Glaubensbrüder

Aber das christliche Verständnis von Barmherzigkeit hat auch eine gesellschaftliche und politische Dimension. Barmherzigkeit muss sich ausdrücken in einem barmherzigen Umgang mit den Einzelnen und mit den Gruppen. Die sieben Werke der Barmherzigkeit, die auf die Worte Jesu in seiner Gerichtsrede im Matthäusevangelium zurückgehen, beziehen sich auf alle Menschen. Jesus identifiziert sich mit allen Menschen, ganz gleich, welcher Kultur und Religion sie angehören: „Ich war hungrig, und ihr habt mir zu essen gegeben; ich war durstig, und ihr habt mir zu trinken gegeben; ich war fremd und obdachlos, und ihr habt mich aufgenommen; ich war nackt, und ihr habt mir Kleidung gegeben; ich war krank, und ihr habt mich besucht; ich war im Gefängnis, und ihr seid zu mir gekommen" (Mt 25,35f). Die Barmherzigkeit sollen die Christen also nicht nur ihren eigenen Glaubensbrüdern gegenüber erweisen, und sie sollen sich dabei besonders um Notleidende kümmern. Das Gleichnis, das Jesus von dem Samariter erzählt, der, obwohl Nichtjude, der Einzige ist, der dem Verletzten an der Straße nach Jericho spontan und tatkräftig hilft, ist in diesem Sinn vorbildlich und wirkmächtig geworden (vgl. Lk 10,25–37). Jesus hat alle Menschen vor Augen, denen wir barmherzig zu Hilfe kommen sollen. Auch wenn die Christen das nicht immer im Sinne Jesu verwirklicht haben, so muss man doch feststellen, dass die Worte Jesu in der Geschichte gewirkt haben und die Gesellschaft gerade durch Krankenhäuser, Behindertenheime und durch die Sorge für Arme und Ausgeschlossene, für Fremde und Flüchtlinge menschlicher und barmherziger gemacht haben. Im Verlauf der Kirchengeschichte entwickelten sich Formen tätiger Barmherzigkeit aus christlicher Motivation auch außerhalb des institutionellen kirchlichen Rahmens in privaten Stiftungen und Vereinen sowie in einer umfassenden Heim- und Anstaltsdiakonie. Not sehen und helfen, unabhängig von Religion, Status und Geschlecht: das ist der grundlegende Impuls. Heute ist christliche Diakonie, die sich in ihrer verbandlichen Form in Deutschland im Rahmen des Sozialstaats (der durchaus auch auf christliche Impulse zurückgeht) in das evangelische Diakonische Werk und den katholischen Caritasverband gliedert, in dieser Intention auch international und weltweit wirksam. Nach der Konstitution über „Die Kirche in der Welt von heute" (Lumen gentium, 1) soll die Kirche in allen Armen und Leidenden das Bild dessen erkennen, der sie gegründet hat und der selber ein Armer und Leidender war.

Anders als das Griechische hat das Lateinische nur ein Wort für Barmherzigkeit: *misericordia*, das im Deutschen dann wörtlich mit „Barmherzigkeit" übersetzt wird. Es bedeutet: ein Herz haben für das Arme, Verwaiste, Schwache, Verwundete in mir, und ein Herz haben für die armen, verwaisten, schwachen und verletzten Menschen um mich herum. Der barmherzige Mensch denkt nicht rein rational, er sieht auf alle Menschen mit dem Herzen. Und im Herzen fühlt er mit den Menschen. Weil er sich in seinem Herzen den armen und schwachen Menschen öffnet, wird er auch nicht herzlos und kalt, sondern herzlich und barmherzig auf sie zugehen und ihnen sein offenes Herz zeigen.

Ein offenes Herz haben

Liebe – Sehnsucht und Erfüllung

1 Liebe – Grundlage christlichen Glaubens

von Anselm Grün

Biblisches Zeugnis: Gott ist Liebe Gott ist für uns Christen nicht nur der Gott, der uns liebt, sondern auch der Gott, der Liebe *ist*. Beim Propheten Jeremia heißt es: „Mit ewiger Liebe habe ich dich geliebt" (Jer 31,3). Gott liebt sein Volk, und er liebt den einzelnen Menschen. Diese Liebe ist die Grundlage unseres Lebens. Die Liebe, die Gott seinem Volk zukommen ließ, indem er es in einem Wendepunkt seiner Geschichte aus der Sklaverei in Ägypten führte, soll auch praktische Konsequenzen haben. Sie wird im Buch Levitikus angeführt, um zu begründen, dass Israel seine Liebe nicht auf den eigenen Stamm begrenzen soll: „Wie ein Einheimischer aus eurer Mitte gelte euch ein Fremdling, der sich bei euch aufhält. Du sollst ihn lieben wie dich selbst. Denn auch ihr waret Fremdlinge im Lande Ägypten" (Lev 19,34f).

Gottesliebe, Nächstenliebe, Selbstliebe Liebe heißt, dass Gott uns bedingungslos liebt, ohne dass wir ihm etwas vorweisen müssten. Wir müssen uns die Liebe Gottes nicht erkaufen. Aber es ist unsere Aufgabe, auf diese Liebe zu antworten. So antwortet Jesus auf die Frage des Pharisäers nach dem wichtigsten Gebot: „Du sollst den Herrn, deinen Gott, lieben mit ganzem Herzen, mit ganzer Seele und mit all deinen Gedanken. Das ist das wichtigste und erste Gebot. Ebenso wichtig ist das zweite: Du sollst deinen Nächsten lieben wie dich selbst" (Mt 22,37–39). Gottesliebe und Nächstenliebe sind also eng miteinander verbunden. Und dazu gehört auch die Selbstliebe. Sich selbst zu lieben hat nichts mit Egoismus zu tun. Ich liebe mich als Geschöpf Gottes. Ich gehe gut um mit dem, was Gott mir geschenkt hat, und achte es.

Die Frage ist nur, wie wir Gott lieben können, den wir nicht sehen. Auf diese Frage können wir erst antworten, wenn wir den anderen Aspekt an der Liebe Gottes betrachten. Im ersten Johannesbrief

Gottes Liebe durchdringt die ganze Welt

heißt es: „Gott ist Liebe, und wer in der Liebe bleibt, bleibt in Gott, und Gott bleibt in ihm" (1 Joh 4,16). Gott ist ein Du, das mich liebt und das ich liebe. Aber Gott ist auch in sich Liebe. Die Liebe ist für den griechischen Philosophen Platon mehr als ein Gefühl. Sie ist eine Macht, die alles Getrennte miteinander verbindet. Von dieser Liebe als Macht singt Paulus in seinem Hohenlied der Liebe: „Die Liebe erträgt alles, glaubt alles, hofft alles, hält allem stand" (1 Kor 13,7). Gott als Liebe durchdringt die ganze Welt. Sie ist die Grundlage der Welt. Die heutige Evolutionsforschung bestätigt das, wenn sie die Liebe als die Grundlage des Entstehens der Lebewesen sieht. Nicht die Fittesten überleben, sondern die, die auf Beziehung aus sind. Diese Liebe ist auch in uns als eine Quelle, aus der wir schöpfen können. Aber oft genug sind wir abgeschnitten von dieser Liebe. Die Worte Jesu wollen uns mit dieser Liebe in Berührung bringen. Wenn wir mit dieser Quelle der Liebe in Berührung sind, dann lieben wir Gott, dann strömt diese Liebe auch zu Gott hin. Sie verbindet uns mit Gott, dem Grund allen Seins, mit Gott, der in sich Liebe ist. In dieser Liebe auf dem Grund unserer Seele sind wir schon in Gott, so sagt uns der Johannesbrief, da sind wir schon eins mit Gott. Liebe ist für den christlichen Glauben also mehr als eine moralische Forderung. Sie ist eine mystische Erfahrung. Nur aus dieser tiefen Erfahrung heraus ist es uns möglich, Gott zu lieben, den Nächsten zu lieben und uns selbst zu lieben.

Jesus hat uns die Liebe als das eigentliche Gebot gegeben, wenn er sagt: „Das ist mein Gebot: Liebt einander, so wie ich euch geliebt habe. Es gibt keine größere Liebe, als wenn einer sein Leben für seine

Leben und Sterben Jesu als Vollendung der Liebe

Freunde hingibt" (Joh 15,12f). Jesus hat uns durch sein Leben und Sterben diese Liebe vorgelebt. Der Tod Jesu am Kreuz ist für das Johannesevangelium die Vollendung der Liebe. Und es geht um die Liebe Jesu zu seinen Freunden. Freunde sind auf gleicher Augenhöhe. Jesu Tod ist für das Johannesevangelium nicht Sühne für unsere Sünden. Vielmehr vollendet Jesus seine Liebe, indem er für uns stirbt. In seinem Tod sollen wir erkennen, dass wir seine Freunde sind, dass er sich uns vertraut gemacht hat, indem er sich ganz und gar für uns hingegeben hat. Das Kreuz selbst ist Gebärde der liebenden Umarmung. Jesus sagt bei Johannes: „Am Kreuz werde ich alle an mich ziehen" (vgl. Joh 12,32). Wenn wir auf das Kreuz schauen, an dem Jesus ausgestreckt hängt, so können wir uns umarmt fühlen von seiner Liebe. Und diese Liebe ist für Johannes die Kraft, die alles miteinander verbindet. Das Kreuz war ja schon vor Jesu Tod am Kreuz ein Heilssymbol. Es symbolisiert die Einheit aller Gegensätze, die Einheit von Himmel und Erde, Licht und Dunkel, Männern und Frauen, Alt und Jung, Arm und Reich. Und am Kreuz dürfen wir uns umarmt fühlen mit unseren Verletzungen und Wunden. Diese Liebe, mit der Jesus für uns am Kreuz gestorben ist, strömt aus seinem durchbohrten Herzen in Gestalt von Blut und Wasser in die ganze Welt hinaus (vgl. Joh 19,34). Diese Liebe Gottes, die in Jesu Person in seinem Leben und Sterben für uns sichtbar geworden ist, durchdringt nun die ganze Welt, den ganzen Kosmos. Die Liebe strömt auch in uns hinein. Wenn wir Eucharistie feiern, denken wir immer an das offene Herz Jesu, aus dem seine Liebe in unseren Leib und in unsere Seele strömt, um alles in uns zu durchdringen, um unsere Wunden zu heilen, um alles Gegensätzliche in uns miteinander zu verbinden und uns zur Liebe zu befähigen.

Die reinigende Kraft der Liebe Jesu am Kreuz

Die Liebe, mit der uns Jesus am Kreuz bis zur Vollendung geliebt hat, hat noch eine andere Wirkung: Sie reinigt uns. Jesus zeigt uns das, indem er seinen Jüngern vor seinem Leiden die Füße wäscht. Die Fußwaschung versteht Johannes als ein Symbol für den Tod Jesu am Kreuz. Am Kreuz beugt sich Jesus bis zu unseren staubigen und verwundeten Füßen hinab, um uns dort zu reinigen. Jesus deutet dem Petrus gegenüber, was sein Tod am Kreuz für ihn bedeutet: „Wer vom Bad kommt, ist ganz rein und braucht sich nur noch die Füße zu waschen" (Joh 13,10). Jesus hat die Jünger gereinigt durch seine Worte, durch seine Ausstrahlung und durch sein Wirken (Joh 15,2). Das Kreuz vollendet diese Reinigung. Es reinigt uns gerade dort, wo wir uns immer wieder schmutzig machen: an den Füßen. Ein anderes Bild, das Johannes auf die reinigende Liebe am Kreuz bezieht, ist das der Tempelreinigung (Joh 2,13–22). In seinem Tod am Kreuz reinigt uns Jesus von den lärmenden Gedanken der Händler, von dem Triebhaften der Rinder und von den oberflächlichen Gedanken, die wie Tauben in uns herumflattern. Er reinigt uns so, dass wir Tempel Gottes sind. Im Tempel leuchtet Gottes Herrlichkeit auf. Und Gottes Herrlichkeit, Gottes Schönheit ist seine Liebe.

So ist die Liebe die Grundlage unseres Glaubens. Gott ist Liebe. Diese Liebe Gottes ist uns in Jesus aufgeleuchtet. Sie ist durch Jesu Wirken und Sterben in uns eingedrungen, um uns mit Liebe zu erfüllen und uns zur Liebe zu befähigen. Der Gipfel dieser Liebe, zu der uns Jesus befähigt und zu der er uns auch aufruft und herausfordert, ist die Feindesliebe. In der Feindesliebe ahmen wir Gott nach, der seine Sonne über Bösen und Guten scheinen lässt (vgl. Mt 5,45). Lukas beschreibt uns in drei Verhaltensweisen, wie diese Feindesliebe konkret aussehen kann: Wir lieben unsere Feinde, indem wir ihnen Gutes tun, obwohl sie uns schlecht behandeln. Wir lieben unsere Feinde, indem wir sie segnen. Indem wir sie segnen, sind sie nicht mehr unsere Feinde. Sie werden zu gesegneten Menschen, denen wir auf neue Weise begegnen. Und wir lieben unsere Feinde, indem wir für sie beten. Im Gebet werden wir eins mit ihnen, sehen wir sie mit den Augen Gottes und erkennen hinter dem Bösen, das sie tun, die Sehnsucht nach dem Guten. Für die Kirchenväter war die Feindesliebe das eigentliche Kennzeichen der Christen in der damaligen antiken Welt. Die Feindesliebe könnte auch heute der Weg sein, auf dem die Feindschaft zwischen den Menschen, den Völkern, den Religionen überwunden wird und die Liebe, die alle Religionen predigen, zu allen Menschen strömt und alle Menschen miteinander verbindet.

Der Gipfel der Liebe: Feindesliebe

2 Spirituell ist allein der Liebende

von Ahmad Milad Karimi

Die Besonderheit der Gottesliebe Zu lieben ist eine Tat Gottes. Gott ist, wie der Koran vielfach bezeugt, der unübertrefflich Liebende (arab. *al-wadūd*). Nach Ibn ʿArabī besteht die islamische Mystik (also der Sufismus) in der Aneignung der Namen Gottes,[52] sodass im Menschen die Selbstenthüllung Gottes ganz anwesend ist: Im Menschen sollen alle Namen Gottes verwirklicht werden. So soll die Liebe den Menschen verändern, verwandeln, denn die Liebe soll – wie der muslimische Mystiker al-Ǧunayd es ausdrückte – die Eigenschaften des Liebenden und die Eigenschaften des Geliebten gegeneinander austauschen. Nicht selten wurden in der islamischen Geistestradition aber auch Stimmen laut, die Zweifel anmeldeten, ob man Gott überhaupt lieben könne, ist er doch jenseits aller menschlichen Erfahrung und erhaben über den menschlichen Zugriff. Hier kommt es nun darauf an, die Liebe Gottes von der menschlichen Liebe zu unterscheiden. Als Menschen kennen wir unterschiedliche Formen der Liebe: die Selbstliebe, die Nächstenliebe, die Liebe der Eltern, die erotische Liebe oder die Liebe der Freunde. Sie alle sind Ausdrucksformen der Liebe, aber je anders zu bestimmen und durchaus unverwechselbar. Hier reden wir von der Liebe als Begegnung von Verschiedenen und als Zusammenkommen von Verschiedenem, als Erfüllung und Bereicherung. Diese Differenzierung ist deshalb von Bedeutung, weil die Gottesliebe (die göttliche Liebe und die Liebe zu Gott) eine unverwechselbar andere Liebesform meint. Al-Ġazālī unterscheidet zwischen mehreren Stufen der Gottesliebe.[53] Bei der göttlichen Liebe geht es grundlegend um eine bedingungslose, unerschöpfliche Grundlage des Lebens. Gott liebt die Menschen, insofern er in ihnen seine eigene Tat erblickt, bejaht und vollendet.[54] Die Liebe zu Gott wiederum besteht in der Anerkennung der eigenen Geschöpflichkeit und der hingebenden Lobpreisung Gottes, dem ich mein Leben zu verdanken habe und ohne den ich keinen Frieden finde. Al-Ġazālī spricht von einem eigenen „sechsten Sinn"[55] der Liebe zu Gott, der es ermöglicht, sich mit dem

„inneren Gesicht"[56], mit dem Herzen Gott zuzuwenden, sich Gott hinzuhalten.

Der Mensch hat nach Ibn ʿArabī zwar einen Anfang, weil er erschaffen ist, aber kein Ende, da die unerschöpfliche Liebe zu Gott ihn entgrenzt. Die Liebe gehört daher zu den zentralen Motiven im Islam und insbesondere in der islamischen Mystik. Die sogenannte Liebesmystik erblickt in der Liebe den Vollzug eines Lebens, welches sich als eine Reise zu Gott entwirft.

In der Liebe zu leben heißt, das Leben als Sehnsucht zu verstehen. Mit der Sehnsucht gewinnt der Mensch seine wahre Haltung, eine Haltung, die sich **Leben als Sehnsucht verstehen** nicht darauf festlegen lässt, bei diesem oder jenem Halt zu machen. Sehnsucht, so lautet die islamische Botschaft, haben wir nicht, Sehnsucht sind wir. Sehnsucht zu sein bedeutet, sein Herz an Gott zu binden. Aus dieser Bindung heraus leben wir, sodass sich das pulsierende Leben als Sehnsucht, als Sehnsucht nach Gott vollzieht. Aber an welchen Gott? An keinen Gott, den es neben den anderen Dingen gibt. Denn der Gott, der den muslimischen Glauben trägt, kennt nichts neben sich. Sich nach Gott zu sehnen heißt, sich in seiner ewigen Hand geborgen zu wissen. Der muslimische Mystiker Maulānā Rūmī schreibt: „Keine Sehnsucht nach den weltlichen Gütern habe ich, noch Gier. Von allen Bodenschätzen, Palästen, nur das Fundament bildet meine Sehnsucht."[57] Dieses Fundament, dieser Grund, auf dem wir uns aufrichten, der uns trägt und Halt gibt, uns tröstet und uns Ruhe schenkt, ist allein Gott. Das Herz sucht nach Erfüllung. Aber nichts kann ihm genügen außer Gott. Es ist nicht die Sehnsucht nach der Belohnung, nach dem Paradies, nach dem Jenseits; wer allein nach diesen trachtet, will *neben* Gott Frieden finden. Die Sehnsucht im Islam beschreibt aber eine Reise im Herzen des Menschen. Im Herzen zu leben heißt: Muslim zu sein. Dieses unstillbare Herz will Frieden finden, Frieden in Gott, Frieden mit Gott. Rūmī schreibt: „Mich hat Gott erschaffen aus dem Wein der Liebe / Ich bin Rausch und mein Ursprung: der Wein der Liebe / Sag, was soll von mir kommen außer dem Rausch?"[58]

Für die Mystiker ist der Islam eine Religion der Liebenden

Für die Mystiker im Islam ist der Islam in erster Linie eine Religion der Liebenden. Insofern wir lieben, leben wir im Islam, leben wir auf der Pilgerfahrt der Liebe. Die Beziehung zwischen den Menschen und Gott wird im Koran als Liebe beschrieben: „Er liebt sie und sie lieben Ihn" (Koran 5,54). Es ist eine Beziehung, die den Menschen unbedingt betrifft und zum Absoluten erhebt. Liebe kann es aber nur in Freiheit geben. Deshalb ist die Beziehung zu Gott keine Tat aus Zwang, weil sie in der Liebe gründet. Was aber diese Liebe genau ist, lässt sich nicht in Worte fassen – zumal zwischen unterschiedlichen Liebesbegriffen (*maḥabba*, *ʿišq* etc.) präzise unterschieden wird. Die spirituelle Liebe, die keine körperlich-romantische Liebe meint, wird in der islamischen Mystik als eine Erscheinung begriffen, die deshalb keiner ausführlichen Erläuterung bedarf, weil sie sich in ihrem Vollzug zeigt, im Akt der Liebe. Wer wissen will, was die Liebe ist, der kommt nicht umhin, eben zu lieben. Gegenüber der Liebe bleiben wir nicht gleichgültig und unberührt. So ist die Offenbarung des Korans ein Akt der Liebe. Der Prophet Muhammad empfängt die Offenbarung des Korans nicht mechanisch, sondern die Zuwendung Gottes ergreift ihn, der Koran geschieht an ihm. Muhammad ist ergriffen vom Akt der Offenbarung, die sein Herz erzittern lässt und ganz erfüllt. Es ist die Erfahrung der Liebe, die ihn als die äußerste Erfahrung des Menschseins im Augenblick der Offenbarung überwältigt. Die Liebe Gottes geht ihm unter die Haut. Er steht regungslos da, ohne einen Schritt tun zu können. Aber sein Herz ist berührt von der ersten Regung der Offenbarung. Die Intensität dieser Urerfahrung des Propheten atmet aus dem Koran. Denn der Koran lässt sich als die lebendige Liebeserklärung Gottes verstehen. Und unsere Reise zu Gott als Pilgerfahrt der Liebe lässt sich zugleich als die Reise Muhammads beschreiben. Der Prophet Muhammad war gotttrunken. Denn „wie ein Fluss durch ein Urgebirge, bricht er sich durch zu dem einen Gott", wie es Rainer Maria Rilke in einem Brief vom 4. Dezember 1912 ausdrückt.[59] In diesem Sinne gilt er für die Muslime als „ein Vorbild, ein schönes"[60], weil er ganz zur Liebe geworden ist. Der mystische Dichter Rūmī schreibt: „Nur Liebe, nur Liebe – wir haben sonst keine Tat.

168

Nur Liebe, nur Barmherzigkeit pflanzen wir. Trunken, wie trunken von jenem König sind wir. Kommt her, kommt her, unsere Hände zu Gott strecken wir."[61] So ist der Weg zu Gott der Weg der Liebe, denn – wie es der muslimische Mystiker al-Qušayrī sagt – „wenn jemand die Begegnung mit Gott liebt, liebt Gott die Begegnung mit ihm"[62].

Die Liebe ist in der islamischen Mystik also mehr als nur ein flüchtiges Gefühl. Vielmehr steht die Liebe auf einem doppelten Boden: Erstens stellt die Liebe eine zentrale Erkenntnisform dar, und zweitens ist die Liebe eine Tat. Als Erkenntnis beschreibt

Auf doppeltem Boden: Erkenntnisform und Tat

die Liebe keine rational-intellektuelle Einsicht. Vielmehr wird in der Liebe etwas artikuliert, wofür es sonst keine Sprache gibt. So vertritt die islamische Mystik eine klare Position: Durch die Liebe kann der Mensch zur Gotteserfahrung gelangen, aber er muss sich dabei in den Zustand der Liebe versetzen, das heißt: Liebe ist Lieben. Nur ein Liebender erkennt sich selbst und seinen Schöpfer. Erkenntnis ereignet sich im Akt der Liebe, sodass der Mensch in diesem Akt fähig wird, die Grenze der gewöhnlichen Erkenntnis zu überschreiten. „Was ist die Liebe? Zu fliegen in Richtung des Himmels. In jedem Hauch die Schleier zu entreißen"[63], schreibt Rūmī.

Spiritualität entsteht gleichsam im Akt der Liebe, im Akt der Entschleierung, indem sich der Mensch von der Liebe entfachen lässt. Die Liebe versöhnt und vereinigt, und sie lässt keine Trennung bestehen, aber dadurch verklärt sie auch alles, sieht doch das Auge des Liebenden überall den Geliebten. In der islamischen Mystik gilt somit die Liebe als ein spiritueller Zustand. Gottesliebe und Nächstenliebe gehören im Islam zusammen, ohne dass man sie gleichsetzen würde. Spirituell ist allein der Liebende, denn er allein trachtet nach Frieden mit Gott, mit sich selbst und mit der Schöpfung. Indessen begreift der Islam Gott als die höchst lebendige schöpferische Aktivität, die seine Schönheit erleben lässt, indem er liebt und zur Liebe bewegt – sodass die Liebe als Grund, Inhalt und Praxis der Welt gilt.

Toleranz und Wahrheitsanspruch

1 Was der christliche Absolutheitsanspruch besagt

von Anselm Grün

Herrschaftsanspruch oder Frohbotschaft für alle? Der Absolutheitsanspruch des Christentums und das Gebot der Toleranz gegenüber anderen Religionen scheinen sich zu widersprechen. Doch der Widerspruch gilt nur, wenn wir den Absolutheitsanspruch des Christentums falsch verstehen. Darauf, dass die Frage nach dem Absolutheitsanspruch des Christentums nicht aus der Theologie stammt, sondern aus der Philosophie des Deutschen Idealismus, weist der katholische Theologe und Kardinal Walter Kasper hin. Er versteht den Absolutheitsanspruch des Christentums auch nicht so, als würde er den Anspruch formulieren, dass nur wir Christen recht hätten. Vielmehr besagt er, „dass mit dem Kommen Christi die Fülle der Zeit Ereignis geworden ist".[64] Dieser Anspruch sagt nichts über die anderen Religionen aus und wertet sie nicht ab. Vielmehr „bedeutet die Absolutheit des Christentums die Absolutheit der Annahme und Bejahung des Menschen und der Welt. Der Absolutheitsanspruch ist deshalb weniger als Anspruch denn als Frohbotschaft zu verkünden, die besagt, dass Gott die Welt auf göttlich-absolute Weise liebt (Joh 3,16) und angenommen hat."[65]

Dieser Anspruch bedeutet nicht, dass das Christentum die Bemühungen anderer Religionen um die Wahrheit ausschließen würde. Vielmehr sind darin alle Bemühungen der Religionen um die eine Wahrheit eingeschlossen. Eine so verstandene Absolutheit ist also „weniger exklusiv als inklusiv. Das Christentum ist darum auf den Dialog mit den Religionen und mit der Philosophie angelegt."[66] Dieser Anspruch bedeutet zudem, dass die Kirche und das Christentum selbst unter dem Gericht Gottes stehen. Sie können sich nicht einfach als die absolute Wahrheit verkünden. Denn Gott ist die eigentliche absolute Wahrheit, und wir sind alle auf dem

170

Weg zu dieser Wahrheit. Daher muss der Absolutheitsanspruch immer auch mit der Gewissens- und Religionsfreiheit verbunden sein. Walter Kasper versteht daher auch die christliche Mission nicht so, dass alle Menschen Christen werden sollen. Denn das Heil ist auch außerhalb der sichtbaren Kirche möglich. Vielmehr geht es darum, „stellvertretend die Liebe Gottes zu verkünden, die Hoffnung zu bezeugen und so Zeichen unter den Völkern zu sein. Der Absolutheitsanspruch des Christentums ist darum kein Herrschaftsanspruch, sondern stellvertretender Dienst für die Gesamtmenschheit."[67]

Die christliche Theologie hat immer gewusst: Gott ist die eigentliche Wahrheit. Unsere Sätze über Gott sind nie absolute Wahrheit. Sie zielen auf die absolute Wahrheit nur hin. Aber Gott ist jenseits aller Begriffe und Bilder, die im christlichen und islamischen Kontext verwendet werden. Religiöse Toleranz verlangt daher, dass wir in aller Demut um die Begrenztheit unserer Vorstellungen und Begriffe von Gott wissen und dass wir gemeinsam Ausschau halten nach der Wirklichkeit dieses Gottes, jenseits aller Worte und Begriffe. Bei aller Unterschiedenheit der Sprache und Bilder: Die christlichen Theologen sind sich grundsätzlich einig mit den islamischen Theologen, dass das Wesen Gottes Liebe ist. Aber auch diese Liebe ist, wie Karl Rahner auch angesichts des Leids dieser Welt immer wieder betont: unbegreifliche Liebe. Doch bei allem Nichtverstehen des menschlichen Lebens und des Leids, das offensichtlich zum Schicksal des Menschen gehört, dürfen wir daran festhalten, dass Gott Liebe ist, eine Liebe, die alle unsere Begriffe von Liebe übersteigt.

Nur Gott ist die eigentliche, absolute Wahrheit

Wenn die christliche Theologie am Absolutheitsanspruch des christlichen Glaubens festhält, so verweist sie zugleich darauf, dass die Ausformulierung unseres Glaubens immer auch zeitbedingten und begrenzten Kategorien verpflichtet ist. Christus ist die absolute Zusage Gottes an uns Menschen. Aber auch unsere Beschreibungen Jesu Christi sind geschichtlich-kulturell geprägt und den Beschränkungen des menschlichen Geistes unterworfen. Die christliche Theologie erkennt an, dass die anderen

Religionen wichtige Wege zu Gott sind: Hinwege zum absoluten Geheimnis Gottes. Im Wissen, dass Gott jenseits all unserer Begriffe und Erklärungen ist, ist sie offen für die Aussagen anderer Religionen. Denn auch sie sind ja Verweise auf den Gott, dessen Wirklichkeit jenseits aller menschlichen Bilder, Begriffe und Erklärungen ist.

Nicht Indifferenz, sondern Respekt Daher ist für Christen die Toleranz eine wichtige Haltung gegenüber anderen Religionen. Toleranz ist nicht Indifferenz. Weder heißt sie alles gut, noch ist sie Gleichgültigkeit oder den anderen bloß ertragende Duldung. Sie ist vielmehr Respekt vor der Glaubensüberzeugung des anderen: Ich respektiere den Glauben der Menschen, die einer anderen Religion angehören, weil ich weiß, dass wir alle auf dem Weg sind hin zum unbegreiflichen Geheimnis Gottes. Und ich bin der Überzeugung, dass wir uns auf diesem Weg gegenseitig unterstützen sollten. Denn es gibt Grundüberzeugungen, die wir miteinander teilen: dass wir Menschen auf dem Weg zu Gott sind, dass Gott das Ziel unseres Lebens ist und dass Gott Liebe ist, der uns dazu auffordert, einander zu lieben. Zudem wissen wir gemeinsam, wie relativ all unsere Aussagen über Gott sind, der jenseits aller menschlichen Vorstellungen ist. Weil wir gemeinsam auf dem Weg sind zum absoluten Geheimnis Gottes, sollten wir uns in Anerkennung dieser Verbundenheit nicht gegenseitig bekämpfen oder belehren, sondern im gemeinsamen Gespräch aufeinander hörend offen sein für das unbegreifliche Geheimnis Gottes, der das Ziel von unser aller Leben ist.

In der christlichen Theologie gibt es zwei Wege der Theologie: die bejahenden und die verneinenden Aussagen über Gott. Die sogenannte apophatische (verneinende)Theologie sieht jede bejahende Aussage über Gott als unangemessen an. Denn Gott ist immer anders, als wir denken, immer größer als unsere Begriffe. Diese Theologie verweist auf die mystische Theologie. Die mystischen Strömungen des Christentums und des Islam haben sich gegenseitig befruchtet. Sie waren offen füreinander im Wissen um das biblische Gebot, dass wir uns von Gott kein Bild machen sollen, und sie teilten die Überzeugung: Alle Menschen, und das gilt für Christen wie für Muslime, sind auf dem Weg zu dem einen Gott, der immer größer ist als die Bilder, die wir von ihm haben, und als alle Aussagen, die wir über ihn machen.

Aber sowohl Christen wie Muslime stehen auch in der Spannung zwischen Aussagen und Nichtaussagen über Gott. Wir können nicht nur schweigen über Gott. Wir brauchen Worte und Begriffe und Bilder, um über ihn zu sprechen, auch wenn wir wissen, dass Gott jenseits all unserer Bilder ist. Das alttestamentliche Bilderverbot ist nicht nur für die Juden, sondern auch für die Christen und Muslime verpflichtend. Trotzdem brauchen wir Bilder, um überhaupt von Gott sprechen zu können. Diese Bilder unterscheiden sich.

Für uns Christen ist Jesus Christus „das Ebenbild des unsichtbaren Gottes" (Kol 1,16). In diesem Bild leuchtet uns die Liebe und Güte Gottes auf. Und **Außerhalb der Kirche kein Heil?** diese Liebe Gottes sollen wir allen Menschen verkünden. Und wir sollen – wie uns der 1. Timotheusbrief auffordert – für alle Menschen beten. Denn Gott will, „dass alle Menschen gerettet werden und zur Erkenntnis der Wahrheit gelangen" (1 Tim 2,4). Manche verstehen diesen Satz so, dass alle Menschen in die Kirche kommen müssen, um gerettet zu werden. So legten sie den Satz des hl. Cyprian von Karthago aus: „Extra ecclesiam nulla salus" – „Außerhalb der Kirche kein Heil, keine Rettung". Doch so ist der Satz nicht gemeint. Gott will, dass alle Menschen zur Erkenntnis der Wahrheit gelangen, ganz gleich in welcher Religion sie gerade sind. Die heutige Theologie sagt: Die Kirche ist Zeichen für die Wirksamkeit des Heiles. Und außerhalb der Wirksamkeit des Heils – das aber nicht nur in der Kirche geschieht – kann niemand gerettet werden. Das Zweite Vatikanum legt diesen Satz so aus: „Wer Gott … aus ehrlichem Herzen sucht, seinen im Anruf des Gewissens erkannten Willen unter Einfluss der Gnade in der Tat zu erfüllen trachtet, kann das ewige Heil erlangen" (Lumen gentium, 16).

Wer nach seinem Gewissen lebt, ist auf dem Weg zu Gott

Wir dürfen also das Wort des hl. Cyprian nicht ausschließend verstehen, sondern im Sinne einer Inklusion: Wer Gott ehrlich sucht – und das sind sicher viele Muslime, viele Buddhisten und Hindus –, der ist schon – in der Sprache des hl. Cyprian gesagt– Mitglied der unsichtbaren Kirche. Vielleicht klingt diese Aussage für manche Nichtchristen zu vereinnahmend. Dann kann man es auch so ausdrücken: Wer nach seinem Gewissen lebt, ist auf dem Weg zu Gott. Und auf diesem Weg zu Gott ist nach christlichem Verständnis Jesus Christus sein Erlöser, auch wenn er ihn nicht als solchen erkennen kann. Denn Christus ist der Mittler zwischen Gott und den Menschen. Er wirkt im Herzen jedes Menschen als der Bote, der den Menschen an den Gott seines Heils erinnert und ihn in Berührung bringt mit dem unbegreiflichen Gott, der ein Gott aller Menschen und aller Religionen ist, jenseits aller dogmatischen Festlegungen.

2 Toleranz und Wahrheitsanspruch im muslimischen Verständnis

von Ahmad Milad Karimi

Intoleranz: Abwertung der Andersheit, Ablehnung der Vielfalt

Seit der Entstehung des Islam auf der arabischen Halbinsel im 7. Jahrhundert ist die Frage nach dem Selbstverständnis des Islam als einer Religion, die Gott selbst gestiftet habe, eine äußerst wichtige Frage. Kann es für jemand, der seines Glaubens gewiss ist, überhaupt andere Heilswege, andere Standpunkte oder sogar Religionen geben, die vor, neben und nach dem Islam ebenso als würdig und wahr gelten können? Oder ist der eigene Wahrheitsanspruch exklusiv? In der islamischen Geschichte hat es immer wieder Positionen gegeben – die auch heute von manchen (z.B. extremen und militanten) Gruppierungen vertreten werden –, die behaupten, der Islam sei die einzig wahre Religion und jede andere Position sei entweder völlig falsch, also ein Irrweg, oder unvollkommen, also schlechter als meine eigene

Position und somit verwerflich. Diese abwertende Haltung gegenüber der Andersheit des anderen zeigt ihre Instabilität freilich schon dadurch, dass nicht der Islam für die einzig wahre Religion gehalten wird, sondern ausschließlich das eigene Verständnis des Islam. Die Intoleranz zeigt sich nicht nur gegenüber den anderen Religionen, sondern zugleich auch gegenüber den anderen Ausprägungen, Traditionen und Verständnissen innerhalb der eigenen Religion. Die eigentliche Feindseligkeit richtet sich also gegen Pluralität überhaupt. Eine derartige intolerante Haltung ist – unter anderem – mit der Angst verbunden, durch die Wertschätzung und Anerkennung des anderen werde die eigene Religion relativiert und verwässert. Es kann nur die eine Wahrheit geben, so diese Haltung, und diese Wahrheit ist allein in meiner Religion (und zwar so, wie ich sie verstehe) gegenwärtig. Virulent wird diese Missdeutung dadurch, dass es in der Folge nicht bei der theologischen Abwertung und mentalen Geringschätzung des anderen bleibt; vielmehr hat eine solche Position auch aggressive Auswirkungen im Handeln: Es werden „die anderen" verfolgt, bedroht, gefangengenommen und im schlimmsten Fall zur Bekehrung gezwungen oder gar ermordet. Ein solcher exklusiver und in der Konsequenz intoleranter Wahrheitsanspruch ist Ausdruck von Hybris. Er ist freilich nicht auf den Islam beschränkt: Die überhebliche Missdeutung der eigenen Position findet sich in allen Kulturen und Religionen dieser Welt, insbesondere bei den Offenbarungsreligionen. Umso bedeutsamer ist eine sachliche und theologisch vertretbare Auseinandersetzung mit dem Wahrheitsanspruch der eigenen Religion. Damit zusammenhängend stellt sich auch die Frage, wie die eigene Glaubensgewissheit sich verbinden lässt mit einer Haltung der Toleranz gegenüber anderen Glaubensüberzeugungen.

Gegen die Pervertierung der Religion zum religiösen Fanatismus ist die geistige Tradition des Islam in ihrer philosophischen, theologischen und mystischen Ausprägung bei der Frage nach der Wahrheit höchst differenziert und von Demut getragen. Wenn man in diesem Zusammenhang von „epistemischer Demut" spricht, ist ge-

Wahrheitsanspruch und Verhältnis zu anderen Religionen

meint: Ich weiß um die Vorläufigkeit und Brüchigkeit des eigenen Denkens und Wissens, und mir ist klar, dass ich niemals den Anspruch erheben kann, mein Verständnis der Wahrheit sei schon die Wahrheit selbst. Bereits der Koran selbst bezeugt, dass der Islam keine völkische Exklusivreligion darstellt. Der Islam ist vielmehr Religion unter Religionen, namentlich im Blick auf das Judentum und das Christentum. So heißt es im Koran: „Siehe, Wir haben herabgesandt die Tora, darin Führung und Licht. Wir ließen ihnen folgen Jesus, den Sohn der Maria, um zu bestätigen, was vor ihm war in der Tora. Wir gaben ihm das Evangelium, darin Führung und Licht, um zu bestätigen, was vor ihm war in der Tora als Führung und Ermahnung für die Gottesfürchtigen. Und Wir haben dir herab gesandt die Schrift mit der Wahrheit, um zu bestätigen, was vor ihm war von der Schrift und darüber Gewissheit zu geben" (Koran 5,44–48). Nicht das Judentum und nicht das Christentum werden im Koran pauschal und abwertend kritisiert. Kritisiert wird allein der Verständnishorizont dieser Religionen, insofern sie entweder die universale Zuwendung Gottes oder die absolute Einheit Gottes verletzen. Das Verhältnis der Religionen untereinander soll aber ausdrücklich nicht in Gewalt und Krieg liegen und nicht von Rechthaberei und gegenseitiger Verachtung bestimmt sein: „Gott ist unser Herr und euer Herr. Uns unsere Werke und euch eure Werke! Kein Streitgrund zwischen uns und euch. Gott wird uns versammeln. Und zu Ihm führt die Heimkehr" (Koran 42,15).

Plausibilität: Vor dem Richterstuhl der Vernunft und der Offenbarung

Selbstverständlich reklamiert der Islam für sich, dass er nicht Unwahrheit vertritt, aber die Wahrheit, die er erringen will, ist eine Wahrheit, die geschichtlich vermittelt ist. Der Bezug zur eigenen historischen Gestalt, also das Wissen um die eigene Geschichtlichkeit, eröffnet den Raum der Würdigung der Andersheit, den Raum der Toleranz, den Raum der Demut.[68] Wer sich im Vollzug des Verstehens begreift, der räumt prinzipiell ein, dass ein anderer es anders verstehen kann. Wenn auch ein religiöses Lehramt fehlt, also eine höchste religiöse Autorität (zumindest im sunnitischen Islam, dem die Mehrheit der Muslime angehört), so hat sich doch in der theologischen Selbstvergewisserung der vertretenen Positionen das Prinzip der Plausibilität durchgesetzt. Plausibilität meint: Alle religiösen Ansichten haben sich vor dem Richterstuhl der Vernunft und der Offenbarung zu bewähren. Mit der prinzipiellen Haltung, dass religiöses Wissen immer plurales Wissen bedeutet, ist gewährleistet, dass es weder zu einer totalitären Willkür der religiösen Ansichten kommt noch zu einer relativistischen Haltung, nach der jeder behaupten kann, was er will. Doch jede Rede von Wahrheit bleibt leer, wenn sie keinen Ort im Leben hat.

Der Ort der Wahrheit im Leben ist die Wahrhaftigkeit. Wahrheit aber erweist sich im Tun, sie hat sich in der Lebenspraxis zu bewähren. Nur insofern kann sie Authentizität beanspruchen: „Und wenn Gott gewollt hätte, hätte Er euch gemacht zu einer Gemeinschaft, einer einzigen. Aber Er wollte euch in dem prüfen, was Er euch gegeben. So wetteifert um die guten Dinge!" (Koran 5,48). Die Wahrheit zeigt sich, so lehrt der Islam, im wahrhaftigen Dienst für die Menschen, in der Bewahrung der Umwelt und im Einsatz für den Frieden. Die Rede ist nicht von religiösem Eifer, sondern von unermüdlichem Einsatz für das Gute, sodass der bleibende innere Bezug zu den anderen Religionen als eine Bezogenheit im Bemühen um das Gute begriffen wird. Diese zutiefst religiöse Haltung sieht in der Begegnung mit dem anderen zunächst eine spirituelle Bereicherung. Echte Begegnung ist nämlich Dankbarkeit. Sich im Auge des anderen erblicken zu dürfen, im Angesicht des anderen sich seiner selbst gewahr zu werden bedeutet spirituelle Fülle.

Bewährung im Leben, Wetteifer im Guten

Wenn Toleranz eine bloße Duldung meinen würde, eine Art gleichgültiges Aushalten eines Irrtums, dann wäre sie nichts anderes als Geringschätzung – und dann müsste dieser Begriff bzw. das mit einem solchen Verständnis Ausgesagte überwunden werden. Denn die Herausforderung besteht – heute mehr denn je – darin, nicht nebeneinander, sondern mit-

Toleranz: Bereicherung durch Begegnung und Streit um die Wahrheit

einander zu leben. Voraussetzung für ein friedvolles Miteinander ist die Einsicht: Wer glaubt, der verfügt nicht über die Wahrheit. Vielmehr verfügt sie über uns. Kein frommer Muslim erhebt daher den Anspruch, die alleinige Wahrheit zu vertreten, wenn Frömmigkeit wesentlich Demut bedeutet und nicht, wie der Koran kritisch mahnt, frömmelnde Geltungssucht.[69] Die Wahrheitsfrage lässt sich prinzipiell nicht abschließend beantworten. Wahrheit ist Gott – und allein Gott. Gott unterliegt aber weder unserer Verfügungsgewalt, noch können wir ihn besitzen oder für uns beanspruchen. Im Angesicht dieser Wahrheit vollzieht sich das Leben in Vielfalt. Die Vielfalt des Lebens, die Vielfalt der religiösen Ansichten gehört konstitutiv zum polyphonen Charakter des Islam. Damit ist keineswegs eine gleichgültige Relativität der Religionen gemeint, sondern ihre innere Relationalität: Das Leben soll sich im Streben nach der Wahrheit vollziehen, sodass die Muslime auf die anderen religiösen Menschen zugehen und mit ihnen um diese Wahrheit ringen und streiten. Eine so verstandene Streitkultur meint aber keine gewalttätige Auseinandersetzung, sondern einen vernünftigen und vor allem schönen Streit: „Streitet mit den Leuten der Schrift auf die schöne Weise nur!" (Koran 29,46). Vom Islam gefordert ist also Toleranz im Sinne dieses Miteinanderstreitens über die Wahrheit, die keinem exklusiv gehört – um einander kennenzulernen, den anderen zu verstehen und miteinander zu lernen. Gelingendes Miteinander kann sich nur in Achtung voreinander und gegenseitiger Würdigung vollziehen, sodass sich abscheuliche Erscheinungen wie der Antisemitismus uneingeschränkt verbieten. Muslim zu sein ist keine Frage der Etikettierung, sondern eine Frage der ständigen, unabschließbaren Selbstüberprüfung und des Zweifelns, eine Frage des Lernens und der Dankbarkeit, begründet im Streben nach der Wahrheit.

Missionierung oder Zeugnis?

1 Christlicher Missionsauftrag

von Anselm Grün

Jesus gibt seinen Jüngern den Auftrag, zu allen Völkern zu gehen und sie zu Jüngern Jesu zu machen: „Lehrt sie, alles zu befolgen, was ich euch geboten habe" (Mt 28,20). Dieser Missionsbefehl Jesu wurde von der Kirche oft genug missverstanden, als ob die Kirche die Menschen mit Gewalt zu Jüngern Jesu machen sollte. Und oft war dieser Missionsbefehl verbunden mit der Meinung, nur wenn die Menschen christlich getauft würden, würden sie gerettet. Heute versteht die Kirche diesen Befehl Jesu so, dass die Botschaft Jesu allen Menschen gilt. Die Kirche hat eine Verantwortung für alle Menschen. Sie steht im Dienst Jesu und soll seine frohe Botschaft in seinem Auftrag allen Völkern verkünden und überall auf der Welt bezeugen. Aber ihr Mittel ist allein das Wort. Wir Christen sind überzeugt, dass die Botschaft Jesu eine menschenfreundliche Botschaft ist, dass sie den Menschen hilft, Gott in seiner Güte und Liebe zu erkennen und einen Glauben zu leben, der heilsam ist für die Menschen. Das Wort muss durch das Zeugnis des gelebten Glaubens, der gelebten Liebe und Barmherzigkeit erfahrbar werden für die Menschen.

> Jesu Missionsbefehl: Zeugnis des gelebten Glaubens

Im 19. Jahrhundert haben alle christlichen Kirchen den Missionsbefehl Jesu eng ausgelegt: Nur die Menschen haben eine Chance, in den Himmel zu kommen, die getauft werden. Daher haben die christlichen Missionare versucht, möglichst viele Menschen zu taufen. Dabei haben sie oft versucht, die religiösen Traditionen der Völker auszurotten und sie durch die christliche Lebenskultur zu ersetzen. Die frühe Kirche ist anders verfahren. Sie hat die religiösen Traditionen der Griechen und Römer, der Germanen und Kelten übernommen

> Was heißt „alle Völker taufen"?

und christlich getauft. Sie hat in den religiösen Traditionen der „Heiden" eine echte Sehnsucht nach Gott gesehen. Die christliche Botschaft war für sie die Erfüllung dieser heidnischen Sehnsüchte. „Alle Völker taufen" hat die frühe Kirche also so verstanden: die religiöse Tradition aller Völker auf Christus und seine Botschaft hin zu öffnen. Mit „allen Völkern" meint Jesus in seinem Missionsbefehl nicht nur die Heiden, sondern die ganze Welt, also auch die Juden.

Heutiges Missionsverständnis Das heutige Missionsverständnis hat nicht mehr den Ehrgeiz, alle Menschen zu taufen und zu Christen zu machen. Vielmehr besteht die Mission heute darin, zu allen Völkern zu gehen und allen Menschen die christliche Botschaft anzubieten als den Weg, den Jesus uns gelehrt hat. Der Weg Jesu führt uns zu Gott als dem Vater Jesu Christi, zu dem barmherzigen und gütigen Gott, der das Heil aller Menschen will. Und der Weg Jesu führt uns zu einem guten Menschsein. Er ist der Weg der Liebe und der Vergebung. Die Kirche ist überzeugt, dass dieser Weg der Liebe und Versöhnung gerade heute für unsere Welt notwendig ist, damit wir in der globalisierten Welt in Frieden leben können. Daher muss das Wort immer auch verbunden sein mit dem Geist der Versöhnung, der sich in einem guten Zusammenleben der verschiedenen Religionen und Kulturen bewährt.

Zur Mission gehört heute der Dialog mit anderen Religionen. Wir hören auf die Antworten, die andere Religionen auf die drei Grundfragen des Menschen geben: Woher komme ich? Wohin gehe ich? Was erhoffe ich? In diesem Dialog vermischen wir die Religionen nicht. Wir achten die anderen Religionen, aber wir bieten den Menschen anderer Religionen dennoch die christliche Botschaft an, weil wir überzeugt sind, dass Jesus auf authentische Weise von Gott gesprochen hat und dass er mit seiner Liebe, die er bis zum Kreuz durchgehalten hat, einen Weg aufgezeigt hat, wie der Hass und die Feindschaft in der Welt überwunden werden können. In diesem Sinn ist für uns Christen Jesus der Weg, die Wahrheit und das Leben (vgl. Joh 14,6).

Der Missionsbefehl Jesu sagt: „Lehrt sie, alles zu be- **Weltethos und**
folgen, was ich euch geboten habe" (Mt 28,20). Das **der Weg der Liebe**
zentrale Gebot, das Jesus seinen Jüngern gebietet,
ist die Liebe. Daher geht es darum, alle Menschen zu unterweisen
in der „Kunst der Liebe". Das Gebot der Liebe steht auch für andere
Religionen im Mittelpunkt ihrer Lehre. Daher entspricht das Projekt „Weltethos" durchaus dem Anliegen Jesu. Die Religionen
kommen sich in ihren Anweisungen für das Handeln sehr nahe.
Ihnen allen geht es um Gerechtigkeit, Frieden, Versöhnung und
Liebe. Die Begründungen dieser Liebe sind verschieden, aber die
Liebe ist die gleiche. Daher haben die Religionen heute die gemeinsame Aufgabe, diese Liebe in der Welt zu bezeugen.

Das Verständnis von Mission ist heute auch vom **Die Bedeutung der**
Gedanken der Religionsfreiheit geprägt. Die Reli- **Religionsfreiheit**
gionen bieten ihre Botschaften den Menschen an.
Aber die Menschen sollen frei entscheiden, welchem Angebot sie
folgen. Daher tun wir Christen uns schwer mit der Verfolgung von
Muslimen, die Christen geworden sind. Welcher Religion ich folge,
ist Sache des Gewissens. Natürlich sollen wir uns hüten, zwangs-
weise zu missionieren. Aber unseren Glauben auch zu bezeugen,
das gehört zu einem lebendigen Glauben. Und als Christen sind
wir überzeugt, dass die Botschaft Jesu eine frohe Botschaft, ein
„Evangelium" ist für alle Menschen. Wir vertrauen darauf, dass
die Botschaft Jesu auch für die Menschen unserer Zeit, für die
Menschen aller Religionen und Kulturen eine befreiende Botschaft
ist. Daher haben wir den Auftrag Jesu zu erfüllen, diese frohe Botschaft allen Völkern in der ganzen Welt zu verkünden.

2 Eine gemeinsame Mission

von Ahmed Milad Karimi

Einladung an die Hingabe zu Gott Die islamische Geistesgeschichte kennt als Pendant zur Mission im Christentum das Phänomen *da'wa* (Einladung). Aber die *da'wa* gehört nicht so zum Kernbestand der islamischen Religion, wie die Mission ein zentrales Thema für das Christentum darstellt. Genauer betrachtet, wäre es sogar eine verzerrte Darstellung, *da'wa* als Pendant zur Mission zu verstehen. Denn hier meint die Einladung nicht die Bekehrung zum Islam. Gemeint ist vielmehr zunächst die Einladung zum Glauben an den einen und einzigen Gott und zur Gerechtigkeit. Zugleich aber wird im Koran die Idee vorgetragen, dass alle Menschen von Natur aus auf Gott ausgerichtet sind (Koran 30,30). Diese *fiṭra* als eine natürliche Ausrichtung des Menschen darauf, in der Hingabe an Gott zu leben, wird gewissermaßen als eine universale anthropologische Konstante verstanden. Somit zeigt sich die Einladung *(da'wa)* zum Glauben an den einen Gott als „Offenlegung" der menschlichen Hingabe an Gott *(fiṭra)* selbst. In diesem Sinne lässt sich die Einladung als Erinnerung auffassen. Denn wer Gott vergisst, so die islamische Aussage, der vergisst dauerhaft sich selbst. Diese Einladung können sich Muslime je nach ihrem Wissen zu eigen machen (vgl. Koran 41,33 und 3,110), aber sie gehört vornehmlich zu den Grundaufgaben des Propheten Muhammad (Koran 16,125).

Bekehrung von „Ungläubigen" zum „wahren Glauben"? Es gab nun freilich im 20. Jahrhundert und es gibt in jüngster Zeit immer mehr Strömungen, die die Absicht der *da'wa* im Sinne einer dezidierten Bekehrung von „Ungläubigen" zum „wahren Glauben" des Islam missdeuten und damit untergraben. Seit 1911 entstand, zunächst durch den Reformtheologen Rašīd Riḍā (gest. 1935) und dann verstärkt durch die Bewegung der Muslimbruderschaft unter der Führung von Ḥasan al-Bannā (gest. 1949) in Ägypten und angestoßen durch seine Schrift „Da'watu-nā" („Unsere *da'wa*"), eine *da'wa*-Bewegung, die in organisierter Form die

Verbreitung des Islam vorantreiben wollte. Diese Idee der Verbreitung des Islam führte dann zur *Islamische(n) Weltliga* (gegründet 1962), die im Kern eine politisch-ideologische Organisation des saudischen Staates darstellt und die Verbreitung der wahhabitischen Ausprägung des Islam intendiert. Das Missverständnis bei diesen ideologischen Bewegungen besteht in zwei Aspekten: Erstens erklären sie die Rechtleitung der Menschen zu einer menschlichen Angelegenheit. Und zweitens missverstehen sie den Islam als exklusive Instanz der Wahrheit. Die wahnhafte Idee, das Ideal des Islam darin zu erblicken, dass alle Menschen islamisiert werden, verkennt die Frucht der Verschiedenheit, die von Gott gewollt und von Gott geschützt ist. Im Koran heißt es dazu: „Wahrlich, du vermagst nicht rechtzuleiten, wen du liebst, sondern Gott leitet recht, wen Er will. Und Er kennt wohl die Rechtgeleiteten" (Koran 28,56).

Die islamische Geschichte kennt in diesem Zusammenhang eine deutliche Differenzierung. So obliegt z. B. die Verkündung *(tablīġ)* des Islam ausschließlich den Propheten (Koran 5,67; 5,99; 7,62). Und selbst diese Verkündung ist nicht eigentlich das, was den Menschen zum Glauben führt, sondern sie soll ausschließlich als Übermittlung der Botschaft Gottes verstanden werden. Daher ist eine Missionierung im Islam weder Pflicht, noch wird sie vom Koran empfohlen.

Für uns Muslime, das heißt für das kollektive Gedächtnis der Muslime, ist das Phänomen Mission von seinem christlichen Kontext her negativ besetzt. **Begegnung als Chance des Lernens** Das kann daran liegen, dass Missionierung historisch nicht selten im Kontext der Kolonialisierung stattfand. Oder es kann an der Geschichte der Mission selbst liegen und an einem Verhalten von Missionaren, das viele Narben und viel Unverständnis hinterlassen hat. Es kann aber auch an der Außenwahrnehmung liegen, dass der wahre Sinn der Mission nicht adäquat artikuliert wird. Denn zugleich verbinden sich mit Mission immer auch Fragen nach dem Respekt und der Toleranz gegenüber den missionierten Menschen, derer Kultur und religiöser Herkunft. Selbst dann, wenn die Absicht der Mission Liebe und Güte ist und der Akt der

Missionierung nicht gewalttätig verläuft, sondern ausschließlich mit dem Wort geführt wird, ist die Frage: Kann bei der Mission die Begegnung mit dem anderen überhaupt auf Augenhöhe stattfinden? Die Haltung hinter der Mission erscheint deshalb fragwürdig, weil ich mich dabei belehrend über den anderen erhebe. Nicht zu missionieren, bedeutet nicht, dass ich meine eigene Position relativiere oder nicht genügend im eigenen Glauben verwurzelt bin. Die Frage ist also, ob Mission nicht im Kern echte Begegnung unmöglich macht. Gleichwohl bleibt die Begegnung selbst ein dringendes Desiderat. Der Standpunkt des Islam ist in diesem Zusammenhang entschieden: Wir sind Lernende. „Von der Wiege bis zur Bahre bleibe ich ein Lernender", sagt programmatisch schon der berühmte muslimische Theologe Abū Ḥanīfa (gest. 767).

Konversion und Apostasie In diesem Zusammenhang lässt sich sagen, dass eine Konversion zum Islam nur dann möglich und sinnhaft ist, wenn sie frei bestimmt und gewählt ist. Bei der Apostasie, also der Bewertung des Abfalls vom Islam, ist die Situation komplexer. Es gab Traditionen in der Geschichte des Islam, die selbst heute in manchen Ländern wie Pakistan präsent sind, welche die Apostasie massiv sanktionieren, bis hin zur Todesstrafe. Doch diese Tradition ist deshalb nicht überzeugend, weil sie den Glauben als einen Zwangsmechanismus begreift. Wie kann der Glaube eine freie Herzensangelegenheit des Menschen sein, – eine im Übrigen von allen muslimischen Denkschulen bezeugte Haltung –, aber zwangsbestimmt? Die Apostasie kann nicht weltlich sanktioniert werden, weil und insofern es dabei um das Band des Menschen zu Gott geht. Über diese Bindung können wir Menschen weder verfügen noch urteilen, denn sonst wäre der Glaube ein Zwang, und damit wäre er seiner Substanz beraubt. So heißt es im Koran: „Kein Zwang in der Religion" (Koran 2,256).

Gemeinsam für das Gute einstehen Gehört aber nicht zum gelebten Glauben, auch seinen Glauben zu bezeugen? Soll nicht jeder Mensch die Möglichkeit haben, sein Leben mit Gott zu führen? Diese Fragen sind sicherlich auch im islamischen Sinne zu bejahen, denn der Islam begreift sich als eine universale Zuwendung Gottes an alle Menschen. Jedoch erinnert der Koran daran, dass nicht wir Menschen andere Menschen oder gar uns selbst zum Glauben führen. Vielmehr ist es Gott selbst, der das Herz der Menschen erobert. So sieht auch der Islam den Glaubensvollzug als einen Akt der Freiheit (vgl. Koran 2,256). Wenn wir Muslime unseren lebendigen Glauben bezeugen wollen und damit auch den Islam als Angebot für alle Menschen begreifen, so besteht dieses Angebot in den Wirkungen unserer Handlungen. Der Einsatz für mehr Gerechtigkeit und mehr Frieden, für Liebe und Barmherzigkeit, für Menschen in Not soll für den Islam Zeugnis geben und nichts anderes. So heißt es im Koran: „Und wenn Gott gewollt hätte, hätte Er euch gemacht zu einer Gemeinschaft, einer einzigen. Aber Er wollte euch in dem prüfen, was Er euch gegeben. So wetteifert um die guten Dinge!" (Koran 5,48). Der Islam wird bezeugt, indem wir unser Leben im Dienst des Guten führen. Der Glaube verpflichtet nicht dazu, den anderen zum Glauben zu führen. Er verpflichtet dazu, sich für das Gute einzusetzen. Der Schöpfung Gottes und seinen Geschöpfen mit Respekt zu begegnen heißt im Kern: den anderen in seinem Anderssein anzuerkennen, mehr noch: den Weg zum anderen zu suchen, um gemeinsam für das Gute einzustehen. Daher könnte man sagen: Die Mission im islamischen Selbstverständnis ist die Mission zur gemeinsamen Mission.

Was sollen wir tun? Recht und Ethik

1 Religion, Ethik und Recht im muslimischen Verständnis

von Ahmad Milad Karimi

Taten sind maßgebend für den Glauben — Vom Beginn der koranischen Offenbarung an ist die Frage danach, was wir tun sollen, eng mit dem Glauben verknüpft. Die Taten der Menschen sind maßgebend für den Glauben. Vor diesem Hintergrund wird der Koran als Unterscheidung (arab. *al-furqān*) begriffen.[70] Es geht dem Koran nicht nur um eine theoretische Unterscheidung von wahr und falsch, sondern auch um die praktische Unterscheidung von gut und schlecht. Als Offenbarung will er nicht bloß Einsicht und Erkenntnis, Erleuchtung und Wissen sein, sondern auch Rechtleitung. Insofern gehört zu einem reflektierten Glauben unabdingbar die Ethik als Reflexion von Grundfragen des menschlichen Handelns und seiner sittlichen Umsetzung und moralischen Begründung. Der Mensch wird als ethisches Wesen in die Pflicht genommen. Nichts, was wir tun oder unterlassen, ist bedeutungslos, im Gegenteil: Nicht nur unser Handeln, sondern auch die Absicht dahinter zeichnet uns Menschen aus. Ein ethisches Wesen zu sein wird nicht als Last, sondern als Würdigung begriffen. So heißt es programmatisch im Koran: „Und wahrlich, geehrt haben Wir die Kinder Adams und sie getragen auf dem Festland und auf dem Meer, und sie beschert mit guten Dingen und sie ausgezeichnet vor den vielen, die Wir erschaffen, ausgezeichnete" (Koran 17,70). Die Verantwortung, die darin liegt, ein Mensch zu sein, wird im Koran dadurch hervorgehoben, dass Gott dem Menschen seine Schöpfung als seinem stellvertretenden Sachwalter anvertraut (arab. *ḫalīfa*). Daraufhin merken, wie es im Koran heißt, die Engel zweifelnd an: „Willst Du auf ihr [der Erde] einsetzen einen, der auf ihr stiftet Unheil und Blut vergießt? Da doch wir Dein Lob preisen und Dich heiligen!" Aber Gott erblickt im Menschen die

Würde, die er ihm selbst zuteilwerden ließ, wenn er daraufhin bemerkt: „Ich weiß sehr wohl, was ihr nicht wisst" (Koran 2,30).

Eine Konzeption der Ethik als durchdachte und in sich konsistente Lehre der Moral hat seit dem 8. Jahrhundert die muslimischen Philosophen (al-Fārābī, Ibn Miskawayh), Theologen (al-Māturīdī, **Die Konzepte von Ethik und Recht im Islam** al-Ġazālī), Rechtswissenschaftler (Abū Ḥanīfa, aš-Šāfiʿī) und Mystiker (Ǧunayd, Anṣārī) beschäftigt. Aus dieser Tradition sind zahlreiche Arbeiten überliefert, die die Vielfalt ethischer Positionen im Islam bezeugen. Wie auch in der christlichen Tradition ging es diesen Gelehrten um die Begründung einer *theologischen* Ethik, die zwar an die Prinzipien des Korans und der prophetischen Tradition gebunden ist, aber zugleich vor dem „Richterstuhl der Vernunft" bestehen will. In diesem Sinne vertritt der Islam keinen Sonderweg, wenn er zwischen einer philosophischen Ethik, die auf universell gültige Handlungsnormen aus ist, einerseits und einer theologischen Ethik andererseits unterscheidet, die das Ethische aus den Prinzipien der eigenen Religion begründet. Vor diesem Hintergrund hat sich die islamische Rechtswissenschaft zu einem ethischen und nicht – wie in der Außenwahrnehmung oft angenommen wird – zu einem strafrechtlichen Denkgebäude entwickelt, bei dem es stets um die Plausibilität der Gedanken geht. Die Rechtswissenschaft beschreibt die Verantwortung des Menschen gegenüber Gott sowie die Rechte und Pflichten des Einzelnen gegenüber der Gemeinschaft. In diesem Zusammenhang spielt der Begriff Scharia eine tragende Rolle. Dieser Begriff kann verschiedene Bedeutungen haben und die zu bestimmten Zeiten und in bestimmten Gesellschaften unterschiedlichen Ausformungen von göttlichen Geboten beschreiben, er kann rechtliche Ordnungen des individuellen und gesellschaftlichen Lebens, aber auch unterschiedliche, zeitgemäß ausformulierte Auslegungen religiöser Prinzipien meinen.

Fehldeutungen und Missverständnisse von Scharia

Zugegebenermaßen gehört der Begriff Scharia zu den am meisten missverstandenen und missgedeuteten Konzepten im Islam. Die Schreckensherrschaft des IS und die menschenverachtende Praxis in Ländern wie Saudi-Arabien, die selbst von Scharia sprechen, lassen nachvollziehbar erscheinen, warum viele sich unter Scharia drakonische und repressive Strafen vorstellen. Aber diese Umsetzung beruht auf einer pervertierten Vorstellung von Scharia und ist durch die Tradition nicht begründbar. Die Tatsache, dass sich überhaupt unterschiedliche Rechtsschulen im Islam herausgebildet haben, die sich gegenseitig geachtet und gewürdigt haben, weist auf eine völlig andere Praxis und Deutung der Scharia hin. Jede Rechtsschule zeigt auf der Basis ihrer Methode und Erkenntnistheorie *ein* Verständnis der Scharia, das mit den Ergebnissen der anderen Rechtschulen, die ihrerseits auf anderen Methoden und Erkenntnistheorien basieren, konkurriert. Es geht hier – pointiert gesagt – um einen argumentativen Wettbewerb der Auslegungen, die alle koexistieren und ständig um eine Verfeinerung der Argumente bemüht sind. Der Prozess solcher Auslegung bleibt prinzipiell unabgeschlossen. Die Gültigkeit der vorgetragenen Ideen, Konzepte, Gebote, Verbote, Empfehlungen, Handlungsmaximen etc. hängt aber immer von der Überzeugungskraft der Argumente ab. Insofern gelten sie nicht als göttliche oder aus anderen Gründen unabänderliche Gesetze, sondern ausschließlich als Verständnismomente der Scharia. Selbst ein religiöses Rechtsgutachten (arab. *fatwā*), das von religiösen Rechtsgelehrten (arab. *muftī*) aufgrund einer ganz konkreten Fragestellung formuliert wird, ist nicht ohne Weiteres universalisierbar. Es ist nämlich abhängig vom historischen Kontext, von den Bedingungen und Anlässen des Gutachtens etc.

Rechtleitung im Leben – keine Konkurrenz zum Rechtsstaat

Die Scharia ist kein Gesetzbuch, sie existiert überhaupt nicht als kodifiziertes Buch. Was existiert, sind verschiedene und vielfältige Ergebnisse des menschlichen Bemühens um das Verständnis der Scharia. Das menschliche Verständnis (arab. *fiqh*) der Scharia ist aber niemals absolut eindeutig, sondern immer plural, d. h. wesentlich bezogen auf das relative Verständnis der Menschen. Weder die islamische Ethik noch das islamische Recht im engeren Sinne verstehen sich daher als Konkurrenz zu einem religiös neutralen säkularen Rechtsstaat. Weil das islamische Recht kein Territorial- oder Auslandsrecht darstellt, ist auch die Rede von einer „Einführung der Scharia" höchst irreführend. Im Kern geht es bei der Scharia nicht um eine strenge Reglementierung des islamischen Lebens durch ein Rechtssystem, sondern in erster Linie um die Herausarbeitung eines ethischen Entwurfs. Dieser basiert nicht auf Gesetzen, sondern auf Zeichen göttlicher Weisheit, welche die Muslime wesentlich im Koran und in der Tradition des Propheten Muhammad erblicken. Damit ist auch der Stellenwert Muhammads im Islam programmatisch bestimmt, nämlich in einem ethischen Sinne. Denn der Prophet selbst hat bezeugt: „Ich bin entsandt worden, um eure Moral zu vervollkommnen." Der normative Charakter des Propheten ist jedoch nicht pauschal aufzufassen. Es gibt in der islamischen Tradition sogar eine eigene Diskussion zu der Frage, ob überhaupt bzw. inwieweit der Prophet und die Überlieferungen über sein Handeln einen normativen Charakter besitzen. Unterschieden wird z. B. zwischen seinem religiösen und seinem weltlichen Charakter, zwischen ihm als prophetischer Instanz und als fehlbarem Menschen. Dass der Prophet als moralisches Vorbild im Leben gilt, bedeutet keine strenge Auslegung seiner Handlungen und Anweisungen im Sinne einer Gesetzesreligion, sondern Rechtleitung im Leben, genauer: Der Islam verpflichtet zur Gerechtigkeit, zur Anerkennung der Gleichheit aller Menschen und zur Öffnung zum Guten – die aber nur dann geschehen kann, wenn wir uns zunächst für die Unterscheidung und unterscheidende Wahrnehmung dessen, was nicht gut ist, öffnen.

Dass die Scharia häufig mit einer Rigorosität des Islam assoziiert wird, kann und darf hier freilich nicht verschwiegen werden. Denn es ist zweifellos **Kritik rigoroser Auslegungen** eine Tatsache, dass unter Berufung auf „die Scharia" Gewalt ausgeübt wird. Aber die Scharia selbst ist kein handelndes Subjekt, sondern es sind immer Menschen, die mit ihrer Deutung der Scharia – und damit der gesamten Religion – zu dieser oder einer anderen Interpretation und Praxis gelangen. Die Haltung, das eigene Verständnis und die eigene Lesart der Scharia für die Scharia selbst auszugeben, ist auch in einem traditionellen Verständnis des Islam nicht haltbar. Menschenverachtend ist sie zudem schon deshalb, weil sie sich in Engführung der religiösen Normativität über Auslegungen des Islam erhebt, die von der Mehrheit der Muslime praktiziert werden. Bei genauem Hinsehen kann man schnell feststellen, dass die Gruppierungen, die einer derart pervertierten Lesart der Scharia folgen, nicht nur keine andere Interpretation neben ihrer eigenen akzeptieren, sondern grundsätzlich dem traditionellen islamischen Prinzip der konsensualen Gelehrsamkeit den Rücken kehren. Mit diesem Bruch der Tradition ist – religiös gesehen – alles gebrochen und verraten. Und noch etwas anderes ist wichtig: Moralvorstellungen, die in den Gesellschaften vorherrschen, die mehrheitlich islamisch geprägt sind, müssen nicht deswegen schon religiös sein. Ein typisches Beispiel hierfür ist eine bestimmte Vorstellung von Ehre, die vorwiegend ethnisch-kulturell und nicht islamisch-religiös bestimmt ist.

Religiöse Normen: Recht in zeitgemäße Ethik übersetzen

Die islamische Tradition hat sich bereits seit dem 11. Jahrhundert die Frage gestellt, ob es nicht sachgemäß wäre, eine Grundorientierung, Tugenden sowie grundlegende Ziele der Scharia zu erarbeiten, die den Rahmen für gutes Handeln abstecken und das Fundament klar umreißen, auf das Recht und Ethik zurückgeführt werden können. Was gilt es grundlegend zu schützen? Aus dieser Frage heraus wurden fünf Elemente herausgearbeitet, die geschützt werden sollen: die Religion (arab. *dīn*), der Verstand (arab. *'aql*), das menschliche Leben (arab. *nafs*), die Nachkommenschaft (arab. *nasl*) und der Besitz (arab. *māl*). Auch diese Konzeption muss sich vor den Herausforderungen der Gegenwart bewähren und gegebenenfalls reformieren, erweitern, anders fassen lassen. Die Gelehrten erkennen diese Prinzipien als universal an und versuchen sie als für alle Menschen gültig zu betrachten. Gerade die Flexibilität im Umgang mit dem Verständnis der Scharia übersetzt Recht in zeitgemäße Ethik. Dadurch werden die religiösen Normen nicht verwässert, sondern erst mit Leben gefüllt. In diesem Zusammenhang spielen das Gewissen, die Frage nach der individuellen und interpersonalen Moral, die Reinheit des Herzens, die innere Haltung und die Erziehung eine zentrale Rolle. Diese Aspekte werden vor allem in der islamischen Mystik ausführlich gewürdigt und diskutiert. Besonders hier wird deutlich, dass die Mystik im Islam kein religiöses Randphänomen darstellt, sondern konstitutiv zu einem religiös gelingenden Leben gehört. Denn nirgends sonst als in der Mystik ist der Ort zu sehen, wo die gemeinschaftlichen Normen differenziert in eine individuelle Moral übersetzt, durchdacht und in die Praxis eingebettet werden. Reine Absicht (arab. *nīya*), Wahrhaftigkeit (arab. *iḫlāṣ*) oder Langmut (arab. *ṣabr*) sind nur einige Beispiele hierfür. So sagt einmal der Prophet Muhammad: „Befrage dein Herz um ein Rechtsgutachten, selbst wenn die Juristen schon eins gegeben haben!" Die Frage, was wir tun sollen, so lernen wir es aus der islamischen Geistestradition, kann nicht endgültig beantwortet werden. Der religiöse Mensch steht vielmehr immer vor der Aufgabe, seine Verantwortlichkeit auch als in die Freiheit entlassenes Wesen im Angesicht des allbarmherzigen und gerechten Gottes in die Tat umzusetzen. Dies soll er in Demut und Umsicht tun, indem er den Weg des Lebens als Weg zur Quelle begreift (so auch die wörtliche Bedeutung des arabischen Wortes *šarī'a*). Über diese Quelle verfügt er nicht, er beherrscht sie nicht, aber er lebt in Sehnsucht nach ihr.

2 Ethik und spiritueller Weg aus christlicher Sicht

von Anselm Grün

Die erste Frage, auf die uns die Bibel antwortet, ist die Frage: „Wer bin ich?" Es geht auf dem spirituellen Weg zuerst um unser Sein. Wir sind Söhne und Töchter Gottes, mit einer göttlichen Würde ausgestattet. Aber genauso wichtig ist die zweite Frage: „Was soll ich tun?" Diese beiden Fragen „Wer sind wir?" und „Was sollen wir tun?" gehören wesentlich zum Menschen und daher auch

Weisungen auf dem Weg zum gelingenden Leben

zum Christen. Die Bibel ist voll von Handlungsanweisungen. Jesus antwortet dem reichen Jüngling, der danach fragt, was er tun muss, um das ewige Leben zu erlangen: „Wenn du das Leben erlangen willst, halte die Gebote!" (Mt 19,17). Damit meint er die Zehn Gebote des Alten Testamentes. Diese Gebote wurden von den Israeliten nicht als strenge Gesetze verstanden, sondern als Weisungen Gottes. Und die Israeliten priesen Gottes Weisheit, der ihnen diese weisen Gebote geschenkt hatte. Die Gebote zeigen Wege zur inneren Freiheit und zum Gelingen des gemeinsamen Lebens.

Denken und Tun sollen übereinstimmen Jesus kritisiert jedoch andererseits die Pharisäer, die die Gebote des Alten Testaments oft rigoros und kleinlich ausgelegt haben. Manche Pharisäer meinten: Wenn ich nur die Gebote erfülle, dann bin ich schon ein guter Mensch. Jesus fordert die Menschen auf, auf ihre Gesinnung zu schauen. Denen, die auf äußere Waschrituale fixiert sind, sagt er: „Nichts, was von außen in den Menschen hineinkommt, kann ihn unrein machen, sondern was aus dem Menschen herauskommt, das macht ihn unrein" (Mk 7,15). Daher soll man vor allem das Herz reinigen von allen Trübungen. Dann kann man auch der rituellen Pflicht genügen und den Becher sauber machen. Jesus hebt die Gebote des AT nicht auf, aber er verinnerlicht sie und radikalisiert sie. Er tut dies freilich nicht als Moralist, der uns Angst macht. Vielmehr will Jesus uns herausfordern, uns nicht mit äußerlich korrektem Verhalten zufriedenzugeben. Wir sollen alles, was wir nach außen hin tun, mit einem reinen Herzen tun. Unser Tun und unser Denken sollen übereinstimmen.

Von den vier Evangelien könnte man vor allem das Matthäusevangelium und das Lukasevangelium als die ethischen Evangelien betrachten. Bei Matthäus geht es immer auch um das Tun der Christen. Das Ziel des christlichen Handelns ist für Matthäus die Versöhnung der Menschen. Der Riss, der die menschliche Gesellschaft zerreißt, soll durch die Liebe der Christen geheilt werden. Lukas setzt in seiner Ethik einen anderen Akzent. Ihm geht es vor allem um das Teilen der Güter, um den richtigen Umgang mit den Dingen dieser Welt, mit Geld und Besitz. Der Kern seiner ethischen Botschaft lautet: Die Menschen sollen solidarisch miteinander sein und ihren Besitz miteinander teilen.

Christliche Ethik fragt nicht nur nach der Unterscheidung von gut und böse, von gerecht und ungerecht, sondern auch danach, wie die Erfahrung von menschlicher Freiheit und die Verantwortung vor Gott im guten Handeln zusammengehen. In der christlichen Tradition hat man die Ethik als orientierende Antwort auf diese Fragen nie allein aus der Heiligen Schrift entfaltet, sondern immer auch im Dialog mit der Philosophie. Im Mittelalter hat Thomas von Aquin die vier Kardinaltugenden, die Platon, unabhängig von der Religion, vom Wesen des Menschen aus entfaltet hat, christlich interpretiert. Er hat die „Nikomachische Ethik" des Aristoteles übernommen und christlich gedeutet, einen Leitfaden, in dem der große Philosoph der Antike zeigt, wie man durch das rechte Handeln ein guter Mensch werden und ein Leben im Sinne der *eudaimonia* (der Glückseligkeit als des höchsten Gutes) führen kann. Die Ethik des Thomas geht natürlich von Grundsätzen der Bibel aus: einmal von der Gottebenbildlichkeit des Menschen und dann von den Weisungen Jesu und den ethischen Forderungen des Briefliteratur des Neuen Testaments. In dieser Briefliteratur finden wir Tugenden- und Lasterkataloge. Sie sind großenteils der stoischen Philosophie entnommen. Das zeigt: Schon innerhalb der Bibel wird die Ethik mithilfe philosophischer Gedanken begründet.

Wie sich Ethik begründet

Innerhalb der Kirchengeschichte war es die erste Aufgabe der Kirchen, die Menschen zu einer religiösen und spirituellen Erfahrung Gottes zu führen. In der Aufklärungszeit hatte man für das rein Religiöse und auch für Mystik kein Verständnis. Ein Kirchenhistoriker meint, dass man in der Folge die Kirche auf eine moralische Verbesserungsanstalt reduziert habe. Gegenüber der religiösen Erfahrung wurde daher die Moral zur zentralen Botschaft des Christentums. Das hat in vielen Menschen Widerstand ausgelöst. Gerade heute wehren sich viele dagegen. Sie haben den Eindruck, dass die christliche Moral einer früheren Zeit entspringt und dass die Kir-

Keine moralische Verbesserungsanstalt

che mit ihrem Moralisieren ständig ein schlechtes Gewissen vermitteln möchte.

Daher ist es heute wieder unsere Aufgabe, auf der einen Seite die spirituelle Dimension der christlichen Botschaft zu betonen, auf der anderen Seite aber auch die ethische Seite des Glaubens nicht zu vernachlässigen. Die Ethik als Lehre vom rechten Verhalten des Menschen kann nie ein für allemal festgeschrieben werden. Daher gibt es in der katholischen Tradition auch keine ethischen Dogmen. Dogmen beziehen sich nur auf die Erlösung des Menschen, auf das Handeln Gottes am Menschen. Die Ethik muss immer auch die konkreten Verhältnisse berücksichtigen.

**Gewissens-
entscheidung
als Norm**
Der katholischen Kirche macht man oft den Vorwurf, dass sie – ähnlich wie die Pharisäer im Evangelium – zu sehr auf die äußeren Normen achte. Manche Bischöfe predigen auch so, als ob die äußeren Normen festgeschrieben wären. Doch die Theologie betont seit Thomas von Aquin, dass die oberste Norm für den Menschen sein Gewissen ist. Natürlich soll sich das Gewissen bilden, und es soll sich mit den Normen ehrlich auseinandersetzen. Aber die oberste Norm bleibt immer die Gewissensentscheidung. Diese Entscheidung kann ich oft nicht mehr begründen. Sie formt sich aus dem Innersten der Person und aus der ganz persönlichen Beziehung zu Gott heraus. Prüfung des Gewissens heißt: Ich frage im Gebet, was Gott letztlich von mir will. Denn es gibt ja auch Normen, die sich widersprechen: etwa die Norm, niemanden zu töten, und das Gebot, die Menschen vor bösen Verbrechern zu schützen. Vor diesem Dilemma stand z. B. Dietrich Bonhoeffer. Sein Gewissen sagte ihm, dass er sich dem Widerstand anschließen sollte, auch mit dem Risiko, dass er zum Mörder Hitlers würde. Seine Gewissensentscheidung wurde nicht von allen Theologen seiner Kirche gutgeheißen. Eine Gewissensentscheidung führt immer auch in die Einsamkeit: Ich bin allein vor Gott, dem ich Rechenschaft ablegen muss über meine Entscheidungen.

So gehört es heute zu den Aufgaben der Kirche, sich von der theologischen Ethik her den konkreten Problemen zu stellen, die die Entwicklung der Wissenschaft mit sich bringt: etwa auf dem Gebiet human- und tiermedizinischer, biotechnologischer

Zusammenarbeit der Religionen: Probleme gemeinsam angehen

oder informationstechnologischer Problemfelder. Es ist Aufgabe der Ethik, ethische Grundsätze für das wissenschaftliche Handeln zu entwickeln. Denn die Wissenschaft selbst forscht nur, oft ohne Rücksicht auf die ethischen Fragen. Doch wenn die ethischen Maßstäbe fehlen, kann das Forschen auch zum Schaden des Menschen führen.

In der Frage nach der Ethik und im Blick auf konkrete Lösungen anstehender Probleme können alle Religionen zusammenarbeiten. Auch wenn es unterschiedliche Sichtweisen gibt und die Sprache manchmal verschieden ist, so existieren doch große Übereinstimmungen in den ethischen Forderungen und in der Formulierung von grundlegenden Werten: bezogen auf den Schutz und die Achtung der Menschenwürde sowie in der Ermöglichung eines versöhnten Miteinanders. Die vier Grundwerte Platons – Klugheit, Gerechtigkeit, Tapferkeit und Maß – können sich wohl alle Religionen zu eigen machen. Hans Küng hat in seinem „Projekt Weltethos" diese Aufgabe beschrieben: eine gemeinsame Ethik der Menschlichkeit voranzutreiben, die sich – von allen Religionen getragen – dem Gedanken der Gegenseitigkeit verpflichtet weiß („goldene Regel"; vgl. im NT Mt 7,12; Lk 6,31; Röm 13,9; Gal 5,14 und im AT Lev 19,18), aber auch von der Idee der Gewaltlosigkeit, vom Streben nach Gerechtigkeit und Wahrhaftigkeit sowie einer Partnerschaft von Mann und Frau bestimmt wird. Es ist sicher im Sinne des Friedens zwischen allen Menschen eine lohnende Aufgabe, dass sich die Religionen gerade hinsichtlich ethischer Maßstäbe und Normen verständigen, sich im Blick auf das gemeinsame Tun und Handeln in der Welt miteinander austauschen und zu gemeinsamen Lösungen finden.

Der Einzelne und die Gemeinschaft

1 Der Einzelne und die Gemeinschaft aus christlicher Perspektive

von Anselm Grün

Nachfolge – als Einzelne und als Gemeinschaft

Jesus hat den Einzelnen in seine Nachfolge berufen. Es kommt nach christlichem Verständnis darauf an, dass jeder einzelne Mensch dem inneren Ruf folgt, in dem Gott ihn anspricht. Jeder soll das einmalige Bild verwirklichen, das Gott sich von ihm gemacht hat. Aber Jesus beruft auch zwölf Jünger. Die zwölf Jünger erinnern an die zwölf Stämme Israels. Jesus will also ein neues Volk Gottes begründen. Die zwölf Stämme Israels haben sich entzweit. Jesus möchte die zerstreuten Israeliten wieder zu einer Gemeinschaft sammeln.

In der frühen Kirche war die Erfahrung der Gemeinschaft der Gläubigen ein Zeichen dafür, dass das Reich Gottes schon gekommen ist. Lukas schildert diese Gemeinschaft der frühen Christen sehr idealistisch: „Alle, die gläubig geworden waren, bildeten eine Gemeinschaft und hatten alles gemeinsam" (Apg 2,44). Und an einer anderen Stelle sagt er: „Die Gemeinde der Gläubigen war ein Herz und eine Seele" (Apg 4,32). Es war offensichtlich eine faszinierende Erfahrung der frühen Christen, dass Juden und Griechen, Männer und Frauen, Arme und Reiche und Menschen aus allen Völkern eine Gemeinschaft bildeten, die gemeinsam Gott lobte und auch die Güter miteinander teilte. Schon Paulus hat diese neue Erfahrung der Christen im Brief an die Galater beschrieben: Weil alle auf Christus getauft sind, sind sie alle eins miteinander, alle Brüder und Schwestern Jesu. „Es gibt nicht mehr Juden und Griechen, nicht Sklaven und Freie, nicht Mann und Frau; denn ihr alle seid ‚einer' in Christus Jesus" (Gal 3,28).

Die Kirchenväter der ersten Jahrhunderte haben das Geheimnis der Kirche als der Gemeinde Jesu in vielen Bildern beschrieben. Die Kirche ist der Leib Christi. Sie wird zusammengehalten durch den Geist Jesu. Alle Gläubigen sind Glieder an diesem Leib. Die Kirche ist die Mutter der Gläubigen. In der Kirche werden die Menschen durch die Taufe gleichsam neu geboren. Ein anderes Bild ist das Bild des wandernden Gottesvolkes, wie es im Hebräerbrief zum Ausdruck kommt. Alle sind miteinander auf dem Weg zu Gott. Jesus begleitet sie auf diesem Weg. Jesus ist der „Anführer und Vollender des Glaubens" (Hebr 12,2). „Anführer" (griech. *archegos*) meint, dass Jesus uns vorangeht. Wir sollen auf ihn schauen. Dann können wir auch die Mühsale und Bedrängnisse des Lebens besser aushalten. Als wanderndes Gottesvolk sind wir verbunden mit allen suchenden Menschen. Wir sind auf dem Weg mit allen, die nach Gott suchen. Die Kirche versteht sich als „Weggemeinschaft der Hoffnung" (Medard Kehl). Sie wandert gemeinsam mit allen Menschen und will mitten in der globalisierten Welt mit ihrer hohen Mobilität und ihren vielfältigen neuen Formen der Kommunikation, aber auch mit allen neu aufbrechenden Konflikten ein Ort der Hoffnung sein: ein Ort der Hoffnung auf Versöhnung und Frieden mit allen Menschen. Daher hat die Kirche keine spaltende Aufgabe, die eine Trennung vornimmt in Gläubige und Ungläubige, in Christen und Nicht-Christen. Sie hat eine stellvertretende Aufgabe für alle Menschen, für die eine Menschheit.

Kirche als Gemeinde Jesu

Die Kirchenväter haben nicht so sehr an die verfasste Kirche, auch nicht an eine durch eine Rangordnung von Ämtern gegliederte hierarchische Kirche gedacht, sondern an die Gemeinschaft der Glaubenden. So schaffen sie immer neue Bilder der Kirche. Die Kirche ist für sie Gottes fruchtbarer Weinberg. Sie ist die Stadt Gottes, in der sich alle Völker der Erde versammeln. Und sie ist das Schiff, das uns sicher durch die Stürme des Lebens führt. Die Erfahrung der Kirche war für sie immer auch Erfahrung des Heils: „Außerhalb der Kirche kein Heil", wie u.a. Cyrill von Jerusalem das formuliert hat. Diesen Satz dürfen wir daher nicht als einen ausschließenden Satz verstehen, sondern als

Verbunden in Gott

eine positive Zusage, dass wir gerade die Gemeinschaft brauchen, um das Heil zu erfahren, das der Glaube uns verheißt. Indem wir gemeinsam glauben und uns gemeinsam zum Gebet und zur Eucharistie versammeln, erfahren wir, dass Gott alle unsere Unterschiede aufhebt und uns in der Tiefe miteinander verbindet.

Loslösung von den verfassten Kirchen Heute haben sich viele Christen von den verfassten Kirchen gelöst. Neben anderen Gründen wirkt in dieser Abwendung auch die Spaltung der Kirchen in verschiedene Konfessionen und die Tatsache nach, dass sich diese Konfessionen früher bekämpft haben. Heute hat das Bemühen um eine Verständigung zwischen den christlichen Konfessionen das Ziel einer sichtbaren Einheit, die dem biblisch bezeugten Gebet Jesu Christi gerecht wird: „Alle sollen eins sein: Wie du, Vater, in mir bist und ich in dir bin, sollen auch sie in uns sein, damit die Welt glaubt, dass du mich gesandt hast" (Joh 17,21). Trotz des heute in weiten Bereichen gelebten versöhnten Miteinanders ist die immer noch erfahrene Spaltung der Kirche ein Stachel, der uns Christen anspornen soll, immer wieder nach Einheit zu streben. Allerdings ist nicht eine Gleichmacherei das Ziel, sondern die Einheit in der Verschiedenheit. Ein weiterer Grund, warum sich Christen von der Kirche abwenden, ist die Enttäuschung durch die Amtsträger, durch die Priester und Bischöfe und durch die Verwaltung der Kirche, die immer bürokratischer wird.

Gemeinschaft in Zeiten des Individualismus Im Zeitalter des Individualismus ist es nicht einfach, eine Gemeinschaft zu bilden, die die Verschiedenheit ihrer Mitglieder aushält und die trotz aller Differenzen gemeinsam Gottesdienst feiert. Aber zugleich wächst in den Menschen, die sich mehr und mehr einsam fühlen, die Sehnsucht nach einer tiefer begründeten Verbundenheit und einer Gemeinschaft im Glauben. Viele Menschen spüren, dass wir die Gemeinschaft der Glaubenden brauchen. Sie trägt uns auch, wenn unser Glaube einmal gefährdet ist oder wenn wir gerade nichts von Gott spüren. Daher braucht es heute u. a. auch die konkrete Erfahrung von Gebetsgruppen, von gemeinsamen Gottesdiensten, einer lebendigen Pfarrgemeinde und der inneren Verbindung aller Christen, damit wir auf die Angst des heutigen Menschen vor Vereinsamung und Isolierung angemessen antworten können.

Die Gemeinschaft der Kirche, wie sie sich Jesus vorstellt, ist keine Gemeinschaft, die ihre Mitglieder ausschließt, wenn sie die Normen der Gemeinschaft übertreten haben, sondern eine barmherzige Gemeinschaft, die Menschen aufnimmt, die an sich selbst verzweifelt sind (vgl. Lk 16,1–8). Und die Gemeinschaft der Kirche als wanderndes Gottesvolk ist offen für alle Menschen, die auf der Suche sind nach Gott, für alle Menschen anderer Religionen, die in Gott das Ziel ihres Lebens sehen. „Ökumene", die dem Begriff nach ja den ganzen „bewohnten Erdkreis" meint, also auf eine universale und allgemeine Verständigung ausgerichtet ist, zielt heute nicht bloß auf die Gemeinschaft der Christen, sondern hat in einer „großen Ökumene" bzw. einer „abrahamitischen Ökumene" den Dialog zwischen Judentum, Christentum und Islam im Blick. Gemeinsam sind wir auf dem Weg zu dem Gott, der jenseits aller Bilder ist, die wir uns von Gott machen. Und gemeinsam mit den Gläubigen aller Religionen sollten wir an einer menschlichen und friedlichen Welt arbeiten. Indem wir gemeinsam handeln, fühlen wir die Weggemeinschaft, die wir mit allen Menschen dieser Welt bilden.

Weggemeinschaft mit allen Menschen

2 Der Einzelne und die Gemeinschaft im Verständnis des Islam

von Ahmad Milad Karimi

Der einzelne Mensch als Individuum mit all seinen prägenden Eigenheiten ist nach muslimischer Überzeugung von Gott erschaffen, geliebt, gewollt und getragen. Gott führt den Einzelnen zu seiner Wahrheit, und einzeln treten wir am Tage der Auferstehung vor Ihn. Gerechtigkeit und Barmherzigkeit werden dem Einzelnen in seiner Individualität zuteil. Zwischen dem Einzelnen und Gott gibt es keine Instanz der

Der Einzelne: unmittelbar zu Gott

Vermittlung, weder durch heilsnotwendige Sakramente noch durch einen Priesterstand. Vielmehr bezieht sich der einzelne Mensch unmittelbar auf Gott. Der Islam versteht sich als eine Offenbarungsreligion in dem Sinn, dass durch die dem Propheten Muhammad mitgeteilte Offenbarung jedem einzelnen Menschen der Bezug zu Gott eröffnet wird. Die Öffnung des Menschen für die Wirklichkeit Gottes ist aber je individuell. Die Beziehung zu Gott ist daher unmittelbar, nicht hierarchisch vermittelt, weil wir auch in unserer Existenz unvertretbar einzig und einmalig sind. Der Charakter der eigenen Singularität des Menschen ist begründet in dem je eigenen Sich-Verhalten zu Gott. Das ganze menschliche Leben – und auch unser Tod mit seinen eschatologischen Implikationen – ist unvertretbar im Einzelnen verwurzelt.

Idee und zentrale Bedeutung der Gemeinschaft (umma) Zugleich aber ist die Gemeinschaft im Islam von zentraler Bedeutung. Die Kraft der Gemeinschaft wird vom Propheten Muhammad vom Anbeginn seiner Prophetie an hochgeschätzt. Der Gemeinschaftssinn wird dabei in einem zweifachen Sinn verstanden. Zum einen geht es um die Gemeinschaft der Gläubigen, die man mit dem arabischen Begriff als *umma* bezeichnet; und zum anderen geht es um die interreligiöse Gemeinschaft der abrahamitischen Traditionen. Und schließlich ist auch die Gemeinschaft aller Menschen, ja aller Lebewesen im Blick. Der Begriff *umma* hat in der Geschichte des Islam viele Bedeutungswandlungen erfahren. So gehört z. B. in dem ersten Schriftstück, welches der Prophet Muhammad nach seiner Ankunft in Medina als eine Art Gemeindeordnung zusammengestellt hat, auch die jüdischen Gemeinden zur *umma*. Selbst wenn die *umma* als Gemeinschaft der Gläubigen verstanden wird – was mehrheitlich angenommen wird –, so ist diese Bezeichnung zunächst als eine Gegenreaktion zu jener Auffassung zu sehen, die die Menschen in die Kategorien von Stamm, Ethnie, Geschlecht etc. ein- bzw. ihnen unterordnet. Die Idee der *umma* als Gemeinschaft soll daher der altarabischen Tradition entgegenwirken, welche die Menschen in Klassen einordnete. Vor diesem Hintergrund ist im kollektiven Gedächtnis der Muslime tief verankert, dass der Prophet nach der Eroberung

Mekkas ausgerechnet Bilāl die Ehre zuwies, zum ersten Mal in Mekka den Gebetsruf vom Dach der Kaaba zu vollziehen, einem früheren Sklaven und wahrscheinlich aus Ostafrika stammenden schwarzen Diener. Der Unmut über diese Vorzugsbehandlung war groß, obgleich Bilāl die schönste Stimme hatte sowie von edlem Charakter und im Glauben vorzüglich war. In Reaktion darauf heißt es im Koran: „O ihr Menschen, erschaffen haben Wir euch aus einem Männlichen und einem Weiblichen und euch gemacht zu Völkern und Stämmen, auf dass ihr einander kennt. Wahrlich, der Edelste von euch vor Gott ist der Gottesfürchtigste. Wahrlich, Gott ist der unübertrefflich Wissende, der Kundige" (Koran 49,13). In der Gemeinschaft als *umma* sind die Muslime im Glauben geeint.

Diese Einheit im Glauben stellt eine organische Einheit dar, die in sich vielfältig ist. So vergleicht der Prophet die *umma* mit den Organen des | **Organische Einheit und innere Vielfalt**

menschlichen Körpers: „Gewöhnlich findest du die Gläubigen in ihrer Barmherzigkeit, ihrer Zuneigung und ihrem Mitleid miteinander wie den Körper: Wenn ein Teil davon leidet, reagiert der ganze Körper mit Schlaflosigkeit und Fieber!"[71] Die Einheit der Muslime ist also nicht zu verstehen im Sinne einer Einerleiheit, die keine Unterschiedlichkeit zulässt. Und die Idee ihrer Gemeinschaft untergräbt nicht die Pluralität, die faktisch gegebene Diversität, sondern sie würdigt gerade die Vielfalt. Der Prophet Muhammad hat von Anfang an prophezeit, dass die *umma* nicht als eine gleichmachende und gleichgeschaltete Gemeinschaft gedacht sei, sondern einen Rahmen biete, innerhalb dessen die innerislamische Pluralität wachsen könne: „Die Vielfalt meiner Gemeinschaft [arab. *ummatī*] ist eine Barmherzigkeit", sagt der Prophet. Diese Gemeinschaft bindet die Gläubigen in unterschiedlicher Hinsicht. Erstens geht es um das Prinzip, dass der sonst einzeln gelebte Glaube erst in der Gemeinschaft zum geteilten Glauben wird. Zweitens handelt es sich um liturgische Gemeinschaft, wenn die rituellen Gebete in der Gemeinschaft vollzogen werden. Drittens geht es um eine soziale Gemeinschaft, in der sich die Muslime um Gleichheit bemühen und sich für Gerechtigkeit einsetzen, einander helfen, ihre Sorgen miteinander teilen und „einander Spiegel sind", wie es der Prophet einmal formulierte. Um Teil der *umma* zu sein, muss man keinen weltlichen Vertrag unterzeichnen, keine Steuern zahlen oder sich die Zugehörigkeit erarbeiten. Es genügt die Haltung, dass einer sich selbst als ein Gläubiger sieht, um Teil dieser Gemeinschaft zu sein.

Innerislamische Differenzen und gewaltsame Konflikte

Umso bestürzender ist die Lage der Muslime in der Gegenwart. Vielfalt schlägt nicht selten in Konflikte und kriegerische Konfrontation um. Die Differenz zwischen Sunniten und Schiiten – die prinzipiell auf einer theologischen Differenz hinsichtlich der Frage nach der Nachfolgeregelung nach dem Ableben des Propheten basiert, worüber man streiten kann, ohne den gegenseitigen Respekt zu verlieren – wurde oft politisch umgedeutet, und die Auseinandersetzung geht weit über gegenseitige Beschimpfungen und gegenseitige Geringschätzung hinaus. Die Fixierung einer bestimmten Lesart des Islam, die jede andere Lesart kategorisch ausschließt, ist tödlich für die Idee der Gemeinschaft. Die Diffamierung der Andersgläubigen innerhalb der eigenen Religion lässt eine lebendige Gemeinschaft zu zersplitterten Haufen verkommen. Das läuft dem Anspruch des Islam zuwider. Umso wichtiger ist die Rückbesinnung auf die wahre Bedeutung der Gemeinschaft.

Gegenwärtig führt die Pluralisierung der Lebenswelten, in denen Muslime sich heute (z. B. in der Diaspora) bewegen, zu einer Neubewertung der Idee der Gemeinschaft. Die Migration stärkt unter den Muslimen zwar das Bewusstsein von Gemeinschaft. Aber dies kann auch trügerisch sein, wenn die *umma* dann wieder im Sinne einer geschlossenen Gesellschaft empfunden wird.

Warum Gemeinschaft zwischen den Religionen notwendig ist

Im Islam geht es aber auch um die Herausarbeitung einer interreligiösen Gemeinschaft. Dahinter steht auch die Idee, dass keine Gemeinschaft allein ihre Ideale, ihre Werte, ihre Tugenden in die Tat umsetzen kann. Gemeinschaft lebt aus der Einsicht, dass wir durch Begegnung und Kommunikation sowie aufgrund von gegenseitigen Lernerfahrungen überhaupt erst ein „Wir" sind. Die

Bedeutung einer interreligiösen Gemeinschaft ist für die Gegenwart gerade deshalb groß, weil sie jenseits der bestehenden Differenzen (die keineswegs getilgt werden sollten) der Frage nachgeht, ob es gemeinsame Vorstellungen, Werte und Erfahrungen gibt, die erstens von allen geteilt werden und die zweitens nur von allen gemeinsam adäquat realisiert werden können. Die grundsätzliche Frage nach der Rolle von Religion in der Gesellschaft ist etwa eine solche Frage, die alle religiösen Gemeinschaften gleichermaßen betrifft. Insofern sollte es zu einer Neubestimmung des Verhältnisses zwischen dem Islam und dem Christentum hinsichtlich einer Ökumene der Religionen kommen, um die Herausforderungen unserer Zeit gemeinsam anzugehen.

Und schließlich kann es Muslimen nicht nur um Muslime gehen. Die Öffnung der Idee der Gemeinschaft hin auf eine Gemeinschaft aller Menschen wurzelt bereits im Koran. Der Anspruch der koranischen Offenbarung ist ja ein universeller Anspruch, es geht ihr weder um die Bevorzugung einer bestimmten Nation noch eines bestimmten Volkes oder eines der beiden Geschlechter. Im Sinne der universalen Zuwendung Gottes zu allen Menschen öffnet sich die Gemeinschaft der Gläubigen aus interpersonaler Verbundenheit zu allen Menschen als Gemeinschaft Gottes. Daher gehört es zu den Grundlektionen der islamischen Mystik, hinter allem, womit wir uns im Leben maskieren, den Blick für den Menschen zu öffnen. Muhammad Iqbal (gest. 1938) schreibt in seiner „Botschaft des Ostens": „Du bist nicht frei vom Band von Lehm und Wasser, wenn du sagst: ‚Ich bin Grieche, Afghane!' Ich bin erst Mensch, ganz ohne Duft und Farbe." Die Befürchtung aller religiösen Gemeinschaften, die zögern, von einer großen menschlichen Gemeinschaft zu sprechen, besteht im Kern darin, dass sie mit dieser Öffnung die eigene Identität, die Besonderheit des Eigenen verlieren. Doch in Wahrheit ist die Frage, ob nicht gerade in der Überzeugung, eine Gemeinschaft der Menschen im Dienste der Menschheit zu sein, die eigene Besonderheit bestehen könnte.

Mann – Frau – Geschlechterbeziehung

1 Die Beziehung der Geschlechter in christlicher Sicht

von Anselm Grün

Die gleiche Würde von Mann und Frau Für die Einschätzung der Beziehung von Mann und Frau in der Geschichte des Christentums ist vorab festzuhalten: Die Beziehung zwischen Mann und Frau ist über Jahrhunderte hinweg immer ambivalent gesehen worden, und sie war immer auch von Machtverhältnissen bestimmt. In patriarchalen Gesellschaften, deren maßgebende Werte, Normen und Verhaltensmuster von Männern bestimmt sind, geht eine Vorherrschaft der Männer mit der Benachteiligung und Unterdrückung von Frauen einher und ist oft mit der Abwertung von Frauen verbunden. Diese Abwertung entspringt oft der Angst des Mannes vor der Frau. Der Geschlechterkampf, den es zu allen Zeiten gab, ist freilich unabhängig von einer bestimmten Religion. Er durchzieht alle Kulturen und Religionen.

Wenn wir in die Bibel schauen, gibt es dort eine Sicht, die – etwa im Hohenlied – Sexualität als Quelle der Vitalität und Freude positiv wertet, aber an anderen Stellen – etwa in der Davidsgeschichte– auch die Möglichkeit einer zerstörerischen Wirkung sexuellen Begehrens nicht übersieht (2 Sam 11ff). Aber wir können in der Bibel keine Rivalität zwischen Mann und Frau feststellen und auch weder eine prinzipielle Höherstellung des Mannes noch eine generelle Abwertung der Frau. Der erste Schöpfungsbericht erzählt: „Gott schuf den Menschen als sein Abbild; als Abbild Gottes schuf er ihn. Als Mann und Frau schuf er sie. Gott segnete sie, und Gott sprach zu ihnen: Seid fruchtbar, und vermehrt euch" (Gen 1,27f). Mann und Frau haben also die gleiche Würde, und nur gemeinsam sind sie das Abbild Gottes. Die Zweigeschlechtlichkeit ist etwas Positives. Weder ist der Mann für sich allein Abbild Gottes noch die Frau für sich allein. Beide sind aufeinander bezogen und stellen so gemeinsam das Bild Gottes dar.

Der zweite Schöpfungsbericht erzählt, dass Gott aus der Rippe Adams die Eva formte. Das bedeutet keine Unterordnung der Frau unter den Mann. Vielmehr soll diese bildhafte Erzählung ausdrücken, wie Mann und Frau aufeinander bezogen sind. Der Mann spürt seine tiefe Verbindung mit der Frau: „Das endlich ist Bein von meinem Bein und Fleisch von meinem Fleisch … Darum verlässt der Mann Vater und Mutter und bindet sich an seine Frau, und sie werden *ein* Fleisch" (Gen 2,23f). Mann und Frau gehören zusammen. Sie haben in sich eine tiefe Sehnsucht nacheinander. Der Philosoph Walter Schubart sieht das sexuelle Einswerden von Mann und Frau als „Aufbruch aus der Einsamkeit, Heimkehr in die göttliche Ganzheit" und meint: „Wenn sich zwei Liebende finden, so schließt sich an einer Stelle des Kosmos die Wunde der Vereinzelung."[72]

Nach der Schilderung des Zusammengehörens von Mann und Frau erzählt uns die Bibel vom Sündenfall. Diese Erzählung hat im Christentum oft dazu geführt, dass man die Frau als sexuelle Verführerin des Mannes gesehen hat. Doch der Sinn dieser Geschichte ist ganz anders. Da geht es nicht um Sexualität, sondern um die Versuchung des Menschen, sein zu wollen wie Gott. Die Schlange verführt die Frau, indem sie ihr vorgaukelt, wenn die beiden vom Baum der Erkenntnis essen würden, dann würden ihnen die Augen aufgehen, und sie würden sein wie Gott (Gen 3,5). Die Geschichte stellt eigentlich die Feigheit des Mannes ins Zentrum, der sich gerne hinter seiner Frau versteckt und ihr die Schuld für sein Fehlverhalten zuschiebt. Dieser Mechanismus, der Frau die Schuld für das Böse in die Schuhe zu schieben, prägt die Mentalität von Menschen bis in unsere Zeit hinein. Es ist die große Versuchung des Patriarchalen.

Die Sündenfallgeschichte und die Versuchung des Patriarchalen

Das alte Israel war natürlich eine patriarchale Gesellschaft. Trotzdem kennt auch Israel große Frauen, etwa die Prophetin Debora, Mirjam, die Schwester des Mose, und Judit, die das Volk Israel aus großer Gefahr errettet. Im Neuen Testament wird der Frau eine neue Würde zu-

Die Würde der Frau in der Bibel

gesprochen. Das zeigen die Evangelien, in denen die Frauen die ersten Zeuginnen und Botinnen der Auferstehung Jesu sind. Im Lukasevangelium zeigt sich die Würde der Frau in Maria, die sich – anders als der Mann Zacharias, der Vater Johannes' des Täufers – auf die Botschaft des Engels einlässt und so zur Mutter Jesu wird. Und Lukas schildert, wie Frauen Jesus begleiten und wie Maria, die Schwester Marthas, zu seinen Füßen sitzt und Jesus zuhört. Sie ist also genauso Jüngerin wie die männlichen Jünger. In der frühen Kirche gewannen die Frauen eine neue Bedeutung. Sie leiteten christliche Gemeinden, wie etwa Lydia. Und sie sprachen im Gottesdienst prophetische Worte. Doch dann gab es schon in den späteren Schriften des Neuen Testaments– in den Pastoralbriefen – eine andere Tendenz. Da wurden die Frauen in den Hintergrund gedrängt. Exegeten sagen, diese Tendenz, die Frauen zu überspringen, sei auch der damaligen römischen Gesellschaft geschuldet: Die frühe christliche Gemeinde wollte sich nicht den Vorwurf einhandeln, dass sie chaotisch sei oder eine Frauenreligion verkünde. So wurden nur noch Männer als Gemeindeleiter zugelassen.

Sexualität und Ehe | Auch wenn die Bibel die Sexualität als Geschenk Gottes an den Menschen sieht, war in der christlichen Tradition lange ein tiefes Misstrauen gegenüber der Sexualität zu beobachten. In der frühen Kirche war es der Einfluss des hl. Augustinus, der die Sexualität negativ gesehen hat, und auch der Einfluss der stoischen Philosophie, die Ekstase und sexuelle Lust ablehnte und den inneren Gleichmut auch in der Geschlechterbeziehung als Ideal sah.

Bis zum Zweiten Vatikanischen Konzil war in der geltenden Morallehre Sexualität allein der Ehe vorbehalten, und als der erste Ehezweck galt die Fortpflanzung. Gegen diese enge und pessimistische Sicht, die Sexualität nur als Mittel zur Fortpflanzung sieht, hat sich seit dem Zweiten Vatikanum eine andere, biblisch angemessenere Sicht durchgesetzt: Sexualität wird nun als Ausdruck der Liebe und die gegenseitige Liebe der Ehepartner als eigentlicher Sinngehalt der Ehe gesehen. Sexualität als Ausdruck der lustvollen Liebe zwischen Mann und Frau ist mehr als ein Trieb. Wenn sie in der Liebe zwischen Mann und Frau gipfelt, verlangt das aber

auch eine Personalisierung der Sexualität und eine Kultur der Liebe, damit sie der Gefahr der Ausbeutung des Partners, insbesondere der Frau durch den Mann, entgeht. Sexualität bedeutet Hingabe
an den anderen, Loslassen des eigenen Egos, um mit dem anderen
auf eine tiefe Weise eins zu werden. Die Kirche kann die Sexualmoral nicht festschreiben. Sie kann nur im Dialog mit der heutigen
Psychologie und Genderforschung theologische Grundsätze aufstellen. Aber gerade in moraltheologischen Fragen gibt es keine
festen Dogmen, sondern eine Entwicklung im Dialog mit der jeweiligen Zeit. Die Befragung der Gläubigen zu den Themen Ehe
und Sexualität durch Papst Franziskus vor der Familiensynode
zeigte, wie sehr die Meinung und Praxis der Christen heute von
der kirchlichen Sexualmoral abweicht, wie sie über die Jahrhunderte hindurch verkündet worden ist. So ist es heute die Aufgabe
der Theologie, im kritischen Dialog mit den Menschen eine posi-
tivere Sicht der Sexualität zu entwickeln, die nicht einfach den
Zeitgeist kopiert, aber dennoch den psychologischen Erkenntnis-
sen Rechnung trägt.

Auch die Bewertung der Ehe hat in der christlichen Geschichte
verschiedene Phasen durchgemacht. Jesus hat, im Unterschied zur
jüdischen Skepsis gegenüber der Ehe, optimistisch die Unauflös-
lichkeit der Ehe verkündet, die auf ewige Bindung angelegt ist.
Allerdings wurden die Worte Jesu dann in der Kirchengeschichte
oft zu einem gesetzlichen Denken verfälscht. Und die Worte Jesu
von der Ehelosigkeit um des Himmelreiches willen führten zu
einer Abwertung der Ehe. Die Reformationszeit hat nicht nur in
der evangelischen, sondern auch in der katholischen Kirche zu
einer Neubewertung der Ehe geführt. Es wurde eine eigene Ehe-
spiritualität entwickelt, die heute gegenüber den auflösenden Tendenzen der säkularen Gesellschaft verteidigt wird.

In der katholischen Kirche gibt es bisher nur Männer als Priester und Bischöfe. Dadurch fühlen sich
viele Frauen verletzt. Das ist sicher ein Thema, über
das die Kirche neu nachdenken muss. Von der
Theologie her gibt es keine stichhaltigen Gründe, Frauen vom
Priesteramt auszuschließen. Die Theologie ist das eine, doch eine

Herausforderungen der Kirche in der Geschlechterfrage

historisch gewachsene Tradition kann offensichtlich nicht so einfach überwunden werden. Das ist also eine Frage, die man nicht vom Schreibtisch aus lösen kann. Sie verlangt einen historischen und kulturellen Wandlungsprozess, der sicher einige Zeit in Anspruch nehmen wird. Frauen gehören jedenfalls wesentlich und prägend in die weitere Geschichte des Christentums, und es gab es immer auch große Frauen, beispielsweise Mystikerinnen wie Hildegard von Bingen, Gertrud von Helfta, Hadewich oder Teresa von Avila. Im Mittelalter gab es das Modell der Beginen: Frauen, die sich in Formen ökonomischer Selbstständigkeit zusammenschlossen und einen mystischen Weg miteinander gingen, die miteinander arbeiteten und sich auch um die Bildung der Frauen kümmerten.

In der katholischen Kirche gibt es das Paradox, dass die Spiritualität eher weiblich geprägt ist und auch die Mehrheit der Kirchenbesucher weiblich ist. Auf der anderen Seite aber ist die Hierarchie männlich geprägt. Das ist sicher eine Herausforderung für die Zukunft. Evangelische Kirchen kennen bereits seit geraumer Zeit Pfarrerinnen. Aber es geht nicht nur um die Frage nach der Zulassung zu den Ämtern der Kirche und auch nicht nur um Machtfragen. Es geht grundlegend um die gegenseitige Achtung von Mann und Frau und um einen reifen Umgang miteinander. Wer sich ganz als Mann annimmt, wird auch die Frau so annehmen, wie sie ist. Und umgekehrt hat es eine Frau, die mit sich im Einklang ist, nicht nötig, Männer ständig anzuklagen. Sie steht zu sich und kann dann auch Männer sein lassen, wie sie sind. Sie weiß sich auch zu schützen vor Tendenzen der Entwertung, die auch heute noch von manchen Männern ausgehen. C. G. Jung, der Schweizer Psychologe, meint, jeder Mensch habe in sich Anima und Animus, männliche und weibliche Seelenanteile. Wer beide in sich integriert, wird auch auf reife Weise mit dem Mann und der Frau neben ihm bzw. neben ihr umgehen.

2 Die Geschlechterbeziehung in der muslimischen Tradition

von Ahmad Milad Karimi

Auch für die Einschätzung der Frage, wie Männer und Frauen im Islam gesehen werden, ist vorab festzuhalten: Frauen sind in der Geschichte der Menschheit das benachteiligte Geschlecht, in fast

Diskriminierung und ihre Ursachen bekämpfen

allen Kulturen und Zivilisationen. Ihre Rechte sind eingeschränkt, ihre Rolle reduziert auf Aufgaben, die von Männern festgelegt werden. Die Stellung von Frauen in der Gesellschaft und in den religiösen Gemeinschaften ist – wenngleich in unterschiedlichem Ausmaß – bis heute problematisch. Dass in unserer Gegenwart Institutionen, die nicht religiös bestimmt sind, überhaupt Gleichstellungsbeauftragte beschäftigen (müssen), die vor allem darauf bedacht sind, dass Frauen nicht benachteiligt werden, zeigt den grundsätzlichen Missstand an. Auch in der Geschichte des Islam sind bedenkliche und ambivalente Positionen zu verzeichnen. Unter dem Deckmantel des Islam und unter Berufung auf die Religion haben Männer über die Frauen und ihre Rechte und Pflichten entschieden: nicht selten ungerecht, nicht selten gewaltsam und meist zugunsten der Männer. Der Eindruck einer überwiegenden Diskriminierung von Frauen in der islamischen Welt täuscht nicht. Aber was ist die Ursache dieser Misere? Ist es nur die Wirkung einer patriarchalen Kultur, die mit dem Kern des Islam nichts zu tun hat? Wer das behauptet, macht es sich zu einfach. Die patriarchale Unkultur ist unbestritten und über die meisten Bereiche des Lebens hinweg wirksam. Aber der Anspruch des Islam kann nicht darin liegen, bei augenscheinlichen Ungerechtigkeiten und Diskriminierungen tatenlos dazustehen oder, noch einfacher, die Religion davon reinzuwaschen. Es muss eine islamische Angelegenheit sein, gegen diese Tendenzen vorzugehen. Insofern ist eine adäquate Neubewertung der Geschlechterbeziehung auch eine theologische Herausforderung, die in Ansätzen, aber bei Weitem noch nicht erschöpfend bearbeitet ist. Und noch wichtiger: Die Einsichten bzw. Ergebnisse müssen in die individuelle und gesellschaftliche

Praxis einfließen. Aber andererseits kann man es sich auch zu einfach machen, indem man die ganze Problematik auf den Islam reduziert.

Positive Anknüpfungsmöglichkeiten in der Tradition — Frauen spielen nicht nur, aber vor allem in der islamischen Mystik eine herausragende Rolle; Rābiʿa al-ʿAdawiyya (gest. 801) oder Fatima aus Nischapur (gest. 849) sind nur zwei Beispiele. Ihnen allen wird geistige Tiefe zugesprochen, und sie prägten den spirituellen Weg des Islam. Das Wort Seele *(nafs)* ist im Arabischen ein feminines Wort, und die muslimischen Mystiker wiesen in ihren Deutungen dieser Tatsache darauf hin, dass dies kein Zufall sei. Vor allem im 20. Jahrhundert sind erfreulicherweise immer mehr Stimmen laut geworden, die an diese Tradition anknüpfen und die eine Neubewertung der Geschlechterbeziehung gefordert und eigene theologische Ansätze erarbeitet haben, um für die prinzipielle Gleichheit von Frauen und Männern zu argumentieren. Amina Wadud (geb. 1952), Hatoon al-Fassi (geb. 1964), Shirin Ebadi (geb. 1947) oder Leila Ahmed (geb. 1940), um nur wenige Namen zu erwähnen, sind akademisch qualifizierte Frauenrechtlerinnen, die aufzeigen, dass die Ungleichbehandlung der Frauen – differenziert betrachtet – gerade nicht islamisch-theologisch einleuchtend begründbar ist. Weder waren die Ausleger der islamischen Geistestradition nur Männer, noch war der Prophet allein von männlichen Stimmen umgeben oder nur von einer männlichen Sicht der Dinge bestimmt. Im Gegenteil: Die Frauen aus dem Hause des Propheten sind höchst begabte, willensstarke Persönlichkeiten, die der Prophet um Rat fragt, deren Sicht er ernst nimmt und denen er Rechte einräumt. Sie werden auch in der islamischen Tradition geachtet und gewürdigt, zumal sie selbst als Überlieferinnen der prophetischen Aussagen und Taten gelten. Frauen beteten in Moscheen, in denen es keine Trennung von den Männern gab. Frauen wurden ermutigt, nach Wissen zu streben, sie waren bereits in der frühislamischen Zeit sowohl als Lehrerinnen als auch als Schülerinnen tätig. Als der Prophet zum ersten Mal die Offenbarung des Korans erhält, zweifelt er an seiner Vision, aber die Person, die ihn bestärkt, ihm Vertrauen schenkt und ihn letztlich auch überzeugt, ist eine Frau, Khadija (gest. 619), seine innig geliebte Ehefrau. Sie war mehr als 20 Jahre älter als Muhammad, eine wohlhabende und erfolgreiche Kauffrau und Witwe, sie heiratete ihn und schenkte ihm mehrere Kinder. In der islamischen Tradition gilt sie als „Mutter der Gläubigen", als eine ehrbare und spirituelle Frau.

„Ehrbar" zu leben, also Schamgefühl, Reinheit und Anmut in ihrer Lebenspraxis zur Geltung zu bringen und so nach innen und nach außen einen Unterschied zu markieren, dazu sind sowohl Frauen wie Männer angehalten. Innere Reinheit leben heißt: rechtschaffen leben, im Reden und Handeln nicht der Haltung von Achtlosigkeit und Vulgarität verfallen und sich auch körperlich nicht oberflächlich zu inszenieren bzw. zu entblößen. Dass die Frauen ihre Reize bedecken sollen, ist in Sure 24 erwähnt. Diese Aufforderung bezweckt aber keine Unterordnung der Frauen als Objekt männlicher Begierde, sondern beschreibt ein Unterscheidungsmerkmal von ehrenwerten Frauen gegenüber leichtbekleideten Frauen der Unterschicht.[73] In derselben Sure werden auch die Männer angesprochen, schamvoll und ehrbar zu sein, ihre Augen niederzuschlagen und rein zu sein. Es gibt eine innerislamische Diskurskultur, die sich auf einer ethischen, islamrechtlichen und theologischen Ebene mit dieser Thematik befasst. In den modernen Gesellschaften stellen Kritiker muslimische Frauen, die durch eine Kopfbedeckung auffallen, grundsätzlich unter Diskriminierungsverdacht in dem Sinn, dass diese Frauen nur gezwungenermaßen so handelten. Das ist aber nur in den seltensten Fällen zutreffend. Muslimische Frauen, die nicht Objekt der Betrachtung und Objekt fremder Auslegungen sein möchten, sondern auch selbst als Subjekte der Deutung auftreten und auch so wahrgenommen werden wollen, sprechen sich deshalb für das Tragen des Kopftuchs aus, weil sie darin ihre religiöse Würde beachtet sehen. Das Tragen des Kopftuchs ist, so verstanden, ein innerlich empfundenes religiöses Tun, genauer: eine religiöse Haltung, die Achtung verdient. Und dies gerade dann, wenn man Frauen das Recht einräumen will, autonom über ihr Leben, also auch über ihr religiöses

Frauen entscheiden als autonome Subjekte

Leben, zu entscheiden. Wenn die Entscheidung dazu aber nicht autonom erfolgt, darf diese Tat jedoch als religiös und in ihrem Sinn fragwürdig betrachtet werden.

Eine positive Sicht der Sexualität Sexualität ist im Islam nicht mit Sünde oder mit der Strafe Gottes für Adams und Evas Sünde im Paradies verbunden, wie beispielsweise Augustinus – mit weitreichenden Folgen für das Christentum – annahm. Im Gegenteil: Die positive und unverkrampfte Haltung des Islams gegenüber der Sexualität ist seit seiner Frühzeit dokumentiert. Die Debatte über die problematischen Aspekte der Geschlechterbeziehung kann also nicht auf das Thema Sexualität reduziert werden. Es wäre im Blick auf den Islam auch missverständlich, würde man annehmen, dass hier allein der Mann als sexuell aktives Wesen gesehen werde und die Frau als Objekt der Begierde alles tun solle, um den sonst nicht zu bändigenden Mann nicht zu verführen, und sei es auch nur mit ihrer Stimme oder durch ihre Erscheinung. In dieser Hinsicht ist im Koran im Vergleich zur Bibel eine klare Akzentverschiebung zu beobachten. Eva gilt nicht als Verführerin, und sie ist auch nicht aus der Rippe Adams genommen, vielmehr heißt es im Koran: „O ihr Menschen, fürchtet euren Herrn, der euch erschuf aus einer Seele und erschuf aus ihr ihre Frau, der aus ihnen beiden Männer, viele, und Frauen vermehrt hat" (Koran 4,1). Hier fehlt die Bewertung der Frau als Sünderin oder Verführerin; dieselbe Akzentverschiebung und Aufwertung der Frau ist bei der Frau Potifars aus der Josefsgeschichte im Buch Genesis zu verzeichnen. Auch diese Frau gilt in der Bibel als Verführerin, aber im Koran wird sie explizit aufgewertet, und ihr Verhalten wird entschuldigt.[74]

Prinzipielle Gleichheit von Mann und Frau Frauen und Männer sind im gleichen Maße religiöse und ethische Wesen. Beide, ob Frau oder Mann, sind im Glauben, im Gebet, im Fasten, in der Verpflichtung auf die Armenspende, in der Pflicht, nach Mekka zu pilgern, überhaupt in allen religiösen Belangen absolut gleich. Frauen wie Männer sind Adressaten des Korans. In seiner Abschiedspredigt bekräftigt der Prophet Muhammad diese

Gleichheit aller Menschen, wenn er sagt: „Die gesamte Menschheit stammt von Adam und Eva ab. Ein Araber hat weder einen Vorrang vor einem Nicht-Araber, noch hat ein Nicht-Araber einen Vorrang vor einem Araber; Weiß hat keinen Vorrang vor Schwarz, noch hat Schwarz irgendeinen Vorrang vor Weiß." Im Angesicht Gottes gibt es weder eine geschlechtsbezogene noch eine anderweitig begründete Bevorzugung. In der Sure 33,35 ist ein Vers enthalten, der in klarer Sprache und in bewusster Erwähnung beider Geschlechter darauf hinweist: „Wahrlich, die ergebenen Männer und die ergebenen Frauen, die gläubigen Männer und die gläubigen Frauen, die gehorsamen Männer und die gehorsamen Frauen, die wahrhaftigen Männer und die wahrhaftigen Frauen, die geduldigen Männer und die geduldigen Frauen, die demütigen Männer und die demütigen Frauen, die Almosen gebenden Männer und die Almosen gebenden Frauen, die fastenden Männer und die fastenden Frauen, die Keuschheit wahrenden Männer und die Keuschheit wahrenden Frauen, die Gottes viel gedenkenden Männer und die Gottes viel gedenkenden Frauen: Gott hat bereitet Vergebung und einen Lohn, einen gewaltigen." Unterschiede, die auch im Koran erwähnt sind, kommen in Bezug auf jene Fragen vor, die ohne den historischen Kontext der Offenbarung nicht angemessen gelesen und bewertet werden können. Es sind zum einen rechtsbezogene Regelungen und zum anderen gesellschaftlich bedeutsame Fragen zur Geschlechterbeziehung (z. B. erbrechtliche Fragen). Freilich: Auch in diesen Fragen ist es historisch erwiesen, dass die islamische Botschaft im Vergleich zu den im altarabischen Raum vorherrschenden Regelungen für die Frauen einen gewaltigen Fortschritt bedeutet hat. Wenn man diese Verse, die auf den Kontext des 7. Jahrhunderts auf der arabischen Halbinsel bezogen sind, unter den Bedingungen jener Zeit betrachtet – was unabdingbar ist –, und wenn wir annehmen, dass der Koran für jede Zeit erneut verstanden werden muss, so drängt sich die Frage auf, ob wir uns bei der Einordnung dieser Stellen an den *Buchstaben des Korans* halten sollen oder an den *Geist des Korans*, an die Botschaft dahinter. Die Antwort liegt auf der Hand.

Der Stellenwert der Ehe und die Frage der Polygamie Von dieser grundsätzlichen Überlegung ist auch die Frage der Polygamie betroffen. Es ist nicht richtig, lapidar und generell zu behaupten, Muslime dürften oder sollten polygam leben. Dafür genießt die Ehe einen besonders hohen Stellenwert, weil allen voran die gerechte Behandlung der Frauen durch ihre Männer das höchste Gebot in der Ehe darstellt. Im Koran ist zwar die Möglichkeit angedeutet, unter besonderen Umständen mit mehr als einer Frau eine Ehe einzugehen – mit Verweis auf Koran 4,3 meistens auf vier Frauen beschränkt –, aber die Bedingungen, die hierfür formuliert werden, führten unter muslimischen Gelehrten zu der Schlussfolgerung, dass es nahezu unmöglich ist, von der Polygamie als Regelfall auszugehen. Insbesondere spricht die Koranstelle 4,129 dagegen, wo es heißt: „Nicht könnt ihr gerecht handeln zwischen euren Frauen, wenn ihr auch bemüht seid." Und die gerechte Behandlung gilt als Bedingung der Möglichkeit der Ehe überhaupt. Entscheidend für die Bewertung der Geschlechterbeziehung im Islam ist also: Im Angesicht Gottes sind Frauen und Männer gleichwertig, gleichermaßen geliebt und gleichgeachtet. Dieses Ideal ist im realen Leben kaum erreicht, aber im islamischen Sinne geboten. Insofern stellt die Würdigung der Frauen und die Verwirklichung ihrer Rechte eine Herausforderung dar, die Frauen und Männer gemeinsam annehmen sollten.

Wie zu leben wäre: Spirituelle Lebenskunst

1 Die geistige Erfahrung der Wirklichkeit als spirituelle Lebenskunst im Islam

von Ahmad Milad Karimi

Im Arabischen ist der Begriff *rūḥāniyya* die geläufige Übersetzung für das aus dem Lateinischen stammende Wort *Spiritualität*. Das Wort ist gebildet aus dem Stamm *rūḥ*, der „Geist" bedeutet.

Das Antlitz Gottes im Antlitz der Welt sehen

Was ist aber Geist bzw. Geistigkeit? Im Koran heißt es: „Und sie befragen dich nach dem Geist *(rūḥ)*. Sag: ‚Der Geist *(rūḥ)* obliegt dem Befehl *(amr)* meines Herrn'" (Koran 17,85). Da der Geist dem Urteil Gottes unterworfen ist, sind die Begriffe Geist und Geistigkeit in der islamischen Tradition stets sehr behutsam verwendet worden. Zudem hat sich für den Begriff *Spiritualität* vor allem im Persischen das Wort *maʿnawīyat* durchgesetzt. Dieses Wort beinhaltet das Grundwort *maʿnā*, das „Bedeutung" heißt. In der islamischen Spiritualität geht es also grundlegend um eine Geistigkeit im Sinne einer Erkenntnis der inneren Bedeutung der Dinge. Die Intention dabei ist, das Antlitz Gottes im Antlitz der Welt zu sehen. Der muslimische Mystiker ʿAṭṭār sagt: „Solange du nicht in dir selber reisest, gelangst du nicht zu dem inneren Sinn deiner selbst."[75] Sich für Gott zu öffnen, öffnet den inneren Raum des Menschen. „Wo ihr euch hinwendet", heißt es im Koran, „ist das Antlitz Gottes" (Koran 2,115). Die Übersetzung dieser auf Innerlichkeit gerichteten Geistigkeit ins Leben ist eine Kunst: eine Lebenskunst, der sich die islamische Mystik verschrieben hat.

Im Gewöhnlichen das Ungewöhnliche erblicken: so kann man diese Haltung beschreiben, welche die Materie nicht vom Geist trennt und sich nicht von dieser Welt abwendet in einer lebensfernen asketischen Spiritualität, sondern überall dort Geist und Würde erblickt,

Im Gewöhnlichen das Ungewöhnliche wahrnehmen

215

wo man sonst bloß Dinge sehen würde. Der mystische Theologe Aḥmad al-Ġazālī hat es treffend ausgedrückt, wenn er schreibt: „Öffne das Auge deines inneren Gesichtssinnes! Denn es gibt im Sein nichts als Ihn."[76] So wird Gott im Koran nicht nur als „das Verborgene", sondern im gleichen Atemzug auch als „das Offenbare" bezeichnet.[77] Dieses spirituelle Verhältnis zur Welt und zu sich selbst verändert die Perspektive, vertieft die Sicht und eröffnet einen suchenden, sehnsüchtigen, aber auch achtsamen und heilenden Blick auf die und Zugang zur Welt. Diese von Geistigkeit getragene Weltbeziehung wird in der mystischen Tradition des Islam differenziert auf unterschiedliche Erkenntnisformen zurückgeführt, beispielsweise geistiges Schmecken (ḏawq), geistige Enthüllung (kašf), geistige Hellsicht (firāsa) oder geistige Schau (baṣīra). Jede dieser Erkenntnisformen für sich beschreibt eine eigene geistige Erfahrung der Wirklichkeit.

Wirklichkeit als Zeichen: Die eigene Sicht wird verwandelt Spirituelle Lebenskunst heißt: die Welt und die Dinge in ihr so zu betrachten, als würden sie zum ersten Mal betrachtet, die Dinge zu erleben und wahrzunehmen in ihrer Einzigkeit und ihrem Geheimnis. In einer solchen Haltung wird nicht das Alltägliche und Gewöhnliche verklärt, sondern die eigene Sicht und Wahrnehmung verwandelt. Das Gewöhnliche kann uns aber nur dann berühren, wenn wir uns dafür Raum schaffen und Raum geben, Zeit finden und Zeit schenken. So klein und unbedeutend die Dinge uns auch erscheinen mögen, sie sind voller Wunder. Dieser symbolhafte Charakter der Welt lässt die Dinge in den ihnen eigenen Glanz gelangen, sodass sie in ihrer staunenswerten Schönheit wahrgenommen werden können. Plötzlich ist nichts mehr gewöhnlich und selbstverständlich, weil die Dinge uns ihren tieferen Sinn entbergen. Im Koran gibt es eine berührende Stelle, in der Gott sagt, dass er sich nicht schämen würde, ein Gleichnis etwa mit einer Mücke zu verwenden. Und die undankbaren, achtlosen Menschen würden spöttisch erwidern: „Was will Gott mit einem solchen Gleichnis?"[78] Eine Mücke ist mehr als einfach ein Insekt mit fadenförmigen, vielschichtigen Fühlern. Eine Mücke ist zugleich ein Symbol, ein Geheimnis Gottes, ein Gleichnis im Leben.

Dieses „Mehr" ist nicht einfach gegeben, aber es kann sich uns erschließen – im Einfachen und Alltäglichen. Spirituelle Lebenskunst zeigt sich in der Einsicht in den Zeichencharakter der Wirklichkeit. Im Koran heißt es: „Wahrlich, in den Himmeln und auf der Erde sind Zeichen für die Gläubigen. Und in eurer Erschaffung und in dem, was Er ausbreiten lässt an Getier, sind Zeichen für Leute, die überzeugt sind. Und in der Aufeinanderfolge von Nacht und Tag und in dem, was herabsendet Gott vom Himmel an Unterhalt, wodurch Er die Erde belebt nach ihrem Tod, und im Wechsel der Winde sind Zeichen für Leute, die verstehen" (Koran 45,3–5). Alles Weltliche wird zum Zeichen, zu einer Offenbarung der größeren Wirklichkeit Gottes, an der wir teilhaben und an der wir uns erfreuen dürfen und an der wir wachsen können.

Als der Prophet Muhammad mit seinem vertrauten Weggefährten Abū Bakr aus seiner Geburtsstadt Mekka fliehen muss, weil sein Leben bedroht ist

Im Einfachen liegt das Wunder

und die Verfolger ihm auf den Fersen sind, nehmen sie Zuflucht in einer Berghöhle. Als die Verfolger sich nahen, sagt der Weggefährte: „Wenn einer von ihnen nach unten blickt, sieht er uns!" Die Antwort des Propheten lautet: „O Abū Bakr! Was soll man von zweien halten, deren Dritter Gott ist!" Und plötzlich erscheint eine Spinne und webt ihr Netz am Eingang der Höhle, die Zweige eines Baumes neigen sich nach unten und versperren den Eingang, und zwei Tauben legen Eier unmittelbar vor der Höhle. Das lässt die Verfolger vermuten, dass niemand in der Höhle sein könne, und sie kehren um. Spinnweben, Tauben, Baumzweige: Sie sind fortan alles andere als selbstverständlich und viel mehr als nur gewöhnliche Dinge. Es ist kein irrationales Wunder geschehen. Die Spinne tut nichts, was sie auch nicht für gewöhnlich täte. Aber gerade das wird zum Ungewöhnlichen, zum Wunder: Es schützt Leben. Was sich unmittelbar danach beim Propheten einstellt, ist Dankbarkeit. Er erfährt sich getragen von der ewigen Hand, die sich ins Zeitliche eingeschrieben hat. Eine einfache Spinnwebe avanciert zum Bedeutsamen, weil das Besondere gerade in seiner Einfachheit offenbar wurde.

Ehrfurcht im Umgang – Rituale im Alltag

Nicht nur Demut, sondern auch Ehrfurcht ist im Umgang mit dem Alltäglichen gefordert. Spirituelle Lebenskunst erweist sich auch in zwischenmenschlichen Beziehungen, die zur echten Begegnung werden, wenn wir einander achtsam und staunend gegenübertreten. Es verlangt zugleich wache Achtsamkeit und sensible Behutsamkeit, uns immer wieder neu zu sehen. Denn jedes Sehen ist ein neuer Anfang, stellt eine neue Chance dar, dass wir in einer Begegnung voneinander im Inneren berührt werden. Der achtsame Umgang im Leben kann sich auch durch alltägliche Übung und Wiederholung ereignen. Durch Handlungen, die sich wiederholen, nimmt der Alltag Konturen an und verliert seine Gewöhnlichkeit. Rituale eröffnen somit einen eigenen Zugang zur Welt. Wir können durch Rituale zu einer bewussten Berührung mit der Wirklichkeit gelangen. Muslime ziehen ihre Schuhe aus, wenn sie in die Moschee eintreten oder sich im rituellen Gebet aufrichten. Der Boden der Moschee kommt einem plötzlich ganz nahe. Der Boden, auf den wir sonst nur mit Schuhen treten, gewinnt durch solche Achtsamkeit eine eigene Tiefe und Bedeutung. Das Wiederkehrende dieser Handlung erzeugt eine Bewusstheit, die nicht nur in der Moschee bleibt, sondern unsere Haltung zum einfachen Boden überhaupt verwandelt. In Wahrheit sind wir es selbst, die verwandelt sind.

2 Spirituelle Lebenskunst in der christlichen Tradition

von Anselm Grün

Was guttut: Die Kunst des gesunden Lebens

Für die griechischen Ärzte war die wichtigste Aufgabe nicht, Kranke zu heilen, sondern die Kunst des gesunden Lebens zu lehren. Zur Kunst des gesunden Lebens gehört für die griechischen Ärzte auch die Religion. Sich für Gott zu öffnen, tut dem Menschen gut. Der Evangelist Lukas gilt der Legende nach als Arzt. Er hat in seinem Evangelium Jesus als den wahren Arzt beschrieben. Jesus ist für ihn der „archegos tes zoes". Man könnte das so übersetzen: Jesus ist der

Anführer oder auch der Anleiter zum gesunden Leben. Dieses gesunde Leben zeigt sich in den Weisungen Jesu und auch in der Art und Weise, wie er selbst lebt, wie er sich immer wieder zurückzieht zum einsamen Gebet und wie er sich auch auf die Rituale einlässt, wie sie die jüdische Religion kennt.

Die griechischen Kirchenväter sind sowohl den griechischen Ärzten als auch dem Evangelisten Lukas gefolgt. Sie haben die christliche Spiritualität immer auch verstanden als Kunst des gesunden Lebens. Jesus ist im Evangelium immer auch der Lehrer der Weisheit. Er lehrt uns, wie unser Leben gelingen kann. Die christlichen Theologen der Frühzeit interpretieren die Weisheitsworte Jesu im Blick auf die griechische Kunst des gesunden Lebens. Deshalb sind alle Äußerungen christlicher Spiritualität immer auch so zu verstehen, dass sie den Menschen guttun, dass sie heilsam sind für die Menschen. Jesus selbst hat den Grundsatz aufgestellt: „Der Sabbat ist für den Menschen da, nicht der Mensch für den Sabbat" (Mk 2,27). Dieser Grundsatz gilt für alle spirituellen Formen, für das Gebet, für die Liturgie, für die Askese. Alles soll den Menschen auf Gott hin ausrichten. Und wenn der Mensch auf Gott hin ausgerichtet wird, dann wird er seinem Wesen entsprechend leben, dann wird er gesund leben.

Das Wesen der christlichen Spiritualität besteht darin, dass wir aus der Quelle des Heiligen Geistes leben, die auf dem Grund unserer Seele sprudelt. **Aus der Quelle des Geistes schöpfen** Diese Quelle ist unerschöpflich, weil sie göttlich ist. Wir können nur aus dieser Quelle schöpfen, wenn wir durchlässig werden für den Geist Jesu Christi. Wir können den Heiligen Geist nicht für uns missbrauchen, damit wir mit seiner Energie unser Ego aufblähen. Der Heilige Geist will uns mit dem Geist Jesu durchdringen. Und nur wenn wir uns dem Geist Jesu öffnen, wird unser Leben aus dieser inneren Quelle schöpfen und Frucht bringen können; nur so werden wir zum Segen werden für andere Menschen und für die Welt. Wer aus dieser Quelle des Heiligen Geistes schöpft, der wird nie erschöpft in seiner Arbeit. Und er wird durchlässig für den Geist Jesu. Der Geist Jesu wird sein Handeln prägen. Und – davon ist Lukas überzeugt – wenn wir uns vom

Geist Jesu durchdringen und prägen lassen, dann entsprechen wir dem, was die griechischen Ärzte mit ihrer Lebenskunst gemeint haben. Jesus ist der innere Arzt, der uns zu einem gesunden Leben führt.

Wirklichkeit wird transparent auf Gott hin

Die Botschaft der Bibel zeigt zudem eine Weise der Lebenskunst in der Beziehung zu den Dingen der Welt. Jesus spricht besonders in den synoptischen Evangelien oft gleichnishaft über rein irdische Dinge: vom Sämann, der seinen Samen aussät, von den Vögeln des Himmels und den Lilien des Feldes, vom Kaufmann, der eine kostbare Perle sucht, vom Unkraut unter dem Weizen oder von der Art und Weise, wie Menschen mit dem ihnen anvertrauten Geld umgehen. Indem er von den Dingen dieser Welt spricht, spricht er zugleich von Gott. Alles wird für ihn durchlässig auf diese Beziehung hin. Die Dinge, der Alltag, unser Tun im Alltag – durch all dies hindurch erscheint uns das Wesen des himmlischen Vaters. Irdische Dinge werden bei Johannes zum Bild für das Geheimnis Jesu Christi, für seine Bedeutung für uns und für seine Wirkung auf uns. Jesus sagt von sich: „Ich bin der wahre Weinstock." (Joh 15,1). Im Griechischen sind die Worte „he alethine" nachgestellt: „Ich bin der Weinstock, der wahre." Wir sehen oft nur das Äußere. Doch Jesu Augen schauen tiefer: Wenn wir den Weinstock anschauen und in seiner Wahrheit, in seinem Wesen, verstehen, dann erkennen wir das Geheimnis und die Wahrheit unseres eigenen Lebens. Wahrheit meint: Der Schleier, der über allem liegt, wird weggezogen. Und uns geht das Geheimnis des Seins auf, das, was hinter allem verborgen ist, was allem zugrunde liegt. Martin Heidegger übersetzt das griechische Wort *aletheia*, das meist mit „Wahrheit" wiedergegeben wird, mit „Unverborgenheit": Das Verborgene zeigt sich, leuchtet uns auf. Diese Wahrheit zu erkennen heißt: Alle Dinge und Tätigkeiten sind letztlich durchscheinend auf den Grund hin, auf die Kraft, die alles durchdringt, auf den Geist, der in allem wirksam ist, auf die Energie, die in allem fließt, auf die Liebe, die alles durchwirkt: Gott ist in mir und außerhalb von mir. Wir begegnen ihm nicht nur, wenn wir auf den Grund unserer Seele achten und wenn wir uns aus der Welt zurückziehen.

Wir begegnen ihm mitten in der Welt. Aber es braucht die Offenheit der Augen und die Offenheit des Herzens und es bedarf der Achtsamkeit, des Aufwachens und Gewärtigwerdens, um hinter und in den Dingen diese Fülle des Seins wahrzunehmen, um in allem einen Weg zu ihm zu erkennen und in allem einen Ort zu sehen, an dem wir seiner Gegenwart begegnen können. Das ist das tiefste Kennzeichen einer solchen spirituellen Lebenskunst.

Die christliche Spiritualität hat in Geschichte und Gegenwart viele Ausprägungen gefunden. Es gibt zum Beispiel die benediktinische Spiritualität, die stark auf die Liturgie als einen Ort der Gottesbegegnung setzt und zugleich Gebet und Arbeit miteinander verbindet, die franziskanische Spiritualität, die etwas von der Freiheit des hl. Franz von Assisi atmet, die jesuitische Spiritualität, die um eine klare Entscheidung für Gott ringt. Aber zu allen Zeiten gab es im Christentum mystische Strömungen. Das war so bei den griechischen Kirchenvätern, das war im Mittelalter so bei Hildegard von Bingen, bei den Frauen, die sich als Beginen zusammenschlossen, bei Meister Eckehart und Johannes Tauler und dann später in der spanischen Mystik mit Teresa von Avila und Johannes vom Kreuz. Lange Zeit hat man die christlichen Mystiker nicht genügend beachtet. In den letzten dreißig Jahren ist jedoch ein neues Interesse an den christlichen Mystikern erwacht. Wir spüren, dass die mystische Spiritualität ein Weg ist, die Tiefe des Glaubens zu erfahren und einander näherzukommen.

Besondere Ausprägungen

Was Christen und Muslime miteinander verbindet, das ist die mystische Spiritualität. Ich habe immer gerne die Texte sufischer Meister gelesen wie etwa die von Rumi. Diese Texte kann ich als Christ ganz und gar verstehen und akzeptieren. Und ich kann von den mystischen Erfahrungen sufischer Mystiker lernen. Umgekehrt war der Sufismus offensichtlich auch von christlichen Ideen beeinflusst. Da war also ein guter spiritueller und theologischer Austausch zwischen Christentum und Islam. Leider werden viele Sufis heute von den radikalen Islamisten verfolgt. Mystiker sind immer Frei-

Mystische Spiritualität verbindet

denker. Mystik kommt ja von „schauen". Und das „Schauen", so sagt der Philosoph Martin Heidegger, führt in die Freiheit. Die Mystiker, die Gott erfahren haben, nageln Gott nicht fest auf starre Dogmen. Sie beschreiben die Erfahrung Gottes in Bildern, die für alle offen sind, die sich auf den Weg zu Gott gemacht haben.

Die mystischen Wege aller Religionen verstehen einander, weil sie von ähnlichen Erfahrungen sprechen. Sie deuten diese Erfahrungen nur jeweils auf dem Hintergrund ihrer eigenen theologischen Tradition. Aber nicht für alle Menschen ist der mystische Weg gangbar. Daher ist es auch legitim, andere spirituelle Wege zu beschreiten. Da ist etwa der Weg über feste Rituale. Der „gewöhnliche" Christ beginnt seinen Tag mit einem Gebet und beendet ihn mit einem Gebet. Und tagsüber lässt er sich immer wieder an Gottes Gegenwart erinnern durch kurze „Stoßgebete" oder durch die Kirchen, an denen er vorbeigeht, oder durch das Läuten der Glocken. Die Rituale sind keine Leistung, die wir für Gott erbringen müssten. Gott braucht unsere Rituale nicht. Aber uns tun die Rituale gut. Denn sie öffnen uns für Gott. Sie bringen uns täglich in Erinnerung, dass wir vor Gott und mit Gott leben. Sie sind eine konkrete Einübung in den Glauben und zugleich ein guter Ausdruck unseres Glaubens.

Die Feier der Liturgie Der christliche Weg spiritueller Lebenskunst schätzt die Feier der Liturgie. In der Liturgie loben wir Gott hier auf Erden und stimmen dabei ein in den Lobgesang der Engel, die im Himmel die ewige Liturgie feiern. Das wird besonders deutlich in der Feier der Eucharistie. Wir feiern hier das heilige Mahl, und im Himmel feiern die Verstorbenen das himmlische Hochzeitsmahl. So verbindet das eucharistische Mahl Himmel und Erde, Lebende und Verstorbene. Wir spüren, dass unser Glaube getragen wird von denen, die vor uns gelebt und geglaubt haben und die jetzt bei Gott sind. Eucharistie ist zugleich die beständige Einübung in die Gesinnung Jesu. Wir feiern seine Hingabe, mit der er uns bis zur Vollendung geliebt hat, damit wir lernen, uns Gott und den Mitmenschen hinzugeben.

Ganz entscheidend für die christliche Spiritualität ist die Verbindung von Gebet und Arbeit. Ora et labora, bete und arbeite, das wurde zur Kurzformel benediktinischen Lebens. Spiritualität muss sich immer auch in einer neuen Haltung ausdrücken. Und sie soll die Kraft haben, diese Welt zu gestalten. Die christliche Spiritualität ist dementsprechend nie weltlos, sondern immer auf die Heilung und Verwandlung dieser Welt gerichtet. Der hl. Benedikt meint, gerade in der Art und Weise, wie wir arbeiten und wie wir im Geschäftsleben miteinander umgehen, soll sich unsere Spiritualität zeigen. Durch eine spirituell geprägte Arbeit soll Gott verherrlicht werden. Das ist das Ziel aller unserer Spiritualität: dass Gott verherrlicht wird. Und der Kirchenvater Irenäus sagt: „Gloria dei homo vivens" – „Die Herrlichkeit Gottes ist der lebendige Mensch". Wenn der Mensch durch den Geist Gottes lebendig wird, dann wird Gott in ihm in dieser Welt verherrlicht, dann zeugt der lebendige Mensch von der Gegenwart des lebendigen Gottes.

Unsere Welt verwandeln: Gebet und Arbeit

Mystik und säkulare Gesellschaft

1 Neues Handeln im Hören auf Gottes Wort

von Anselm Grün

Erfahrungs-gesättigte Gotteserkenntnis Die christliche Spiritualität war immer auch von Mystik geprägt. Mystik definiert Thomas von Aquin als „cognitio dei experimentalis", das meint: eine erfahrungsgesättigte Erkenntnis Gottes. In der Mystik geht es also immer um die Erfahrung Gottes, nicht um den Glauben an bestimmte Sätze über Gott. Die Mystiker waren immer freie Menschen. Denn sie trauten ihrer Erfahrung. Und die christlichen Mystiker standen zudem auch den Mystikern in anderen Religionen nahe. Wer das Geheimnis Gottes in der Tiefe seiner Seele erfahren hat, der fühlt sich eins mit allen Menschen, die ebenfalls nach dieser tieferen Erfahrung Gottes suchen, auch wenn diese Erfahrungen jeweils in einer anderen Sprache beschrieben werden.

Evagrius Ponticus, ein Mönch aus dem 4. Jahrhundert, kennt zwei Formen der Mystik: eine Mystik der Natur *(theoria physike)*, die in der Natur Gottes Gegenwart und Liebe erkennt, die alles Sein durchdringt – und eine Mystik der Einfachheit, die er als die höhere Mystik ansieht. Sie nennt er auch die Mystik der Dreifaltigkeit *(theoria tes agias triados)*. Sie führt zur Wesenserkenntnis *(gnosis ousiodes)*. Es ist eine Schau Gottes, die jenseits aller Formen und Bilder ist. Sie ist vollkommen einfach. Was Evagrius von dieser Mystik schreibt, werden viele Sufi-Mystiker verstehen und ähnlich beschreiben. Die Sufi-Mystiker, die wir Christen auch gerne lesen, waren ja vermutlich auch von christlichen Gedanken beeinflusst. Da zeigte sich, dass die tiefere Erfahrung Gottes die Menschen miteinander verbindet und nicht trennt, wie es das Pochen auf die Rechtgläubigkeit tut.

Christlicher Glaube sieht in seinem mystischen Verständnis nicht ab vom Zustand der Gesellschaft.
Dass Mystik offene Augen für die Not der Menschen braucht, ist dem biblischen Verständnis von
Anfang an eingeschrieben. Der Christ darf nicht wie der Priester
und der Levit an dem Mann vorübergehen, der von den Räubern
ausgeraubt und zusammengeschlagen wurde. Worauf christliche
Mystik in der Praxis zielt, zeigt sich in dem biblischen Gleichnis
vom barmherzigen Samariter (Lk 10,27–35), der ein Auge hatte für
den verwundeten Menschen und für ihn sorgte. Das griechische
Wort für „sorgen", „meletao", heißt: ein Herz haben für jemanden.
Aber der Samariter hatte nicht nur Mitleid, er zeigte nicht nur ein
offenes Herz, er handelte auch. Er goss Öl und Wein in die Wunden des verletzten Mannes, lud ihn auf sein Lasttier und brachte
ihn zur Herberge (Lk 10,30–37).

Ein offenes Herz: Worauf die Praxis zielt

Viele christliche Mystiker und Mystikerinnen führten keineswegs nur ein Leben der Innerlichkeit, sie
haben immer auch die Missstände in der Gesellschaft wahrgenommen und kritisiert. Hildegard
von Bingen fuhr durch Deutschland und mahnte
die Priester zu einem gottgefälligen Leben. Die Brabanter Mystikerin Hadewich kritisierte nicht nur den Zustand der Kirche, sondern auch den der Gesellschaft. Katharina von Siena redete dem
Papst ins Gewissen, er solle nach dem Geist Jesu leben. Diese Verbindung von Mystik und Engagement für die Welt hat man in der
christlichen Tradition mit verschiedenen Bildern beschrieben.
Beim hl. Benedikt heißt es: Ora et labora. Das meint: Das Gebet
soll sich auch in der Arbeit an der Welt und für eine gerechtere
Welt ausdrücken. Mystik ist immer auch Weltgestaltung. Eine
Mystik, der es nur um Abgeschiedenheit geht, entspricht nicht
der Tradition und dem Wesen der christlichen Spiritualität. Frère
Roger Schutz (der selber in der Zeit des Nationalsozialismus jüdische Flüchtlinge und Oppositionelle beherbergte und dessen
Mitbrüder später in Armutsgebieten u. a. in Algerien, Lateiname-
rika und Afrika wirkten) benennt diese in die christliche Spiritualität eingeschriebene Spannung mit der Formel „Kampf und Kon-

Kampf und Kontemplation: Offene Augen für die Welt

templation": Im Heute Gottes zu leben bedeutet für ihn demnach, sich auch in der Gegenwart zu engagieren. Der Pastoraltheologe Paul Zulehner beschreibt den Zusammenhang von „Mystik und Politik" als „in Gott eintauchen und bei den Menschen auftauchen". Dorothee Sölle schrieb über die gesellschaftskritische Kraft des Christentums unter dem Titel „Mystik und Widerstand". Ihre grundlegende Einsicht: „Wo Gott liebt und geliebt wird, küssen sich Gerechtigkeit und Friede, geht es um die Wirklichkeit einer befreiten Welt." Johann Baptist Metz schließlich spricht in seiner „politischen Theologie" von einer „Mystik der offenen Augen" und betont die „memoria passionis", also die Sensibilität des christlichen Glaubens für die Leidenden sowie die Hoffnung auf eine Humanisierung der Welt in Offenheit auf deren eschatologische Vollendung. Als gelebte Praxis finden wir diese Haltung etwa bei einer „Mystikerin der Tat" wie der Lepraärztin und Nonne Ruth Pfau, die über 50 Jahre im muslimischen Pakistan ihr Leben den Ärmsten der Armen weihte und dieses Tun aus ihrem Glauben heraus als „gelebte Fürbitte" vor Gott verstand.

Gotteserfahrung drückt sich im Verhalten aus Eine Verbindung von Mystik und Politik stellt auch Jesus in der Bergpredigt her. Wenn wir die Bergpredigt nur im Sinne moralischer Forderungen verstehen, überfordert sie uns. Doch in der Mitte der Bergpredigt steht das Vaterunser. In diesem Gebet Jesu erfahren wir Gott als unseren Vater und unsere Mutter, wir werden offen für Gott. Und diese Gotteserfahrung im Gebet ist die Bedingung dafür, dass sich unser Verhalten verwandelt. Nur aus dieser tiefen Gotteserfahrung heraus sind die Forderungen der Bergpredigt erfüllbar. Es sind keine strengen Gebote, sondern Anweisungen, wie wir kreativ auf das Böse reagieren können, das uns von außen angetan wird. Die Erfahrung Gottes muss sich auch in einem neuen Verhalten ausdrücken. Wenn das Vaterunser ohne Wirkung nach außen gebetet wird, dann wird das Gebet zu einem narzisstischen Kreisen um uns selbst. Doch Gebet und Verhalten gehören zusammen. Die Ausrichtung auf Gott im Gebet ist die Grundlage, dass sich das Verhalten wandeln kann. Das Gebet muss sich auch in einem neuen Verhalten ausdrücken, damit es echtes Gebet wird.

Am Ende der Bergpredigt sagt Jesus: „Wer diese meine Worte hört und danach handelt, ist wie ein kluger Mann, der sein Haus auf Fels baute" (Mt 7,24). Im Gebet hören wir die Worte Gottes. Aber nur wenn wir danach handeln, bauen wir das Haus unseres Lebens auf einen Felsen.

Die christliche Mystik war immer auch auf die Nächsten bezogen und auf die Gemeinschaft ausgerichtet. Im 1. Jahrhundert war die christliche Mystik meistens Kultmystik und Schriftmystik. Das heißt: Man hat Gott erfahren im gemeinsamen Gottesdienst und in der Meditation der Heiligen Schrift. Gotteserfahrung hat für die christlichen Mystiker immer auch mit einer neuen Sicht des Menschen zu tun. Ein Mönchsspruch heißt: „Hast du den Bruder gesehen, so hast du Gott gesehen." Eine Mystik, die am Nächsten vorübergeht, kann sich nicht auf den Geist Jesu berufen. Jesus selbst identifiziert sich mit den Armen und Fremden, mit den Obdachlosen und Hungernden, mit den Gefangenen und Kranken. Wer einem Fremden etwas Gutes tut, ganz gleich, ob er Christ ist oder nicht, der begegnet in ihm Christus. So ist die christliche Mystik immer auf den Menschen bezogen. Und die christliche Mystik wirft einen kritischen Blick auf die Gesellschaft. Die Propheten des Alten Testaments haben immer auch Ungerechtigkeiten angeprangert. Und so haben christliche Mystiker immer auch Tendenzen in der Politik und in der Gesellschaft kritisiert, die der Würde des Menschen und der Gerechtigkeit zwischen den Menschen und Völkern widersprechen. Mystik mischt sich auch in die Politik ein, ohne der Politik vorzuschreiben, was sie zu tun hat. Aber sie vertritt die Werte der Gerechtigkeit, der Freiheit, der Achtung, der Liebe. Der Bezug von Mystik und säkularer Gesellschaft meint also nicht, dass Religion die Basis aller gesellschaftlichen Ordnung wäre. Gerade in der modernen säkularen Gesellschaft, die von einer Pluralität weltanschaulicher Gruppen und von der Eigenständigkeit der verschiedenen Wirklichkeitsbereiche bestimmt ist, und in einem Staat, der sein eigenes Selbstverständnis und seinen Anspruch nicht mit religiösem Sinn auflädt, gilt dies. Trotzdem ist gerade in dieser Situation Spiritualität nicht un-

Kritischer Blick auf die Gesellschaft – heilsame Einmischung

227

abhängig von der sozialen, wirtschaftlichen und politischen Realität und nicht gleichgültig gegenüber Not, Leid und Ungerechtigkeit. Die Mystiker sind überzeugt, dass sie selbst einen Beitrag zur Reinigung der Atmosphäre in der Gesellschaft leisten, indem sie sich selbst vom Geist Gottes reinigen lassen von allen Trübungen, die unseren menschlichen Geist verdunkeln und das Miteinander in der Gesellschaft erschweren. Wer sich ganz und gar dem Geist Gottes öffnet, der wirkt auch heilend auf seine Umgebung ein. Und wer von Hoffnung durchdrungen ist, kann diese Hoffnung auch an seine Umgebung weitergeben.

2 Weltgestaltung als geistliche Aufgabe im Islam

von Ahmad Milad Karimi

Keine Trennung von säkular und religiös | Wenn auch für Mystik und Spiritualität naturgemäß die innere, geistige Dimension des religiösen Lebens im Vordergrund steht, so vertreten die Anhänger der mystischen Tradition im Islam mehrheitlich die Position, dass man – bei aller notwendigen Reinigung und Loslösung von weltlichen Begierden – keineswegs der Welt entsagen soll. Die kreative Gestaltung der äußeren, der gesellschaftlichen und politischen Wirklichkeit wird aber aus der inneren, geistigen Dimension heraus angegangen. Im 20. Jahrhundert hat vor allem der bekannte indisch-pakistanische Poet und Philosoph Muhammad Iqbal auf diese Aufgabe der Mystik hingewiesen: Sie darf demnach nicht „blind" sein für politische Realitäten, philosophische sowie wissenschaftlich-rationale Erkenntnisse und soziale Umstände. Im Gegenteil soll sie „sehend" sein und in praktischer Absicht gestaltend tätig werden, wenn es um das Leid und die Not der Welt und um die Bekämpfung von Ungerechtigkeit und geistiger Rückständigkeit geht. Für Iqbal, der in der Tradition von Ibn ʿArabī, ʿAṭṭār und Rūmī steht, beginnt die äußere Tat mit der inneren Haltung, mit der grundlegenden Sicht der Welt. Wenn wir die Welt dualistisch betrachten, indem wir sie prinzipiell in heilig und profan unterteilen, wird leicht das Profane, das Säkulare für sekundär erachtet.

Im Islam, so Iqbal, wird aber eine grundsätzlich andere Sicht vertreten: „Die Letzte Wirklichkeit ist gemäß dem Koran spirituell, und ihr Leben besteht in ihren weltlichen Aktivitäten. Der Geist findet seine Möglichkeiten im Natürlichen, im Materiellen, im Säkularen. Alles Säkulare ist daher in den Wurzeln seines Seins heilig."[79] Hier wird nicht die Existenz des Säkularen in Abrede gestellt in dem Sinne, dass die ganze Wirklichkeit theokratisch bestimmt wäre. Erst eine klare Trennung von Religion und Politik ermöglicht die Entstehung eines politischen Bewusstseins. Iqbal weist darauf hin, dass die Wahrnehmung der Realität mit religiös sehenden Augen grundsätzlich schon deswegen eine versöhnende Tendenz hat, weil sie von der Einheit des Materiellen und des Immateriellen ausgeht. Die Religion enthüllt, so Iqbal, „dass die bloße Materie keine Substanz besitzt, wenn wir sie nicht im Spirituellen verwurzelt sehen. So etwas wie eine profane Welt gibt es nicht. Die gesamte unermessliche Materie stellt ein Betätigungsfeld für die Selbstverwirklichung des Geistes dar. Alles ist heiliger Grund."[80]

Wer sein Leben aus geistiger Fülle und aus der Erfahrung göttlicher Realität entwirft, kann sinnstiftend auf die Wirklichkeit einwirken. Das ist notwendig gerade in einer Gesellschaft, die alles Leben in quantitativen Größen und nach materiellen Werten misst und alles den Leitkategorien von Produktion und Leistung unterordnet. Die spirituelle Tradition des Islam lehrt ja, auch im scheinbar Sinnlosen Sinn zu erblicken. Sie sieht in der eigenen Schwäche, im eigenen Scheitern, im Altern und selbst in Not und Krankheit, Trauer und Tod verborgene Weisheit, Stärke und Würde. Konkret und auf die politische Realität bezogen heißt das: Auch in das Angesicht der Flüchtlinge, der Notleidenden unserer Zeit, ist für den Gläubigen nicht nur das Elend eingeschrieben, sondern auch und insbesondere Hoffnung, Mut und die Zuversicht darauf, dass es eine Zukunft geben kann, die nicht mehr durch Krieg und Zerstörung, sondern durch Frieden und Menschlichkeit geprägt ist. Aus den Erfahrungen der Religionen heraus gehören diese Menschen nicht zu den Fremden, die vor einer Grenze abgewiesen werden sollten, sondern sie alle tragen, jeder

Der Auftrag der Religion: Sinnstiftend in der Gesellschaft hineinwirken

für sich, die ganze Würde des Menschseins in sich, sie verdienen jeweils einen Namen, eine eigene Geschichte, sie verdienen eine eigene Würdigung, weil sie auf eine Zeit hoffen, in der das Leben gelingen soll: Das ist die Zeit, für die sich die Religionen einsetzen.

Für die Sinnstiftung durch Religion gilt zudem: Sie kann nicht geistlos oder wissenschaftlich desinteressiert sein und auch nicht als irrational verstanden werden – und dies gerade in einer Zeit nicht, in der vorwiegend Rationalität und Algorithmen die gesellschaftliche Entwicklung bestimmen. Das Verständnis von Geistigkeit im Islam war deshalb immer auch von einer philosophisch-rational durchdrungenen Haltung bestimmt. Ob Ibn Sīnā, Ibn ʿArabī, Mulla Ṣadra oder Muhammad Iqbal, sie alle waren sowohl philosophisch als auch mystisch geprägt. Der Beitrag der Mystik bestand stets darin, aufzuzeigen, dass Rationalität allein, ohne die innere Dimension der Geistigkeit und ohne ethische Bindung, die gesellschaftliche Entwicklung auf Optimierung und Maximierung reduziert.

Kohärente Politik: Einklang zwischen Werten und Handeln

Wort und Tat müssen im Einklang stehen. So lehrt es der Koran. Eine in diesem Sinn kohärente Politik ist die Voraussetzung für Nachhaltigkeit. Unkontrollierter Fortschritt um jeden Preis ist Rückschritt, ist in Wahrheit geistige Armut. Entwicklung im besten Sinne gelingt dann, wenn sie mit Achtsamkeit und im Geist der Solidarität betrieben wird, aber auch in verantwortlicher Rücksicht auf das Ganze. Die ganzheitliche, globale Perspektive, welche von der Idee der Pluralität der Gesellschaften getragen ist, verlangt gerade heute nach Bindung und Verbindlichkeit: Sie bezieht sich auf Werte, die für alle gelten, sodass kein Mensch irgendwo illegal ist und kein Flüchtling wie eine Ware behandelt und verhandelt werden darf. Insofern tritt die Geistigkeit der Religion nicht in Konkurrenz zur rational geprägten Entwicklung der Gesellschaft, sondern bindet diese Entwicklung nach innen. Der Zusammenhalt einer Gesellschaft ist nicht nur ein Problem politischen Handelns, sondern hat existenzielle Qualität. Zwar basiert der Zusammenhalt einer säkularen Gesellschaft auf einer Verfassung, aber diese kann den Zusammenhalt nicht garantieren, wenn die von ihr vorausgesetzten Wertüberzeugungen nicht mehr gelebt und die ihr zugrunde liegenden Gewissheiten faktisch nicht mehr vorhanden sind. Zu den grundlegenden Erfahrungen, auf die sich auch eine säkulare Verfassung bezieht, trägt – neben Kunst und Kultur – die Religion entscheidend bei. Das Zusammenhaltende ist das Verbindende, das Gemeinsame, das Geteilte, das Gewachsene, das aus gemeinsamen Erfahrungen Entstandene, das sich von einer Zeit in die nächste weiterträgt und stets neu zu bestimmen ist. Gerade in dieser Hinsicht ist die Religion eine Instanz, die eine mehr als nur individuelle Orientierung verleiht.

Der Anspruch des gegenwärtigen Islam, auch in seiner mystischen Grundlegung, kann sich nicht in einer Distanzierung zu politischen und gesellschaftlichen Herausforderungen erschöpfen. Er kann aber noch weniger darin bestehen, die Religion selbst zu politisieren. Wer den Islam politisch instrumentalisiert, gibt die Offenheit dieser Religion zugunsten ihrer ideologischen Engführung preis. Der Anspruch muss sein, politische und soziale Verantwortung aus dem inneren Verständnis der Religion heraus zu formulieren und so Menschen zu ermutigen, sich politisch einzumischen und in der Gesellschaft aktiv zu werden. Religionen sind selbst Teil der gesellschaftlichen Wirklichkeit. Sie können und sollen auch einen eigenen Anspruch auf Partizipation formulieren und sich für die Gestaltung einer freien Gesellschaft einsetzen, gerade in Zeiten der Globalisierung. Religionen verfügen über eine reiche Erfahrung mit Tugenden und Werten. Genau darauf muss sich unsere Zeit mehr denn je zurückbesinnen, wenn es um Frieden, Toleranz, einen verantwortlichen Umgang mit der Umwelt, die Bewahrung der Schöpfung, die Herausbildung einer durchdachten Tierethik und dergleichen geht. Bei all dem handelt es sich um universelle Werte, deren Zielsetzung klar ist, auch wenn ihre inhaltliche Ausformulierung und konkrete Rückbindung sich immer verändern kann. Gottesdienst, so sagt die islamische Mystik, ist die Einsicht in die Weise des Wirkens Gottes, das überall – also auch in der Wirklichkeit von Politik und Gesellschaft – zu sehen ist, wenn man seinen Blick dafür geschärft hat.

Der politische Anspruch von Religion

Leiden als Frage nach Gottes Willen

1 Christliche Antworten auf die Frage nach dem Leiden

von Anselm Grün

Kosmisches Drama? Das Leiden als Urfrage der Religionen

Die Frage nach dem Leid ist eine uralte Frage der Menschheit, und auch die biblischen Autoren sind von der Tatsache des Leidens umgetrieben: „Wir wissen ja, dass alles Geschaffene seufzt und sich bis zur Stunde schmerzlich ängstigt" (Röm 8,22). Nicht nur Christentum und Islam, jede Religion versucht, auf die Frage nach dem Leid eine Antwort zu geben. Schon die Mythen der Naturreligionen nehmen das Leiden als Teil eines kosmischen Dramas – zwischen Leben und Tod, Finsternis und Licht – wahr, erinnern aber auch an einen Urzustand, in dem die Welt noch heil war. Die großen Religionen setzen sich mit dem Geheimnis des Leidens auseinander, sehen es aber immer auch als Herausforderung zu sinnhafter Gestaltung und fragen nach der Freiheit und Würde des leidenden Menschen: ob sie nun das Leiden (wie die antiken Religionen) als Aufforderung verstehen, das Wesentliche hinter dem Vergänglichen wahrzunehmen, oder – „per aspera ad astra" – als Weg, als Durchgang zu höheren Werten auffassen, oder ob sie (wie östliche Religionen) das Leiden als Ergebnis einer falschen Bindung an die Welt sehen und eine Lösung von allem schmerzhaften Verlangen als Kern der Weisheit und als Weg der Befreiung empfehlen.

Wo ist Gott im Leiden? – Biblische Antworten

Auch in der jüdisch-biblischen Tradition spielt die Frage nach dem Leid, nach der Abwesenheit oder Nähe Gottes im Leiden, nach Trost und Hoffnung und nach dem rechten Verhalten immer wieder eine Rolle. In der Geschichte des leidenden Hiob hat sie eine besonders eindrückliche Gestaltung gefunden. Aber das Leiden ist nicht nur eine

Grunderfahrung. den Leidenden gilt auch die Verheißung: „Gott wird jede Träne von ihrem Auge wischen, der Tod wird nicht mehr sein noch Leiden noch Jammer noch Mühsal. Denn siehe, ich mache alles neu" (vgl. Offb 21,4f.). In diesem Spannungsbogen fragt christliche Spiritualität bis heute nach dem Leiden.

Sobald wir leiden, fragen wir unwillkürlich: *Warum?* Warum trifft ausgerecht mich das Leid? Manche verbinden mit dem Leid sofort die Frage nach der Strafe: Straft mich Gott mit dem Leid, weil ich nicht nach seinem Willen gelebt habe?

Die christliche Theologie antwortet uns auf diese Frage: Gott ist kein strafender Gott. Das können wir sicher sagen. Aber die Frage nach dem Warum können wir trotz aller theologischen Versuche nicht beantworten. Denn sonst würden wir uns über Gott stellen und genau wissen, was Gott denkt. Wir können nur versuchen, das Leid, das wir erfahren, zu verstehen und eine angemessene Antwort darauf zu geben.

In der christlichen Frömmigkeitsgeschichte gab es unter den Erklärungsversuchen auch den Bezug auf den Satz aus dem Buch der Sprüche: „Wen Gott liebt, den züchtigt er." (Spr 3,12) Das hat oft zu einer ungesunden Leidensmystik geführt, in der man das Leid gesucht hat, um seine Liebe zu Gott auszudrücken. Andere haben das Leid als Erziehungsmaßnahme gesehen: von Gott gesandt, damit wir umkehren. Manche haben auch das Wort Jesu, dass der Jünger sein Kreuz tragen muss, wenn er Jesus nachfolgt (Vgl. Lk 14,27) so verstanden, dass wir uns bewusst und vorsätzlich das Leid als Kreuz aufladen sollten. Doch heute verstehen wir die Worte Jesu anders. C. G. Jung versteht das Kreuztragen als Annehmen unserer eigenen Gegensätzlichkeit und als notwendigen Weg zur menschlichen Selbstwerdung. Kreuz kann aber auch ein Bild sein für das, was unsere Pläne durchkreuzt. Und dann wird es zum Bild für das Leid. Das Leid trifft uns, ob wir wollen oder nicht. Wir sollen es nicht suchen. Aber wenn es kommt, dann kann uns das Wort Jesu helfen, es zu tragen. Aber bevor wir das Leid tragen, sollen wir zuerst versuchen, das, was uns Leid bringt, zu lösen. Manche leiden lieber, als dass sie die Probleme lösen, die sie leiden lassen. Daher

Zwischen Ergebung und Widerstand

braucht es immer beides: den Kampf gegen das Leid, die Überwindung des Leids, soweit es uns möglich ist, und dann das Tragen des Leids, das wir nicht verhindern können. Beim Tragen des Leids helfen kann uns die christliche Leidensmystik, wie sie im Mittelalter entstanden ist. In unserer Zeit hat Dietrich Bonhoeffer diese Spannung zwischen Kampf gegen das Leid und Annahme des Leids mit den beiden Worten „Widerstand und Ergebung" beschrieben. Die christliche Hoffnung bezieht sich schon auf diese Welt. Wir sollten voller Hoffnung daran arbeiten, dass diese Welt gerechter und Leid vermieden oder gemindert wird. Aber trotz allen Widerstands gegen ungerechte Strukturen werden wir immer auch Situationen erleiden, die wir annehmen müssen. Und dann stärkt uns die christliche Hoffnung, dass das Leid nicht das letzte ist, sondern dass uns nach dem Leid ewiges Leben erwartet.

Theodizee-Frage als Reaktion auf das Leid Die Frage nach Gott und dem Leid hat der deutsche Philosoph Leibniz als Theodizeefrage bezeichnet. Leibniz stellte sich die Frage, wie der Glaube an den allmächtigen und liebenden Gott mit der Erfahrung des Bösen, des Dunklen und des Leids vereinbart werden kann. Er hat es unternommen, Gott vor den Richterstuhl menschlicher Vernunft zu stellen. Doch Leibniz hat Gott nicht angeklagt, sondern ihn angesichts des Leids der Welt verteidigt. Er meint, Gott habe die beste aller möglichen Welten geschaffen. Doch diese Antwort hat die christlichen Theologen nie ganz zufriedengestellt, und schon in der Bibel gibt es die Aufforderung, nicht mit Gott zu rechten (Röm 9,20). Es gab andere Versuche, das Leid als Preis der Freiheit zu verstehen oder als pädagogische Maßnahme Gottes. Aber all diesen theologischen Versuchen stellt Karl Rahner die Behauptung entgegen: Das Leid ist unbegreiflich. Und die Unbegreiflichkeit des Leids ist ein Teil der Unbegreiflichkeit Gottes. Das ist für Rahner die einzig mögliche redliche Antwort, die wir unserer suchenden Vernunft geben können.

Wir können also das Leid nicht erklären. Aber wir können uns fragen, wie wir damit umgehen sollen.

Und da gibt uns die Bibel viele gute Antworten. Zunächst ist Jesus selbst ein Vorbild. Er ist durch das
Leid hindurchgegangen und ist durch das Leid hindurch zur Auferstehung gelangt. Indem Gott Jesus

**Bewältigung des
Leids – Antworten
aus der Bibel**

von den Toten erweckt hat, hat er uns die Hoffnung gegeben, dass
auch unser Leid nicht das letzte Wort ist, sondern dass es in der
Auferstehung aufgehoben wird. So sagt Jesus zu den Emmausjüngern: „Musste nicht der Messias all das erleiden, um so in seine
Herrlichkeit zu gelangen?" (Lk 24,26). Das „musste" – im Griechischen „dei" – meint keine absolute Notwendigkeit. Die Griechen bezeichnen damit einfach das Schicksal. Das Leid überkommt
uns wie ein Schicksal. Aber das, was uns da durchkreuzt, ist auch
für uns der Durchgang zur Herrlichkeit. Im Griechischen steht
hier „doxa". Das meint: Gestalt, Bild, Schönheit. Das Leid könnte
also zum Weg werden zu meiner wahren Gestalt, zur ursprünglichen Gestalt, die Gott sich von mir gemacht hat.

Die christliche Passionsmystik hat das Leiden Jesu als Ausdruck
seiner Liebe zu uns verstanden. Jesus selbst sagt von seinem Leiden
und Sterben: „Es gibt keine größere Liebe, als wenn jemand sein
Leben hingibt für seine Freunde" (Joh 15,13). Die Christen haben
in dem Leid, das sie getroffen hat, aufgeschaut zu Jesus. Sie haben
dann die Gemeinschaft mit Jesus erfahren. Und sie haben seine
Liebe erfahren, die auch ihr Leid verwandelt. So war der Blick auf
den leidenden Jesus immer eine Hilfe, das eigene Leid zu bewältigen und dabei die eigene Würde nicht zu verlieren. Die schwarzen
Sklaven in den USA haben in ihren Spirituals das Leiden Jesu be-
sungen. Das Leiden Jesu zu vergegenwärtigen gab ihnen die Kraft,
durch ihr eigenes Leiden aufrecht hindurchzugehen und noch darin ihre Würde zu erfahren.

Aber nach der Frage, wie wir das Leiden bewältigen,
stellt sich uns auch die Frage nach dem Sinn des
Leids. Viktor E. Frankl, ein jüdischer Therapeut,

**Die Frage
nach dem Sinn**

der aber durchaus christliche Gedanken vertritt, meint: Das Leid
hat nicht in sich einen Sinn. Aber es ist unsere Aufgabe, dem Leid
einen Sinn abzuringen. Frankl meint: Das Schicksal kann uns vieles rauben. Es kann uns liebe Menschen durch den Tod rauben. Es

kann uns die Gesundheit nehmen oder den Arbeitsplatz. Aber eines kann es uns nicht nehmen: die Freiheit, darauf zu reagieren. Und diese Freiheit besteht darin, dem Leid einen Sinn zu geben und es so zu verwandeln. Ein Sinn könnte z. B. sein: das Leid in Hingabe zu verwandeln. Meine Mutter hat als gläubige Christin ihre Krankheiten so verstanden. Sie hat sie angenommen und in Hingabe für ihre Kinder und Enkelkinder verwandelt. Das hat ihr das Gefühl gegeben, dass sie mit ihrem Leid noch etwas für die Kinder und Enkelkinder tun kann. Und es hat den Menschen in ihrer Umgebung gutgetan. Denn von ihr ging Gelassenheit und Liebe aus. Diese Verwandlung des Leids in Hingabe feiern Christen in jeder Eucharistie. Jesus hat sich das Leid auch nicht ausgesucht. Es ist ihm widerfahren. Es hat seine Pläne durchkreuzt. Aber das, was ihn durchkreuzt hat, hat er in einen Akt der Liebe verwandelt. So sagt er von sich: „Ich gebe mein Leben für die Schafe … Niemand entreißt es mir, sondern ich gebe es aus freiem Willen hin" (Joh 10,15–18).

Nicht zerbrechen, sondern aufbrechen

Von dem Wort her, das Jesus den Emmausjüngern gesagt hat, möchte ich einen Grundsatz aufstellen, um den Sinn des Leids zu verstehen: Das Leid zerbricht meine Vorstellungen von mir selbst, von meinem Leben und von Gott. Wenn ich meine Vorstellungen durch das Leiden zerbrechen lasse, dann werde ich nicht daran zerbrechen, sondern aufgebrochen für mein wahres Selbst, aufgebrochen für neue Vorstellungen vom Leben, aufgebrochen für die Brüder und Schwestern und aufgebrochen für die unbegreifliche Liebe Gottes. Diesen abstrakten Grundsatz möchte ich an einem Beispiel erläutern: Eine Frau, die gesund gelebt hat, bekam die Diagnose einer Autoimmunkrankheit. Sofort wollte sie die Ursache der Krankheit erfahren. Ich antwortete: Es hat keinen Sinn, die Schuld für die Krankheit bei sich selbst zu suchen. Die Krankheit ist ihr widerfahren. Wir wissen nicht, warum. Die Krankheit zerbricht ihr bisheriges Selbstbild, dass sie immer alles kann, was sie will. Wenn dieses Selbstbild der starken Frau zerbricht, kann sie sich fragen: Wer bin ich eigentlich? Was ist mein wahres Selbst? Die Krankheit zerbricht ihre Vorstellungen vom Leben, zum Beispiel die, dass sie noch weiterhin Hochleistungssport treiben könne. Aber sie kann nun andere Möglichkeiten suchen, wie sie trotzdem intensiv leben kann: einen kleinen Spaziergang, ein gutes Gespräch, das Genießen der Natur. Und das Leid zerbricht ihre Vorstellung von Gott. Sie war jeden Sonntag zur Kirche gegangen. Warum lässt Gott diese Krankheit zu? Das Bild des barmherzigen und allmächtigen Gottes zerbricht. Denn wenn Gott allmächtig ist, dann kann er die Krankheit verhindern. Und wenn er barmherzig ist, dann muss er sie verhindern. Aber er hat es nicht getan. Das ist unverständlich. Doch wenn ich die Unbegreiflichkeit Gottes annehme, dann werde ich aufgebrochen für den wahren Gott, für den Gott, der jenseits aller menschlichen Bilder und Vorstellungen liegt. Wenn ich aber an meinen Vorstellungen festhalte, werde ich durch die Krankheit zerbrechen. Wenn ich etwa festhalte: Eine gesunde Lebensweise garantiert mir lange Zeit ein gesundes Leben, dann werde ich wegen der Krankheit entweder mich selbst oder andere beschuldigen, die daran schuld sein könnten. Aber dabei werde ich bitter und werde daran irgendwann zerbrechen. Der Sinn des Leids ist also, uns immer mehr aufzubrechen für unser wahres Selbst, für neue Lebensmöglichkeiten und für den unbegreiflichen Gott – der aber bei aller Unbegreiflichkeit dennoch Liebe ist, aber eben eine unbegreifliche Liebe.

Die Psalmen zeigen uns, dass wir uns im Leid nicht einfach in Gott ergeben sollen. In den Psalmen ringt der Beter oft mit Gott. Er schreit zu Gott, er

Was innere Gelassenheit gibt

solle ihn doch aus der Grube befreien und aus den Händen der Frevler erretten. Und dann mitten im Schreien bekennt er, dass Gott seine Zuflucht ist, dass Gott ein helfender und befreiender Gott ist. Wir dürfen mit dem Psalmisten klagen und Gott anklagen. Aber alle Klage soll irgendwann verwandelt werden in das Vertrauen, dass Gott trotz allen Leids nicht von mir gewichen ist, dass er das Leid des Armen verwandeln wird. Wir dürfen Gott anklagen, unsere Wut ihm zumuten. Und wir dürfen ihn darum bitten, uns zu heilen. Wir sollen alle unsere Bedürfnisse vor ihn bringen. Aber jedes Gebet mündet dann in die Bitte: „Dein Wille geschehe!" Das ist keine Resignation. Wir dürfen Gott umzustim-

men versuchen mit unseren flehentlichen Bitten. Aber wir vertrau-
en zugleich darauf, dass Gottes Wille für uns gut ist. Gottes Wille
ist nicht willkürlich. Gott ist nicht jemand, der andere gerne leiden
lässt. Die christliche Tradition unterscheidet zwei Arten des Willens. Die erste Art ist der oberflächliche Wille: Ich will jetzt dorthin
fahren. Ich will jetzt dies essen, jenes tun. Die zweite Art ist der
Wille, den wir auf dem Grund unserer Seele entdecken, wenn wir
ganz still sind und in uns hineinhorchen. Dieser Wille auf dem
Grund unserer Seele ist identisch mit dem Willen Gottes. Und dieser Wille Gottes schenkt uns eine innere Freiheit. Ich weiß, dass
Gottes Wille es immer gut mit mir meint. Aber dieses Gutmeinen
bedeutet nicht unbedingt, dass Gott mir das Leid wegnimmt und
mich vor der Krankheit bewahrt. Aber ich vertraue darauf, dass
Gottes Wille letztlich mein Heil will. Ganz gleich, ob das Leid an-
dauert oder ob es mir genommen wird, ich bin immer in Gottes
guter Hand. Und Gottes gute Hand wird mich tragen, ganz gleich,
was mit mir passiert. Das gibt mir eine innere Freiheit und Gelassenheit.

2 Leiden als spirituelle Herausforderung im Islam

von Ahmad Milad Karimi

„Muslimischer
Fatalismus" –
ein Vorurteil

Gerne würden wir Leiderfahrungen aus unserem
Leben fernhalten. Das liegt vor allem an unserer Bewertung der Leiderfahrung. Schon die Absicht, ein
Leben jenseits von Leiderfahrungen zu führen, erzeugt die Angst und Furcht, bloß nicht vom Leid, Unrecht und
Schmerz heimgesucht zu werden. Doch zum Leben des Menschen
gehört es, auch Leid zu erfahren. Auch Muslime fragen: Warum
gibt es aber überhaupt Leid, Böses, wenn ein Gott existiert, der
selbst unübertrefflich gut ist? Warum lässt der gute und gütige
Gott in seiner eigenen Schöpfung Leid zu? Im Unterschied zur
christlichen Tradition hat sich im Islam aber keine Theodizee entwickelt im Sinne eines systematisch-theologischen Versuchs, auf
das Problem des Leids zu antworten bzw. Gott durch Erklärungen

zu rechtfertigen. Das Leid wird in der Tradition islamischer Spiritualität zwar keineswegs ignoriert, aber es wird nicht, wie in der Kreuzestheologie des Christentums, theologisch überhöht oder gar als erlösungsnotwendig gedeutet. In der Außenwahrnehmung ist dabei manchmal der Eindruck entstanden, dass Muslime sich fatalistisch Gott und seiner Fügung unterwerfen und das Leiden in blinder Schicksalsergebenheit hinnehmen würden. Der Philosoph Gottfried W. Leibniz spricht in diesem negativen Sinne vom „fatum Mahomedanum".[81] Das ist jedoch ein Vorurteil.

Muslime sehen im Blick auf das Leid in der Welt keinen Widerspruch zur Güte Gottes. Nicht das Leid an sich ist Gegenstand ihres Nachdenkens, vielmehr ist das Leiden als existenzielle Erfahrung wichtig. Denn die muslimische Spiritualität ist

Leid als existenzielle Erfahrung – eine Weisheit, die es zu ergründen gilt

überzeugt: Keine Leiderfahrung ergreift uns ohne Sinn. Nicht das Leid selbst ist von Bedeutung, sondern unser spiritueller Umgang mit ihm ist entscheidend. Insofern sehen Muslime im Leid in erster Linie eine Weisheit, die es zu ergründen gilt. Das ist aber das Gegenteil einer bloß schicksalsergebenen und passiven Hinnahme. Die spirituelle Herausforderung in der Erfahrung des Leids besteht darin, nicht das Leid von sich zu weisen, Gott anzuklagen oder ihn zu rechtfertigen, sondern dem Leid geduldig standzuhalten. Was heißt das aber? Sich in Geduld zu üben, wird im Koran als wichtige spirituelle Tugend gewürdigt. „Siehe, Gott ist mit den Geduldigen", lautet eine zentrale Aussage (Koran 8,46). Damit ist aber keine Haltung gemeint, die alles über sich ergehen lässt, weil ohnehin nichts zu ändern ist. Geduld ist vielmehr etwas Aktives. Geduldig zu sein zeugt von innerer Reife und seelischer Größe. Denn mit der Geduld, die im Koran nicht selten im gleichen Atemzug mit dem Gebet hervorgehoben wird,[82] festigt sich der Glaube an Gott. So wurde der muslimische Mystiker Schibli (gest. 946) von einem Mann gefragt, welche Geduld für die Geduldigen am schwersten sei. „Er antwortete: ‚Die Geduld in Gott.' Der Mann sagte: ‚Nein!' Schibli: ‚Die Geduld für Gott.' Der Mann: ‚Nein!' Schibli: ‚Die Geduld mit Gott.' Der Mann: ‚Nein!' Da wurde Schibli zornig und sagte: „He du, was denn?" Der Mann antwortete: ‚Die Geduld (es auszuhalten) ohne Gott.' Da stieß Schibli einen Schrei aus, dass er fast den Geist aufgegeben hätte."[83]

**Gott liebt
die Geduldigen**

Die Geduld zeigt uns, inwieweit wir unser Herz Gott hingegeben haben. In einer Heimsuchung standzuhalten, sie zu bestehen, als gäbe es keinen Gott, bedeutet: Ich bin des erfahrenen Leides in seiner ganzen Intensität gewahr, ohne es zu relativieren, aber ich verzweifle trotzdem nicht. In einer solchen Haltung wird Gott nicht als Lückenbüßer angenommen. Im Gegenteil: Wir sind allein mit unserer Heimsuchung, weil wir uns nicht aus unserer Verantwortung stehlen. Was jedoch die Geduld zum Vorschein bringt, ist, *wie* wir mit dem umgehen, was uns heimsucht. Ist unser Herz erfüllt von Gott, so sind wir niemals wirklich allein. Die eigentliche Intensität der Geduld besteht aber darin, dass wir auch ihr selbst gegenüber geduldig sind. Wir dürfen das Leidvolle auch artikulieren, das Ungerechte benennen, wir dürfen klagen, mit Gott hadern, an ihm zweifeln, aber nicht daran verzweifeln. Denn nichts ist schwieriger im Angesicht der tiefen Leiderfahrung als die Geduld selbst. Vielleicht ist also die Geduld die wahre Prüfung, wenn es im Koran heißt: „Gott liebt die Geduldigen" (Koran 3,146). Denn gerade in der Stunde unseres Leides ist Er mit uns, sodass die Leiderfahrung uns eine Lehre sein kann, wenn wir uns nicht als ein Spielzeug der göttlichen Fügung erachten, sondern als Lernende auf dem Weg unserer Pilgerschaft zu Gott. Denn nichts kann leidvoller sein, als fern von Gott zu sein. Wenn wir leiden, steht für Muslime nicht Gott als Täter zur Disposition. Vielmehr sind wir in dieser Situation auf uns selbst zurückgeworfen, denn in dieser Hinsicht ist das Leiden der Preis unserer geschenkten Freiheit. Dass wir von Gott als freie Wesen erschaffen sind, bedeutet auch, dass wir selbst die Verantwortung tragen für unser Handeln, und zwar auch in einer Situation, in der wir vom Leiden heimgesucht sind.

**Leid als Ort der
Gottesbegegnung**

Leid lässt sich in diesem Verständnis aber auch als ein intimer Ort der Gottesbegegnung begreifen. Erlösung stellt sich nicht erst *nach* der Leiderfahrung ein, sondern mit und in dieser Erfahrung, in der wir z. B. unserer

Fragilität und Endlichkeit gewahr werden und in der eine Lebensweise infrage gestellt wird, die so tut, als würden wir ewig leben. In
der Erfahrung des Leids zeigt sich auch, ob wir, die wir für uns
selber Vergebung und Erlösung erwarten, auch selbst zu vergeben
bereit sind. Die Erfahrung des Leides ist somit eine tiefgreifende
spirituelle Erfahrung, die nicht einfach an uns vorbeizieht; vielmehr verändert die Leiderfahrung die Menschen – zum Guten.

Der Islam kennt auch das Klagegebet. Wahrhaftiger Glaube bewährt sich auch darin, dass wir mit Gott hadern (was nicht bedeutet, Gott anzuklagen). Wir bleiben nicht selten mit Unverständnis
zurück angesichts der beinahe unerträglichen Leiderfahrungen,
die meistens Unschuldige betreffen. Das Zweifeln gehört daher
zum Glauben selbst. Das Leid darf nicht verschwiegen werden. Im
Gegenteil: Das Leid in der Welt zu erkennen und sich zu fragen,
was es heißt, in dieser Situation überhaupt religiös zu sein, das
gehört nach diesem Verständnis zur Religiosität selbst.

Welche Antwort haben wir angesichts der offensichtlich ungerechten Leiderfahrungen, die auch
gute Menschen und unschuldige Kinder Tag für
Tag betrifft? Dürfen wir auf eine ausgleichende Gerechtigkeit Gottes hoffen? Die islamische Theologie
Göttliche Gerechtigkeit und menschliche Verantwortung
und Mystik unterstreicht die Hoffnung auf Gottes ausgleichende
Gerechtigkeit. Sie betont die Hoffnung, dass letztlich Gott alles
zum Guten wenden wird, aber sie betont mehr noch die Verantwortlichkeit des Menschen in der Welt. Nicht immer steht es in
unserer Macht, die ungerechten Leiderfahrungen abzuwenden,
aber oft genug. Und wenn wir die Erfahrung eigener Ohnmacht
machen – sei es, dass wir etwa Naturkatastrophen nicht verhindern
können, sei es, dass wir aufgrund der Umstände keine wirkungs-
vollen Möglichkeiten zu aktiver Verhinderung des Leids haben –,
dann sind wir gefragt, auf den betroffenen Nächsten zuzugehen,
ihm Trost zu spenden, seine Leiderfahrungen zu teilen. Der Prophet Muhammad macht dies deutlich mit den (an das Jesuswort
aus dem 25. Kapitel des Matthäusevangeliums anklingenden)
Worten: „Im Jenseits wird Gott einen Mann fragen: ‚Ich war krank,
und du hast mich nicht besucht, ich war hungrig, und du hast mir

nichts zu essen gegeben, und ich war durstig, und du hast mir nichts zu trinken gegeben.' Der Mann wird dann erstaunt fragen: ‚Aber Du bist Gott, wie kannst Du krank, durstig oder gar hungrig sein?' Da wird ihm Gott antworten: ‚Am Tag soundso war ein Bekannter von dir krank, und du hast ihn nicht besucht. Hättest du ihn besucht, hättest du Mich dort bei ihm gefunden. An einem Tag war ein Bekannter von dir hungrig, und du hast ihm nichts zu essen gegeben, und an einem Tag war ein Bekannter von dir durstig, und du hast ihm nichts zu trinken gegeben.'"[84]

Leben – Sterben – Tod

1 Der Zusammenhang Leben, Sterben und Tod in christlicher Deutung

von Anselm Grün

In der christlichen Tradition gehören Leben und Sterben zusammen. Dieser Zusammenhang hat verschiedene Aspekte. Zum einen lässt uns das Wissen um die Begrenztheit unseres Lebens intensiver leben. In jedem Augenblick wissen wir, dass wir auch sterben können. Dieses Wissen lädt uns ein, bewusst und achtsam zu leben, das Geheimnis des Lebens wahrzunehmen. Der Gedanke an den Tod verstärkt also das Leben.

> **Der Gedanke an den Tod verstärkt das Leben**

Ein anderer Aspekt besteht darin, dass wir ständig sterben, um neues Leben in uns zuzulassen. Das Leben ist ein ständiges Loslassen, um neu zu werden. Augustinus sagt: In jedem Augenblick sterben wir schon. Die Vergangenheit stirbt, damit wir uns ganz auf die Gegenwart einlassen und damit wir offen werden für die Zukunft. Wir müssen unsere Kindheit loslassen, damit wir erwachsen werden. So sollen wir auch alte Konflikte loslassen, damit wir uns den gegenwärtigen Auseinandersetzungen stellen können.

Sterben bedeutet in der christlichen Tradition immer auch einen spirituellen Weg: für die Welt sterben, um für den Himmel geboren zu werden. Oder psychologisch ausgedrückt: Unser Ego muss sterben, damit unser Selbst sich entfalten kann. In der christlichen Tradition steht für dieses Absterben des Ego, damit das eigentliche Bild des Menschen zum Vorschein kommt, Johannes der Täufer. Er sagt von sich und seiner Beziehung zu Jesus: „Er muss wachsen, ich aber muss kleiner werden" (Joh 3,30). Das Ego, das immer imponieren möchte, muss abnehmen, damit Christus in uns zunimmt, d.h. damit der Geist Jesu immer mehr in uns aufleuchtet,

> **Vom Ego zum Selbst: Sterben als spiritueller Weg**

243

damit das einmalige Bild, das Gott sich von jedem von uns gemacht hat, immer klarer in uns erstrahlt.

Auch in der Erfahrung des realen Sterbens gilt für gläubige Christen, wovon auch die christlichen Begräbnisrituale Zeugnis geben: Der Glaube an die Auferstehung und an den Sieg Jesu über den Tod hebt die Trauer nicht auf. Aber er hilft uns, die Trauer in der Perspektive der Hoffnung zu bewältigen. Es geht in der Trauer nicht nur um den Schmerz des Abschieds und um die Beziehung zum Verstorbenen, über den Tod hinaus. Es geht immer auch um die Frage nach meiner eigenen Identität und nach dem Sinn meines Lebens.

Hineinsterben in ein neues Sein — Die Mönche haben das Bild vom Sterben gerne verwendet, um damit auszudrücken: Unsere Identität, in der wir uns mit der Welt identifizieren, muss sterben, damit das neue Sein, das uns Christus geschenkt hat, in uns aufblüht. Wir sind in der Welt, aber nicht von der Welt. Daher muss unser Verhaftetsein an die Welt sterben, damit das göttliche Leben in uns sich entfalten kann. Es gibt eine Geschichte, in der der Wüstenvater Makarius einen jungen Mönch auf den Friedhof schickt. Er soll die Toten eine Stunde lang beschimpfen und dann eine Stunde lang loben. Natürlich antworten die Toten nicht. Als der Mönch zu Makarius zurückkehrt, sagt er: „Mach es wie die Toten: Achte weder auf Lob noch auf Tadel. Dann wird dein Leben gelingen." Das bedeutet nicht, dass der Mönch gefühllos werden soll. Er soll sich jedoch weder von der Anerkennung noch von der Ablehnung her definieren, sondern allein von Gott her. Wem dieses innere Sterben gelungen ist, der kann mitten in der Welt leben, ohne von ihr beherrscht zu werden.

In einem Apophthegma – einem Mönchsspruch aus dem 4. Jahrhundert – heißt es: Ein Bruder fragte den Altvater Moses: „Ich sehe eine Aufgabe vor mir und kann sie nicht erfüllen." Da sagte ihm der Alte: „Wenn du nicht ein Leichnam wirst wie die Begrabenen, kannst du sie nicht bewältigen."[85] Wenn wir den eigenen Tod vorausmeditieren, spüren wir, was wir alles an Ballast loslassen sollten, den wir mit uns herumschleppen: Besitz, an dem wir uns festkrallen, Meinungen, an denen wir festhalten, Rollen, die wir spielen, Masken, die wir tragen. All das würde von uns abfallen. Und wir könnten als neue Menschen aus dem Grab erstehen. Die Vorstellung, im Grab zu liegen, will nicht unsere Vitalität abschneiden. Sie ist vielmehr eine Hilfe, dass das wahre Leben sich in uns entfalten kann. Das Sterben – so meinen die Mönche – will uns zum Leben befähigen. Es will uns dazu fähig machen, die Aufgaben, die das Leben uns stellt, gut zu erfüllen. Die Vorstellung, dass wir sterben und im Grab liegen, ist eine Hilfe, das wahre Leben zu gewinnen, das Leben, das uns in der Auferstehung Jesu aufleuchtet.

Was die Natur uns vorlebt – das ständige Sterben und Wieder-neu-Aufleben –, das gilt auch für unseren spirituellen Weg. Ständig muss Altes in uns sterben, damit Neues in uns wachsen kann. Das ist **Das Geheimnis von Tod und Auferstehung Jesu** das Geheimnis von Tod und Auferstehung Jesu. Der Apostel Paulus hat das eindrücklich in seiner Beschreibung der Taufe dargelegt. Die Taufe will uns zeigen, dass wir mit Christus sterben, um mit ihm als neue Menschen aufzuerstehen: „Wir wissen: Unser alter Mensch wurde mitgekreuzigt, damit der von der Sünde beherrschte Leib vernichtet werde und wir nicht Sklaven der Sünde bleiben. Denn wer gestorben ist, der ist frei geworden von der Sünde. Sind wir nun mit Christus gestorben, so glauben wir, dass wir auch mit ihm leben werden" (Röm 6,6–8). Im Ritus der Taufe wird das für die Christen leibhaft erfahrbar. Der Mensch taucht in das Wasser ein. Sein alter Mensch stirbt. Dann taucht er wieder auf und wird mit einem weißen Gewand bekleidet – als Zeichen, dass er neu geworden ist. Für die frühen Christen war das eine eindrückliche Erfahrung. Sie haben sich wie neu geboren erlebt.

Was in der Taufe geschehen ist, sollen wir in unserem Leben immer wieder neu einüben. Ein Ritual, das uns an dieses Sterben und Auferstehen erinnert, **Das Taufgeschehen einüben im Leben** ist das Sich-Bekreuzigen mit dem Weihwasser. Wir tauchen die Hand in das Weihwasser und berühren dann damit die Stirne, den Unterbauch, die linke und die rechte Schulter. Wenn wir die Stirne berühren, drücken wir damit aus, dass unser Denken sich erneuert. Paulus ruft uns auf: „Gleicht euch nicht dieser Welt an, sondern wandelt euch und erneuert euer Denken" (Röm 12,2). Dann berühren wir den Unterbauch, damit unsere Vitalität und Sexualität vom Geist Jesu durchdrungen wird. Dann berühren wir die linke Schulter. Das neue Leben will in die Tiefen unseres Unbewussten, in die Bilder unserer Träume, eindringen und alles verwandeln. Und dann berühren wir die rechte Schulter. Unser bewusstes Handeln und Reden soll von dem neuen Geist Jesu geprägt sein und nicht von den alten Maßstäben dieser Welt.

Anteil am ewigen Leben Der Apostel Paulus hat das Geheimnis von Leben und Sterben, von Tod und Auferstehung an seinem eigenen Leib erfahren: „Wohin wir auch kommen, immer tragen wir das Todesleiden Jesu an unserem Leib, damit auch das Leben Jesu an unserem Leib sichtbar wird. Denn immer werden wir, obgleich wir leben, um Jesu willen dem Tod ausgeliefert, damit auch das Leben Jesu an unserem sterblichen Fleisch offenbar wird" (2 Kor 4,10 f.). Aus diesen Worten des Paulus dürfen wir keine Todessehnsucht herauslesen. Vielmehr hat ihm diese Erfahrung die Kraft und den Mut geschenkt, unerschrocken die Botschaft Jesu zu verkünden, auch wenn er dabei viele Drangsale und Verfolgungen zu erleiden hatte. Er hat sich dem Leben gestellt, ohne Angst vor den Bedrohungen. Denn das Leiden war für ihn Erfahrung des Todesleidens Jesu. Er hat im Leid die Gemeinschaft mit Jesus erfahren. Und für ihn ist Jesus eben der Gekreuzigte und Auferstandene, der, der alle unsere Maßstäbe durchkreuzt und der uns aufbricht zu neuem Leben, zu einem Leben, das auch durch den Tod nicht zerstört werden kann.

So wird das Geheimnis unseres geistlichen Lebens ausgedrückt in den Bildern von Leben und Sterben, von Tod und Auferstehung, vom Loslassen des Alten und Zulassen des neuen Lebens. Das neue Leben, das wir hier schon erfahren, wird dann, wenn wir auch leibhaft sterben, in seiner Fülle in uns aufleuchten. Doch die christliche Tradition weiß: Wir haben hier schon teil am ewigen Leben. Hier leuchtet schon das Paradies auf, das uns nach unserem Tod im Himmel erwartet.

2 Leben, Sterben und Tod in muslimischer Deutung

von Ahmad Milad Karimi

Das Wort *Islam* bedeutet Hingabe und meint, im Bewusstsein Gottes vor Gott zu leben. Was sich mit der Hingabe ereignet, lässt sich nicht außerhalb des Menschen und seines Lebens verorten. Diese Hingebung ist keine Begierde, die nach einer materiellen Erfüllung trachtet, aber sehr wohl ein Begehren, eine innere Unruhe. Wer sich hingibt, ist durchdrungen von einer Leidenschaft, die ihn bewegt. Die muslimische Vorstellung vom Sinn des Lebens ist von dieser Dynamik her bestimmt: Hingebung steht am Anfang einer Reise zu Gott, einer Reise nach innen. Diese Hingabe ist keine blinde Ergebung, keine Versklavung des Menschen. Sich hingeben heißt vielmehr: sich öffnen für Gott. Der Weg zu Gott verläuft aber nicht linear. Das Herz will Gott, aber es haftet nicht an ihm. Die Reise nach innen endet nicht. Mit jedem inneren Schritt eröffnet sich ein weiterer Schritt, Wege über Wege, die das endliche und begrenzte Herz zum Unendlichen hin öffnen. *Eröffnung* heißt die erste Sure im Koran als Anfang einer Reise, die unaufhaltsam Grenzen überschreitet, die wir in uns haben. So empfiehlt der Prophet Muhammad: „Stirb, bevor du stirbst!" Im Islam gehören also Leben und Tod zusammen.

> **Leben ist Hingabe: Islam als bewusstes Leben vor Gott**

Der Tod gehört zum Menschen. Das Bewusstsein davon erinnert an den Psalm: „Des Menschen Tage gleichen dem Gras, er blüht wie die Blume des Feldes. Ein Hauch des Windes, schon ist sie dahin; und der Ort, wo sie stand, er hat sie vergessen."[86] Authentisches Leben besteht also darin, den Tod als Teil der Wirklichkeit zu akzeptieren, nicht, ihn zu meiden oder sein Leben aus der Furcht vor ihm heraus zu entwerfen. Wer lebt, trägt den Tod in sich.[87] Vor ihm gibt es kein Entrinnen: „Wo ihr auch seid, euch ereilt der Tod, und wärt ihr in Burgen, in hochgebauten" (Koran 4,78). Die Muslime glauben angesichts dieser Realität aber an einen lebendigen Gott, der das vergängliche Leben des Menschen trägt und vollendet. So heißt es im

> **Der Tod gehört zum irdischen Leben**

Koran: „Sag: ‚Mein Gebet, meine Opfer, mein Leben und mein Tod gehören Gott, dem Herrn der Welten.‘“[88] So wenig, wie wir über die Entstehung unseres Lebens verfügen, so wenig verfügen wir über unseren Tod. Mit dem Tod findet unser irdisches Leben sein ihm bestimmtes zeitliches Ende.

Erkennen, was wesentlich ist: Vom Sinn des Todes

Mit dem Glauben gewinnt der Tod freilich einen neuen Sinn. „Sag: ‚Der Tod, vor dem ihr flieht, wird euch treffen. Dann werdet ihr zu dem zurückgebracht, der ist wissend über das Verborgene und Offenbare. Er wird euch verkünden, was ihr stets getan‘“ (Koran 62,8). Der Tod bedeutet im Islam also keinen Untergang und keine Katastrophe, sondern die Rückkehr des Lebens zu seinem Ursprung.[89] Mit dem Wissen um den eigenen Tod ist zugleich die Idee verbunden, dass ich mich Gott hingebe, dessen Gerechtigkeit und Barmherzigkeit über mein Leben richten wird.[90] „An jenem Tag kommen die Menschen einzeln hervor, um zu sehen ihre Werke. Wenn einer einem Stäubchen gleich an Gutem getan – der wird es sehen. Und wenn einer einem Stäubchen gleich an Bösem getan – der wird es sehen“ (Koran 99,6–8). Die Einsicht in den eigenen Tod lässt erkennen, was das Wesentliche im Leben ist, einem Leben, das sich nicht endlos auf Erden vollzieht. Sie lässt erkennen, wofür wir leben, wonach wir im Leben streben, was wir bewahren, was wir besitzen und was wir hinterlassen sollten. „Die Menschen schlafen. Wenn sie sterben, erwachen sie“, sagt der Prophet Muhammad.

Drei Lebenslagen im Zusammenhang des Todes

Man unterscheidet in der islamischen Tradition im Zusammenhang mit dem Tod zwischen drei Lebenslagen: dem Leben *vor* dem Tod, dem Leben *nach* dem Tod und dem Leben *während* des Todes.

Vor dem Tod soll der Tod der ständige Begleiter im Leben sein. An den Tod zu denken, so sagt der Prophet mehrfach, rücke das Leben ins richtige Licht und zeige, dass jeder Augenblick des Lebens unendlich kostbar und wertvoll ist, weil er weder zurückkehrt noch ausdehnbar ist.

248

Das Leben während des Todes, also das Sterben, erfährt in der islamischen Spiritualität eine besondere Beachtung.

Und das Leben *nach* dem Tod stellt die höchste Stufe des Lebens dar, weil es, durch die Erfahrung des irdischen Lebens und des eigenen Todes bereichert, in der Begegnung mit Gott gründet.

Das Leben *während* des Todes, also das Sterben selbst, stellt den Augenblick dar, in dem wir im eigenen Leben den Abschied von diesem Leben vollziehen. Somit stellt das Sterben einen besonders spirituellen Moment im Leben der Muslime dar. Am Sterbebett begleiten Muslime den Sterbenden, indem sie mit sanfter Stimme die Sure 36 des Korans rezitieren. Im 12. Vers dieser bewegenden Sure heißt es: „Wahrlich, Wir beleben die Toten und Wir schreiben nieder, was sie vollbracht und ihre Spuren gar. Und aufgezählt haben Wir alles in einem Verzeichnis, einem offenkundigen." Der Tod ereignet sich, indem uns der Todesengel in den Tod trägt. Unmittelbar nach dem Eintreten des Todes werden die Augen geschlossen, und das Gesicht und die Füße werden in Richtung Mekka ausgerichtet, so, als hätte sich der Verstorbene zum Gebet aufgerichtet. Der Leichnam wird dann einer Reinigung und der rituellen Waschung unterzogen. Das Todesgewand der Muslime ist ein schlichtes, weißes Tuch, in das sie gehüllt werden: Vor Gott sind wir alle gleich, ob arm oder reich. Falls der Verstorbene die Pilgerreise nach Mekka vollzogen hat, wird er mit seinem Wallfahrtsgewand – das ist ebenfalls ein weißes Tuch, das aus mehreren Teilen besteht – umhüllt. Muslime werden, wenn sie gestorben sind, nicht feuerbestattet, sondern beerdigt: „Aus ihr [Erde] haben Wir euch erschaffen, und in sie bringen Wir euch zurück, und aus ihr bringen Wir euch abermals hervor" (Koran 20,55). Am Grab wird das rituelle Todesgebet vollzogen, und der Verstorbene wird in Richtung Mekka ausgerichtet ins Grab gelegt in der hingebenden Haltung des Gebets.

> **Sterben als besondere spirituelle Erfahrung**

„Vermählung mit der Ewigkeit": Der Tod löscht nichts aus

Der Koran besagt, dass der Tod zum Menschsein gehört, aber nicht das letzte Wort hat, nichts auslöscht und nichts endgültig beendet. Unsere Vergänglichkeit zeigt zwar, dass nichts Bestand hat, aber der Koran lehrt auch, dass unser Vergehen selbst vergehen wird: „Wie könnt ihr denn Gott leugnen, da ihr doch tot wart und Er euch zum Leben erweckt und euch dann sterben lässt und euch erneut zum Leben erweckt, damit ihr zu Ihm heimkehrt?" (Koran 2,28). Der muslimische Mystiker Maulānā Rūmī schreibt: „Betrachte diesen Körper, der aus Staub geboren – wie vollendet ist er doch geworden! Warum solltest du sein Ende fürchten? Du bist nur durch den Tod entstanden."[91] Selbst dann, wenn uns der Tod ereilt, erleidet die Seele ihn nicht passiv, sondern: „Jede Seele kostet den Tod" (Koran 3,185). Insofern bildet der Tod einen natürlichen Vorgang im Leben und zugleich einen Höhepunkt des Lebens in Erwartung der Rückkehr zu Gott. Mit Rūmī gesprochen: „Unser Tod ist unsere Vermählung mit der Ewigkeit."

Tötungsverbot: Leben als wertvolles Geschenk

Gerade im Angesicht des Todes stellt das Leben ein unschätzbares Gut dar, ein Geschenk Gottes, welches es zu bewahren und zu würdigen gilt: „Wenn einer tötet jemanden, nicht für einen anderen oder für Unheil auf der Erde: es soll sein, als hätte er getötet die Menschen, allesamt. Und wenn einer erhält jemanden am Leben: es soll sein, als hätte er erhalten die Menschen am Leben, allesamt" (Koran 5,32). So gilt der Koran als das Buch des Lebens und der Prophet Muhammad als Überbringer einer frohen Botschaft für das Leben. Das Leben ist als unantastbares Gut zu bewahren, weil es als Leihgabe Gottes verstanden wird. Mir ist keine ernsthafte Position bekannt, die etwa eine aktive Sterbehilfe – als Verfügen über das eigene Ende unter dem Vorzeichen menschlicher Autonomie – aus theologischer Sicht positiv bewerten würde. Wenn aber in unserer Gegenwart Menschen sich in ihrem Handeln auf den Islam berufen und so das Töten von Menschen religiös zu legitimieren versuchen, wenn sie ihr eigenes Leben als sog. Märtyrer einsetzen, um dabei das Leben vieler anderer Menschen zu zerstören, dann heißt das: Mord begehen an sich selbst und an anderen Menschen. Die islamische Einsicht und Überzeugung, dass der Tod der Höhepunkt des Lebens ist, missdeuten solche Menschen, wenn sie den Tod und die Erwartung eines Lebens nach dem Tode zum Zweck der Legitimierung ihrer Morde verklären. Das ist also nach dem Kern der islamischen Tradition höchst verwerflich, ja es ist eine klare Pervertierung der göttlichen Botschaft, eine Sünde am Leben, am Werk Gottes.

Worauf hoffen wir? Wohin gehen wir?

1 Muslimische Jenseitserwartung

von Ahmad Milad Karimi

Der Glaube an den Jüngsten Tag | Ein Gebet Abrahams im Koran lautet: „Unser Herr, auf Dich vertrauen wir, Dir kehren wir uns zu, und zu Dir führt die Heimkehr!" (Koran 60,4). Der Weg des Lebens ist nach islamischem Selbstverständnis also grenzenlos: Er geht nicht nur von seinem Schöpfer aus, sondern führt auch wieder zu ihm. Bereits in den ersten Offenbarungen des Korans wird neben der Einheit und der Einzigkeit Gottes auch der Glaube an den Jüngsten Tag verkündet. Es gibt im Koran eine Reihe von Bezeichnungen dafür: Tag der Auferstehung (arab. *yaum al-qiyāma*), der letzte Tag (arab. *yaum al-āḫar*), der Tag der Abrechnung (arab. *yaum al-ḥiṣāb*), der Tag der Trennung (arab. *yaum al-faṣl*), der Tag des Erwachens (arab. *yaum al-ba ʿṭ*), der einschließende Tag (arab. *yaum al-muḥīṭ*), der Tag des Gerichts (arab. *yaum ad-dīn*) oder einfach: die Stunde (arab. *as-sāʿa*). Bildreich beschreibt der Prophet Muhammad diesen Tag: „Alsdann wird Gott sagen: ‚O Engel Isrāfīl, erhebe dich und blase auf deiner Trompete das Signal zur Auferstehung!' Er wird blasen und ausrufen: ‚O ihr hinweggegangenen Geister! O ihr zerfallenen Knochen und verrotteten Körper! O ihr zertrennten Sehnen und zerrissenen Häute! O ihr ausgefallenen Haare! Erhebt euch zur Verkündung des Urteils.'"[92] Und im Koran heißt es: „Wenn einer einem Stäubchen gleich an Gutem getan – der wird es sehen. Und wenn einer einem Stäubchen gleich an Bösem getan – der wird es sehen." Das bedeutet: Der Jüngste Tag ist zwar ein den ganzen Kosmos berührendes Ereignis, aber wir treten dann jeweils als Individuum vor Gott, vor dem unsere guten und bösen Taten offenbar werden (vgl. Koran 99,6–8). Der Glaube an den einen Gott ist verbunden mit der Hoffnung auf Erweckung, auf ein Leben nach dem Tod und auf ein Jenseits. Am Tag der Erweckung wird allein Gott über die Taten der Menschen richten – in Gerechtigkeit und Barmherzigkeit. Der Prophet beschreibt das so: „Am Jüngsten Tag werden die Füße des Dieners so lange nicht hinweggehen vom Angesicht Gottes, als er nicht über sein Leben und seinen Besitz befragt worden ist."[93] Die Menschen verfügen weder über das Urteil Gottes, noch wissen sie, wann diese Stunde (arab. *as-sāʿa*) eintreten wird (vgl. Koran 79,42–44).

Wer sich im Leben dem Guten verpflichtet hat, wird bei Gott die „schönste Heimkehr" (Koran 3,14) fin-den: „Die aber, die glauben und verrichten gute **Bilder vom Paradies und von der Hölle** Werke, werden Wir eintreten lassen in die Gärten, unterhalb derer Bäche fließen, darin werden sie ewig weilen. Das Versprechen Gottes in Wahrheit! Wer ist wahrhaftiger als Gott in seinem Worte? Nicht ist es nach euren Wünschen, nicht nach den Wünschen der Leute der Schrift. Wer tut Schlechtes, dem wird es vergolten wer-den, und er findet für sich außer Gott nicht Beistand, nicht Helfer. Die aber, die verrichten gute Werke, Mann oder Frau, und sind dabei gläubig, lassen Wir eintreten in den Garten, ihnen wird kein Dattelgrübchen Übles getan" (Koran 4,122–124). Für das Paradies finden wir im Koran und der prophetischen Überlieferung eine außerordentlich bildreiche Darstellung. Dem Koran zufolge stellt es als Garten Eden und Stätte der Glückseligkeit den adäquaten Ort für die Menschen dar. Die Menschen sind grundsätzlich für das Paradies erschaffen, wie der Koran bezeugt: „O Adam, verweile du mit deiner Frau im Garten!" (Koran 7,19). Insofern werden die Offenbarungen und die Erwählung der Propheten als barmherzige Zuwendung Gottes verstanden, die den Menschen zum Besten er-heben will: „Und wahrlich, geehrt haben Wir die Kinder Adams" (Koran 17,70). Die Offenbarungen Gottes gelten deshalb auch als Rechtleitung und die Propheten als Warner und Ermahner, sodass sich die Menschen nicht zum Ungerechten und Bösen verführen lassen. In einer der ersten, am Beginn von Muhammads propheti-scher Sendung offenbarten Suren heißt es: „O du dich Bedecken-der! Steh auf und warne, und deinen Herrn preise, und deine Klei-der reinige! Die Unreinheit meide, nicht nach Vermehrung strebe, deines Herrn harre!" (Koran 74,1–7).

Belohnung und Strafe: mahnende Gleichnisse

Vor diesem Hintergrund ist die bildhafte und ausgeschmückte Beschreibung des Paradieses und der Hölle immer als pädagogisch gemeintes Gleichnis zu betrachten: Gott will damit den Menschen ermahnen. Wenn wir von Gleichnis sprechen, heißt das vor allem, dass wir uns das Jenseitige nicht vorstellen können. Der bedeutende muslimische Mystiker und Theologe Muḥammad al-Ġazālī schreibt: „Wisse: Das Diesseits gehört zur Erdenwelt und zur Welt der Sichtbarkeit, das Jenseits zur Welt des Übersinnlichen und zur Wesenswelt. (…) Wir sprechen jetzt vom Diesseits aus über das Jenseits, wir sprechen also jetzt im Diesseits, der Erdenwelt, haben aber die Erklärung des Jenseits, der Wesenswelt im Auge. Doch es ist undenkbar, dass man die Wesenswelt in der Erdenwelt anders erklären könnte als durch Gleichnisse. Darum sprach Gott: Das sind die Gleichnisse, die wir den Menschen nahebringen (Koran 29,43). Die Erdenwelt ist nämlich im Verhältnis zur Wesenswelt ein Schlaf. Daher hat der Prophet gesagt: ‚Die Menschen schlafen. Wenn sie sterben, erwachen sie.' Was im Wachzustand sein wird, kann dir im Schlaf nur durch die Prägung von Gleichnissen, die einer Deutung bedürfen, erkennbar werden. Ebenso kann das, was im Wachzustand des Jenseits sein wird, im Schlaf des Diesseits nur durch viele Gleichnisse erkennbar werden."[94] Gleich, ob dabei von paradiesischen Jungfrauen mit großen Augen und blendender Schönheit (arab. *al-ḥūr*) oder von fließenden Bächen die Rede ist oder von der Hölle als dem Ort, in dem „die Menschen verstreuten Motten und die Berge zerflockter Wolle gleichen" (Koran 101,4f): Das Unvorstellbare wird den Menschen immer durch Sprachbilder, Motive, Vergleiche und Gleichnisse bildhaft nahegebracht, um eine Ahnung davon zu erwecken, was mit dem Jenseitigen intendiert ist. Dies gilt für die Belohnung (Paradies) und die Bestrafung (Hölle) durch Gott gleichermaßen. Die Strafe Gottes, die auch im Koran Erwähnung findet, wäre missverstanden, würde man annehmen, es ginge dabei um einen rachsüchtigen, rigiden Gott, der Menschen Schmerz zufügen will. Zunächst ist es kaum erfassbar, was mit der Strafe Gottes genau gesagt ist. Im Koran heißt es einmal über die, die Unheil stiften: „am Tag der Auferstehung spricht Gott nicht zu ihnen und nicht blickt Er sie an" (Koran

3,77). Parallel dazu heißt es über die Menschen, die gute Werke verrichten, dass sie mit der Schau Gottes belohnt werden: „An jenem Tage gibt es Gesichter, strahlende, auf ihren Herrn schauende" (Koran 75,22f).

Vergegenwärtigt wird damit, dass alles, was wir tun und unterlassen, eine eschatologische Bedeutung hat. Das heißt: Unsere Handlungen erfahren eine gerechte endgültige Bewertung – mit dem Bewusstsein gesagt, dass Gottes Barmherzigkeit seine Strafe

Rückkehr zu Gott: Hoffnung auf Seine ausgleichende Gerechtigkeit

überragt. „Und wer Gutes aus eigenem Antrieb verrichtet, dem dankt Gott, Er weiß es" (Koran 2,158). So sagte der Prophet Muhammad einmal: Wenn bei einem Menschen die schlechten Taten seine guten Taten überwiegen, aber auch nur ein Haar seiner Augenwimpern aus Ehrfurcht vor Gott weint, so „wird Gott der Hölle verbieten, es zu berühren! (…) Also wird ihm Gott verzeihen."[95] Denn Gott hat nicht ein Wohlgefallen daran, die Menschen zu bestrafen, denn „wer sich reinigt, der reinigt seine eigene Seele" (Koran 35,18). Er will die Menschen vielmehr in Liebe und Barmherzigkeit zur Seligkeit führen; das ist auch der Grund, weshalb die koranischen Sprachbilder hinsichtlich der Hölle so drastisch und furchteinflößend sind. Als freies Wesen ist der Mensch angehalten, sich ermahnen zu lassen, sodass seine Seele Frieden finden kann: „Selig ist, wer sie [die Seele] reinigt, unselig aber, wer sie verkommen lässt" (Koran 91,9f). Im Islam wird aber kein Heilsautomatismus vertreten. Insofern stellt die Hoffnung auf das Jenseits auch die Hoffnung auf die ausgleichende Gerechtigkeit Gottes dar. „Das Jenseits ist wie ein Meer und die Welt ist wie ein Schaum"[96], sagt Rūmī. Menschsein heißt Tat. Und aus der Tat entspringt das Paradies oder die Hölle. Daher gewinnen die Taten der Menschen im Diesseits eine unermessliche Bedeutung: „Und nicht gleichen einander die gute Tat und die schlechte Tat." Aber wie soll man einer schlechten Tat entgegnen? Der Koran legt uns an gleicher Stelle ans Herz: „Wehre sie ab mit einer besseren Tat! Da wird der, mit dem du verfeindet, wie ein Freund, ein warmherziger" (Koran 41,34). Die Rückkehr zu Gott als Vollendung der universellen göttlichen Zuwendung betrifft nicht nur die Muslime, sondern alle Menschen, die gemäß ihren Taten gerichtet werden: „Zu Gott führt euere Heimkehr, allesamt. Dann legt Er euch offen, was ihr stets getan" (Koran 5,105). So hat der Prophet Muhammad prägnant formuliert: „Alle Geschöpfe sind Gottes Familie."[97] Dass zahlreiche Überlieferungen des Propheten auch von den „Tieren des Paradieses" sprechen, zeigt die kosmische Dimension der islamischen Eschatologie.

Die Hoffnung auf die Begegnung mit Gott und die Rückkehr zum eigenen Ursprung relativiert eine unangemessene Fixierung auf Paradies und Hölle. So schreibt der muslimische Mystiker Maulānā Rūmī: „Weder sorgen wir uns um die Hölle. Noch trachten wir nach dem Paradies. Entschleiere Dein Angesicht. Denn Du bist unsere ganze Sehnsucht."

2 Die Jenseitshoffnung der Christen

von Anselm Grün

Biblische Bilder und theologische Deutung Auch wir Christen glauben und hoffen, dass wir im Tod ins Paradies kommen. Die Bibel beschreibt das, was uns nach dem Tod erwartet, in vielen Bildern. Da ist einmal das Bild vom festlichen Mahl, zu dem wir geladen sind, dann das Bild des Paradieses, eines wunderbaren Gartens, dann das Bild von Gottes mütterlichen und väterlichen Armen, in die wir im Tod hineinsterben und von denen wir umarmt werden. Die Bibel spricht aber auch vom Jüngsten Tag und vom Gericht, in dem Gott alle Menschen richten wird. Die Theologie hat diese biblischen Bilder verstandesmäßig zu erfassen und zu beschreiben versucht.

So sagt uns die Theologie: Wir werden im Tod dem einen und wahren Gott begegnen. Es ist der eine Gott, den alle Religionen verehren, den sie aber in verschiedenen Bildern sich vorstellen. Aber alle Menschen, ganz gleich welcher Religion, werden im Tod dem einen Gott begegnen. Und dieser Gott ist Liebe. Indem wir im Tod der Liebe Gottes begegnen, begegnen wir aber auch uns selbst. Und in der Liebe Gottes erkennen wir, dass wir noch lange nicht dem Bild gleichen, das Gott sich von uns gemacht hat, dass wir dieses Bild verdunkelt und getrübt haben durch unsere Fehler und Sünden. Die Theologie spricht vom Fegfeuer, das diese dunklen Trübungen reinigt. Doch das Fegfeuer dürfen wir uns weder als Ort noch als Zeit vorstellen. Die Liebe Gottes, die wir im Tod schauen, reinigt uns von allen Fehlern und Sünden, die wir ganz klar erkennen, wenn wir Gott begegnen. Je dunkler das Bild Gottes in uns getrübt ist, desto schmerzlicher wird die Reinigung sein. Die Theologie spricht auch von einer Hölle. Doch Gott wirft niemanden in die Hölle. Wer sich der Liebe Gottes verschließt, der schließt sich selber vom Paradies aus. Er isoliert sich, und das ist die Hölle. Wir müssen mit der Möglichkeit der Hölle rechnen. Der Mensch kann auch scheitern, wenn er sich Gott gegenüber verschließt. Doch wir dürfen hoffen, dass die Hölle leer ist, dass die Menschen angesichts der Liebe Gottes sich in seine Liebe fallen lassen.

Die Bibel spricht auch vom Gericht. In der Vergangenheit war das für viele eher etwas Bedrohliches. Doch das Gericht ist eigentlich ein Hoffnungssymbol. Der Philosoph Max Horkheimer meint: Es gibt einen Grundsatz der menschlichen Gerechtigkeit, dass die Mörder nicht über ihre Opfer triumphieren dürfen. Wenn die Mörder genauso in den Himmel, in das Paradies kommen wie die Opfer, dann widerspricht das unserem Gerechtigkeitsempfinden. Aber für die Täter besteht Hoffnung. Wenn sie sich dem Gericht Gottes unterziehen und sich auf Gott hin ausrichten lassen, dann können auch sie in den Himmel kommen. Aber auch die Opfer müssen vom Gericht auf Gott hin ausgerichtet werden. Manchmal erzählen mir Menschen: Ich möchte gerne in den Himmel kommen, aber der Nachbarin oder dem Kollegen bei der Arbeit möchte ich im Himmel nicht begegnen. Solche Sätze zeigen, dass wir alle vom Gericht auf Gott hin und auf die absolute Liebe hin ausgerichtet werden müssen. Nur dann können wir auch die Menschen im Himmel lieben, mit denen wir uns hier auf Erden schwergetan haben. Nur dann können wir den Himmel mit allen Menschen teilen.

Die Bibel spricht vom Ende der Welt und vom Jüngsten Tag, an dem Gottes Herrlichkeit erscheint und an dem Christus als Richter

Der Jüngste Tag: Bedrohlich oder Hoffnungssymbol?

erscheint, um die Lebenden und die Toten zu richten. Die Theologie hat diese bildhaften Vorstellungen der Bibel so gedeutet, dass im Tod des einzelnen Menschen für ihn die Welt zu ihrem Ende kommt. Und im Tod ist für ihn der Jüngste Tag. Da findet für ihn das Gericht statt. Was die Bibel als Ende des Kosmos beschreibt, ist das Offenbarwerden der zu ihrem Ende gekommenen Welten der vielen Einzelnen.

Paradies, Himmel, Auferstehung Die Bibel beschreibt das Paradies als wunderschönen Garten, als Festmahl mit fetten Speisen und alten Weinen, als gemeinsames Loben Gottes zusammen mit den Engeln. Die Theologie hat diese Bilder im Dialog mit der griechischen Philosophie so gedeutet: Im Tod werden wir eins mit Gott. Der Himmel ist die *visio beatifica*, die glückselige Schau Gottes. Im Tod schauen wir Gott so, wie er ist. Und im Schauen werden wir eins mit Gott und in Gott auch eins mit den Menschen. Daher spricht die Theologie auch davon, dass wir uns nach dem Tod in Gottes Herrlichkeit wiedersehen werden. Allerdings wird das Wiedersehen kein Klassentreffen sein, bei dem wir alte Erinnerungen austauschen. Es wird ein Einswerden miteinander in Gott sein, das wir uns letztlich nicht vorstellen können.

Die Theologie nimmt die Botschaft der Bibel von der Auferstehung ernst. Der Glaube an die Auferstehung ist nicht identisch mit dem griechischen Glauben an die Unsterblichkeit der Seele, wie sie Platon gelehrt hat. Wir werden mit Leib und Seele auferstehen. Natürlich wird dieser Leib verwesen. Aber Auferstehung mit dem Leib bedeutet Verwandlung des Leibes. Und es bedeutet, dass diese einzelne Person in Gott hinein gerettet wird. Paulus versucht im 1. Korintherbrief sich den himmlischen Leib vorzustellen: „Was gesät wird, ist armselig, was auferweckt wird, herrlich. Was gesät wird, ist schwach, was auferweckt wird, ist stark. Gesät wird ein irdischer Leib, auferweckt ein überirdischer Leib" (1 Kor 15,43f). Aber letztlich können wir uns nicht vorstellen, wie die Auferstehung der Toten sein wird. Genauso wie Gott ist auch die Auferstehung der Toten jenseits aller Bilder. Wir brauchen Bilder von Gott und vom ewigen Leben. Aber zugleich sollen wir wissen, dass die Wirklichkeit jenseits aller Bilder ist.

Im Tod werden wir Menschen, Christen wie Muslime, Juden, Buddhisten oder Hindus, in die Liebe Gottes hineinsterben. Es ist der eine Gott, der uns alle erwartet. Wenn wir Gott schauen, dann hören

**Letzte Einheit:
Alle sterben in
Gottes Liebe hinein**

unsere Bilder und Vorstellungen, dann hören unsere theologischen Lehren auf. Und wir schauen gemeinsam auf den Gott jenseits aller Bilder, auf den Gott des absoluten Geheimnisses. Aber in diesem Gott werden wir alle eins werden, wenn wir uns von Gott richten, ausrichten lassen auf ihn hin und auf die absolute Liebe hin, in der wir eins werden miteinander und mit Gott. So ist der Blick auf das, was uns erwartet, auch ein Weg, uns schon jetzt miteinander auf Gott hin auszurichten, nicht gegeneinander zu kämpfen, sondern uns darauf vorzubereiten, dass es im Tod keine Differenzen mehr gibt, sondern wir alle in Gott eins werden.

Ausklang: Annäherung in Geschichten

Ahmad Milad Karimi

Wo wir Gott suchen

> „Suche Gott, aber suche nicht, wo er wohnt."
>
> Abbas Sisoes (gest. 429)

Der Mönchsvater Abbas Sisoes, der durch seine tiefe spirituelle Weisheit im frühen Christentum auf sich aufmerksam machte, ermutigt den Menschen zur Gottsuche. Nicht gelegentlich, von Zeit zu Zeit, und auch nicht nur dann, wenn wir meinen, Gott am meisten zu brauchen, sollen wir nach ihm suchen. Was dieser in der orthodoxen und katholischen Tradition als Heiliger verehrte und mit dem Beinamen „der Große" ausgezeichnete Wüstenvater meint, ist dies: „Suche Gott" derart, dass dein ganzes Leben zur Suche und Sehnsucht wird. Wer sich auf die Suche nach Gott macht, der sucht nicht nach einem Gegenstand der Welt, nicht nach einem unbekannten Ort. Wonach suchen wir, wenn wir nach Gott suchen? Die Suche nach Gott fordert zunächst Besinnung, Innehalten, aber auch Selbstorientierung. Wer nach dem Wohnort Gottes sucht, wovon Sisoes abrät, der fixiert Gott auf einen Ort und damit Begrenztheit. Gott aber ist nirgends wohnhaft. Und doch ist er an keinem Ort abwesend, wenn es im Koran heißt: „Und Gottes ist der Osten und der Westen. Wo ihr euch hinwendet, ist das Antlitz Gottes" (Koran 2,115). Die Suche endet nie, weil Gott endlos ist. Im Grunde beschreibt die Suche nach Gott in der christlichen wie in der muslimischen Tradition den Weg des Lebens. Überall sollen wir Gott suchen, und überall können wir ihn finden. So schreibt der muslimische Mystiker ʿAṭṭār: „Ein Mann ganz in Ekstase sprach zu Gott: „Oh Gott, öffne endlich mir das Tor!" Da saß eine Mystikerin namens Rabia und sagte: „Du Törichter, wann war denn jemals das Tor geschlossen?"

Wie dringt Gott in unser Herz?

Wer gibt mir, dass ich Ruhe finde in dir? Wer gibt mir, dass du kommst in mein Herz und es trunken machest, dass ich vergesse meine Sünden und dich umfange, du mein einzig Gut?

Augustinus (gest. 430)

Der große christliche Denker Augustinus ruft nach Gott, aber der Ruf ist nicht abstrakt, indem er von ihm hinwegginge – ins Leere; vielmehr ruft er danach, wie Gott in den Herzen der Menschen dringt, sie berührt und alle Unruhe, alles Zittern hinwegnimmt. Er ruft nach Gott mit Gott und sucht nach Gotttrunkenheit. Hier spricht die Stimme der Sehnsucht, die Stimme, die nach Erfüllung trachtet. Gott wird angerufen als Instanz des Friedens mit uns selbst. Augustinus gehörte nach einem bewegten Leben zu den theologisch hochgeachteten Persönlichkeiten seiner Zeit, aber die Reflexion über Gott, so wichtig sie ist, hat seinen Durst nach einem persönlichen Gott, wonach wir alle in der Tiefe unserer Existenz aus sind, nicht gestillt. Für Augustinus wie auch für viele muslimische Mystiker stellt Gott nicht einen philosophisch-theologischen Begriff dar, die erste Ursache, Urgrund des Seins etc. Gott ist vor allem ein Geliebter, ohne den wir keine Ruhe und keine Vollendung finden. Dabei fragt Augustinus nach einem Vermittler, nach einer offenbarenden Instanz, die die Herrlichkeit Gottes in mein Inneres führt und sie wachhält. Diese Offenbarung Gottes, die wir Muslime im Koran und die die Christen in der Selbstoffenbarung Gottes in der Person Jesu erblicken, versprechen dasselbe: einen Weg für das Eindringen Gottes in unser Leben. In unserer jeweiligen Offenbarung erfahren wir eine pulsierende Vergegenwärtigung Gottes in unseren Herzen. Und dadurch kommen wir in Berührung mit einer Wirklichkeit, die unsere menschliche Wirklichkeit überschreitet und uns zugleich zum Ewigen erhebt: Sie ist unser „einzig Gut".

Der Sinn unseres Lebens

> „Wenn der Mensch nicht für Gott geschaffen wurde, warum ist er
> dann nur in Gott glücklich? Wenn der Mensch für Gott geschaffen
> wurde, weshalb ist er dann so im Widerspruch zu Gott?"
>
> Blaise Pascal (gest. 1662)

Der Wissenschaftler und christliche Philosoph Pascal fragt in seiner posthum zusammengetragenen Schrift *Pensées* („Gedanken")
in der Notiz Nr. 438 nach dem Sinn des menschlichen Lebens in
Bezug auf Gott: Wofür sind wir geschaffen? Und warum sehnen
wir uns nach Gott, sehen und empfinden allein in ihm das letzte
Glück und den letzten Frieden? Und er stellt fest: Aber zugleich
leben wir nicht selten im Widerspruch zu ihm. Dies indem wir
einerseits diese letzte sinnstiftende Instanz ablehnen, weil wir in
Gott keinen Sinn erblicken können. Andererseits leben wir insofern im Widerspruch zu Gott, als wir unsere eigene Bestimmung,
für Gott geschaffen zu sein, nicht annehmen, weil wir uns von dem
verführen lassen, was uns von unserer eigenen Wahrheit entfernt.
Dass wir erschaffen sind, stellt nach Pascal, und davon ist auch die
islamische Geistestradition überzeugt, keine bloße und leere Gegebenheit dar. Unsere Existenz ist vielmehr eine sinnhafte Tat Gottes, die uns unbedingt angeht und für das Leben begeistert. Schon
indem wir leben, sind wir mit der Frage konfrontiert, weshalb wir
leben und wonach wir uns sehnen. Im Widerspruch zu Gott sein,
heißt demnach in Gottvergessenheit zu leben; denn allein dadurch,
dass wir unser letztes Glück in Gott erblicken, sind wir mit unserem Leben nicht am Ende. Im Gegenteil: Für Gott erschaffen zu
sein, stellt den Anfang der Lebensreise des Menschen dar, der nach
Sinn sucht, Gott anklagt, mit ihm hadert, um ihm nahe zu sein, um
ihn schmecken zu lernen, der noch jeden Widerspruch zu sich zum
Guten wendet.

Wie Gott uns aufrichtet

„Bete nicht um leichtere Last, sondern um einen stärkeren Rücken."
Teresa von Avila (gest. 1582)

Am Ende der 2. Sure des Korans steht ein Gebet, in dem es heißt: „Unser Herr, erlege uns keine Last auf, wie Du sie jenen auferlegt hast, die vor uns waren. Unser Herr, lade uns nichts auf, wozu wir keine Kraft haben." (Koran 2,286). Menschliches Leben ist offensichtlich geprägt von der Erfahrung, dass wir nicht selten mit Aufgaben und Zumutungen konfrontiert sind, deren bloße Hinnahme uns schwer fällt. Warum widerfährt uns dies und wie sollen wir uns dazu verhalten? Der erste Impuls ist dabei nicht selten, dass wir von unserer Verantwortung flüchten wollen, indem wir sie z. B. nicht als unsere Verantwortung auffassen wollen. Dabei geht es nicht nur um uns, unsere Aufgaben und um eigene Leiderfahrungen, sondern auch um die anderen, die in Not sind. Sind sie eine Last, wovor wir die Augen schießen? Oder sind sie Zeichen Gottes, die uns zwar herausfordern, an unsere Grenze bringen, aber ermutigen, jede Grenze zu überschreiten, wenn es um das Gute, Gerechte und Barmherzige geht? Gerade wenn wir – ob Muslime oder Christen – im Glauben beheimatet sind, ist die Frage nach der richtigen Haltung und dem rechten Handeln bedeutsam, weil wir bei allem, was wir tun, unterlassen bzw. ertragen und nicht ertragen wollen, nicht allein sind. Wir leben im Angesicht Gottes, aber auch mit ihm, indem wir unablässig unser Leben aus dem Verhältnis zu Gott begreifen. Hier stellt uns Teresa von Avila vor die Frage, worum wir genau beten sollen, wenn wir uns im Gebet Gott hinhalten. Der Weg des Glaubens, das ist auch muslimische Überzeugung, ist nicht der bequemste Weg, nicht der Weg der Feigheit, Faulheit und Ignoranz. Wer also um einen stärkeren Rücken betet, der bittet auch um mehr Mut für Gerechtigkeit, um mehr Tapferkeit, für das Gute einzutreten und um mehr Kraft für die Übernahme von Verantwortung. Denn der stärkere Rücken, der uns aufrichtet, erhebt uns zugleich zu Gott.

Anselm Grün

Energie des Segens

> Eines Tages gossen einige Leute Schmähungen über Jesus aus, als er durch ihren Stadtteil ging. Aber er antwortete, indem er in ihrem Namen Gebete sprach. Jemand sagte zu ihm: „Du hast für diese Menschen gebetet. Fühltest Du denn keinen Zorn gegen sie?" Er antwortete: „Ich konnte nur das ausgeben, was meine Börse enthielt."
>
> Fariduddin Attar (1136–1221)

Die Tradition des Islam ehrt Jesus als einen großen Propheten. Daher ist der Hass der radikalen Islamisten gegenüber den Christen ein Widerspruch gegen ihre eigene Tradition. Die Geschichte, die über das Gebet Jesu von dem persischen Poeten und Mystiker Attar überliefert wird, ist letztlich eine Auslegung des Jesuswortes, das uns das Lukasevangelium berichtet: „Segnet die, die euch verfluchen; betet für die, die euch misshandeln." (Lk 6,28) Jesus gibt denen, die ihn schmähen oder misshandeln, keine Macht, indem er sich von ihnen zum Zorn reizen oder eine negative Stimmung aufdrängen lässt. Er bleibt bei sich – im inneren Frieden. Und er gibt nur das, was er in seiner Börse hat, d.h. was in seinem Herzen ist. Er betet für die Menschen, die ihn schmähen. Er nimmt die Rolle des Geschmähten nicht an, sondern betet aus seinem Herzen heraus für die, die ihn beschimpfen. Das Gebet und das Segnen sind eine aktive Energie, die Jesus gegen die negative Energie der Schmäher setzt. Durch diese positive Energie ist er letztlich der stärkere. Das Gebet gibt ihm die Hoffnung, dass die Menschen, die ihn schmähen, sich mit ihrer eigenen Wahrheit konfrontieren. Wenn er auf sie nicht so reagiert, wie sie es erwarten, werden sie auf sich selbst zurückgeworfen. Das ist dann für sie eine Chance, sich der eigenen Wahrheit zu stellen. Und Jesus vertraut darauf, dass sein Gebet die Menschen verwandelt, für die er betet, dass sie in Berührung kommen mit dem guten Kern in sich. Dann haben sie es nicht mehr nötig, ihn zu schmähen.

Wo wir Gott finden

„Ich versuchte, ihn zu finden am Kreuz der Christen, aber er war nicht dort. Ich ging zu den Tempeln der Hindus und zu den alten Pagoden, aber ich konnte nirgendwo eine Spur von ihm finden. Ich suchte ihn in den Bergen und Tälern, aber weder in der Höhe noch in der Tiefe sah ich mich imstande, ihn zu finden. Ich ging zur Kaaba nach Mekka, aber dort war er auch nicht. Ich befragte die Gelehrten und Philosophen, aber er war jenseits ihres Verstehens. Ich prüfte mein Herz, und dort verweilte er, als ich ihn sah. Er ist nirgends sonst zu finden."

Rumi (1207–1273)

Der muslimische Dichter und Mystiker Rumi sucht Gott an allen Orten, an denen Gott verehrt wird, am Kreuz, in den Tempeln, aber auch in der Natur. Überall dort können wir Gott erfahren. Doch Rumi erfährt Gott an keinem äußeren Ort, auch nicht an dem Ort, der für die Moslems heilig ist: in der Kaaba in Mekka. Und er erfährt ihn auch nicht im Gespräch mit Theologen und Philosophen. Erst als er sein Herz prüfte, fand er in seinem Herzen Gott. Diese Erfahrung könnten christliche Mystiker ähnlich beschreiben. Für Evagrius Ponticus, den Mönch aus dem 4. Jahrhundert, ist das Herz der Ort Gottes im Menschen. Augustinus hat eine ähnliche Erfahrung gemacht. Solange er Gott im Äußeren gesucht hat, hat er ihn nicht gefunden. Dann erkannte er: Gott ist mir innerlicher als ich mir selbst bin. Manche Mystiker sprechen vom Grund der Seele, in dem Gott in uns wohnt. Andere beschreiben das Herz als den Ort, an dem Gott in uns wohnt. Das Herz ist zugleich der Ort der Liebe. Im Herzen spüren wir Liebe. Offensichtlich können wir den Gott, der Liebe ist, am ehesten im Herzen wahrnehmen, das von Liebe erfüllt ist. Johannes drückt das so aus: „Gott ist Liebe. Und wer in der Liebe bleibt, bleibt in Gott, und Gott bleibt in ihm." (1 Joh 4,16) Wenn wir unsere Hand auf das Herz legen und die Liebe wahrnehmen, die das Herz wärmt, dann können wir in unserem Herzen Gott selbst als die Liebe erfahren. Aber wir können Gott nicht festhalten, so wie wir die Liebe nicht festhalten können. Die Liebe strömt und Gott möchte in uns strömen. Mechthild von Magdeburg (1210–1294) spricht Gott so an: „O Du fließender Gott in Deiner Minne." Wenn die Liebe in unserem Herzen strömt, erleben wir den fließenden Gott, der Liebe ist.

Aufgehen in Gott

Da war ein Mann, der eines Nachts so lange „Gott!" rief, bis seine Lippen ganz süß wurden vom Nennen seines Namens. Da trat der Teufel an ihn heran und sprach: „Was ist nun, du endloser Schwätzer: Wo ist denn die Antwort ‚Hier bin ich' auf dein ganzes Geschrei nach ‚Gott'? Nicht die mindeste Antwort kam von seinem Thron her. Wie lange also willst du noch vergeblich nach ihm schreien?" Ganz gebrochen legte der Mann sich zum Schlafen. Doch in seinem Traum vernahm er die göttliche Stimme: „Dein Ruf ‚Gott!' ist Mein Ruf ‚Hier bin ich'. Dein glühendes Bitten ist Meine Botschaft, und dein ganzes Bemühen, Mich zu erreichen, ist nichts anderes als Meine Hände, die an deinen Füßen die Ketten lösen und Dich an Mich ziehen. Deine Liebe und Angst sind die Nasenlöcher, mit denen du Meine Gnade einatmest! Und auf jeden deiner Schreie ‚O mein Gott!' antworte ich hundertfach: ‚Hier bin ich.'"

Rumi (1207–1273)

Was der muslimische Mystiker Rumi beschreibt, könnte ebenso gut von einem christlichen Mystiker wie Meister Eckehart oder Johannes Tauler stammen. Der Fromme ruft ständig nach Gott, so sehr und intensiv, dass von dem Rufen seine Lippen süß werden. Das heißt: Er erfährt schon im sehnsüchtigen Rufen Gottes heilende und beglückende Nähe. In der Öffnung auf Gott hin ist bereits seine erfüllende Nähe erfahrbar. Diese Nähe hat einen angenehmen Geschmack. Da ist nichts von Härte oder Lebensverneinung. Allein das Beten verwandelt den Menschen und lässt ihn die Süße auf seinen Lippen schmecken.

Doch der Teufel verunsichert den frommen Mann. Er möchte ihm beweisen, dass sein Rufen ins Leere geht. Diese teuflische Einrede lässt den frommen Mann zweifeln, ob sein Beten bisher wirkungslos und ohne Antwort geblieben ist. Aber im Traum erklärt ihm Gott, dass sein Ruf nach Gott schon die göttliche Antwort „Hier bin ich" mit einschließt. Und dann erklärt Gott in zwei schönen Bildern seine Nähe: Das Bemühen des Frommen, Gott zu erreichen, ist Gott selbst, es sind Seine Hände, die den ihm zugewandten Menschen von Fesseln befreien. Und in der Liebe und Angst atmet der Fromme gleichsam Gottes Gnade ein. Das sind schöne Bilder für die innige Nähe zwischen Gott und dem Menschen. Diese Bilder kann ich als Christ genauso gut in mich eindringen lassen wie Bilder christlicher Mystiker. Sie zeigen mir in der Erfahrung einer anderen Religion, dass in meiner Sehnsucht nach Gott Er selber schon gegenwärtig ist und dass in meinem Rufen schon Gottes Antwort mitschwingt.

Nachwort: Wege zueinander.
Staunen und Dankbarkeit

von Anselm Grün und Ahmad Milad Karimi

Wir haben im Gespräch miteinander Wege zueinander gesucht und gefunden. Der wichtigste Weg zum anderen ist die tatsächliche Begegnung. „Alles wirkliche Leben ist Begegnung"[98], sagt der jüdische Religionsphilosoph Martin Buber. Begegnung sieht nicht über Unterschiede hinweg. Der Unterschied wird wahrgenommen, und auch das Irritierende wird benannt. Die Unterschiede bleiben, aber sie müssen nicht zu Gegensätzen werden. Der Weg zueinander ist nicht ohne Stolpersteine, die sich im Verlauf der Geschichte auf diesem Weg angehäuft haben. Den Blick auch auf solche Stolpersteine zu richten, gehört zur Wahrhaftigkeit. Und zur Begegnung auf Augenhöhe gehört auch die Wahrnehmung des Trennenden. Erst das ermöglicht wirkliche Begegnung. Trennendes kann gewürdigt werden, wenn wir aufeinander hören, wenn wir voneinander lernen wollen und bereit sind, auch das Staunenswerte im Andersartigen zu sehen. Die Begegnung von Christentum und Islam bleibt dabei immer die Begegnung eines Christenmenschen und eines Muslims. Gegenseitige Achtung bildet dabei das Fundament unseres geteilten Weges.

In der Begegnung haben wir erfahren, dass im Gespräch zwischen den Religionen, über alle theologischen Differenzen hinweg, die Spiritualität das eigentliche Verbindende ist. Es sind spirituelle Traditionen, die zueinander finden, Sufismus und christliche Mystik, die zueinander gehören. Wenn wir uns über die spirituellen Erfahrungen austauschen, dann geht es nicht um Rechthaberei, sondern um die gemeinsame Erfahrung von Gottes Größe, Seiner Liebe und Seiner heilenden Nähe. Natürlich braucht es auch theologische Klarheit. Wir haben im Christentum und Islam jeweils eine andere Sprache von Gott, von Jesus und Maria. Und diese unterschiedliche Sprache kann nicht einfach eingeebnet werden. Aber im Gespräch, in dem wir wirklich aufeinander hören, können wir einander näherkommen. Da spüren wir, dass Gott jenseits unserer Bilder und Worte, jenseits unserer Sprache ist, das unaussprechliche Geheimnis, zu dem hin wir alle unterwegs sind.

Eine wichtige Erfahrung im Rückblick ist für uns: Sobald die Frage nach Gott ins Zentrum rückt, tritt das Fremde im anderen zurück. Wir verstehen uns beide auf dem Weg zu dem Gott jenseits aller dogmatischen Festlegungen. Aber bei der Frage nach Gott geht es nicht in erster Linie darum, wie wir den „einen Gott" im Islam und den „dreifaltigen Gott" im Christentum zusammenbringen können. Es geht vielmehr zentral um die Frage, zu welchen Erfahrungen der Glaube an Gott im Islam und im Christentum führt und wie er das konkrete Leben prägt: also um die Erfahrung von Heil und Erlösung, die Erfahrung von Angenommensein und Geliebtsein. Aber es geht auch um die Sorge füreinander, um die Liebe zum Nächsten und die Verantwortung für die Welt. Die Erfahrungen von Gott sollen auf ihre sinnstiftende Bedeutung hin befragt und im Blick auf heutige menschliche Grunderfahrungen reflektiert werden, etwa die Erfahrung von Zerrissenheit, von Wurzellosigkeit, von Angst und Überforderung, von Sinnlosigkeit und Orientierungslosigkeit.

Wir haben in unserem Dialog immer wieder darüber gestaunt, wie der Versuch, dem anderen den eigenen Glauben zu erklären, die eigenen Grunderfahrungen offenzulegen, uns einander näherbringt. Wir spürten, dass wir alle – Christen wie Muslime – auf Gottes Barmherzigkeit und Liebe angewiesen sind und dass es Gott ist, der uns zu einem erfüllten Leben führt. Die Erfahrung dabei war: Im Hinhören auf die Glaubenserfahrung des anderen wird der eigene Glaube verdeutlicht und die eigene Spiritualität vertieft. So hat uns diese Begegnung immer wieder auch mit Dankbarkeit dafür erfüllt, dass wir in Achtung voreinander und offen für den Reichtum der spirituellen Tradition in der jeweils anderen Religion miteinander sprechen konnten.

Wenn wir offen aufeinander hören, ohne dem anderen gleich unsere Position als die „bessere" und „logischere" darstellen zu wollen, können wir Schätze entdecken, die jede religiöse Tradition in sich birgt, und zugleich staunen über den Reichtum an spiritueller Erfahrung und an Lebensweisheit in der anderen und in der eigenen Religion. Auf einmal spüren wir auch Verwandtschaft, wo vorher nur Fremdheit dazusein schien.

Wir haben in unserem Gespräch und in diesem Buch über Wesentliches nachgedacht: über das Göttliche, das Heilige, das Wahre und das Schöne, über Glauben und Unglauben, über das Gebet und die Gebetsräume, über die Verantwortung der Gläubigen, über die gemeinsame Mission und über die Kunst des Lebens. Solche Reflexionen vollziehen sich im Angesicht des anderen, aber aus der jeweiligen eigenen Tradition heraus. Im Dialog ging es uns nicht um Rechthaberei und nicht darum, sich belehrend über den anderen zu erheben. Wichtig war vielmehr zunächst, sich selbst im Blick des anderen zu sehen, sich neu zu entdecken, zuweilen auch kritisch zu befragen und das Eigene zu bestaunen. Aber es ging immer auch um den anderen, um den jeweils anderen Glauben, um das Herz seiner Spiritualität: um die Schönheit des Christentums, um die Zerbrechlichkeit Jesu, um die Reinheit Mariens und um einen Gott, der die Liebe und Barmherzigkeit selbst ist. Es ging um das Geheimnis des Kreuzes, das für Christen wie Muslime ein beständiger Stachel bleibt: in der Frage, wie wir es verstehen und füreinander verständlich machen können.

Und indem wir einander unseren spirituellen Weg erklären, versuchen wir auch eine Sprache zu finden, wie wir den Menschen von heute, Gläubigen wie Ungläubigen, Muslimen wie Christen, den Reichtum unserer spirituellen Tradition so weitergeben können, dass er die Menschen und die Gesellschaft von morgen prägt.

Die Begegnung aus dem Herzen der Spiritualität ist zukunftsweisend, weil Geistigkeit eine unerschöpfliche Offenheit in sich trägt. Deutlich geworden ist aber auch, welcher Weg noch vor uns liegt. Es ist der Anfang des Weges gemacht worden; die Begegnung zeigt, dass wir einen gemeinsamen Auftrag haben für die kreative Mitgestaltung einer offenen Gesellschaft, die nur dann offen bleiben kann, wenn sie von gemeinsamen Werten getragen wird: eine offene Gesellschaft, in der die Not der Menschen und die Achtung vor ihrer Würde an erster Stelle steht, in der Flüchtlinge in erster Linie als Menschen angesehen werden, eine offene Gesellschaft, in der Minderheiten und Schwache nicht auf sich selbst gestellt sind, eine offene Gesellschaft, in der das Altsein würdevoll gelebt werden kann, eine offene Gesellschaft, in der die Religionsfreiheit ein wichtiges Gut darstellt. Nur gemeinsam können wir für das Gute und Gerechte, für die Bewahrung des Lebens und der Schöpfung verantwortungsvoll einstehen, nur gemeinsam lernen wir, das Eigene dankbar anzunehmen und überzeugend weiterzugeben.

Wir haben einen Anfang gemacht. Doch der Weg führt weiter. Es geht nicht nur darum, das Kennenlernen zwischen Islam und Christentum fortzusetzen und weiter genau hinzuhören, was der jeweils andere mit seinen Worten ausdrücken möchte. Es wird darüber hinaus wichtig sein, die Gemeinsamkeiten in einer gemeinsamen Praxis zu vertiefen. Beide Religionen haben den Frieden als zentrale Aufgabe von Gott aufgetragen bekommen. Daher müssen wir uns gemeinsam für den Frieden einsetzen, anstatt wieder in alte Muster von Religionskriegen zurückzufallen. Wir sollten heute verstärkt die gemeinsame Verantwortung für die eine Welt wahrnehmen, damit diese Welt menschlicher und barmherziger wird und sich für Gott öffnet, der das Heil aller Menschen will.

Anmerkungen

[1] Vgl. Ġ. Suyūṭī: Ǧāmiʿ aṣ-ṣaġīr fī aḥādīṯ al-bašīr an-naḏīr, Kairo 1373/1954, S. 28.

[2] Al-Kindī schreibt in seinem Hauptwerk programmatisch: „Wir dürfen uns nicht schämen, die Wahrheit für gut zu erachten und anzuerkennen, woher sie auch kommen mag, auch wenn sie von Menschen kommt, die anders als wir und fremd sind. Es gibt nämlich nichts, was angemessener für denjenigen wäre, der nach Wahrheit strebt, als die Wahrheit selbst. A. Y. al-Kindī: Die erste Philosophie. Arabisch – Deutsch. Übersetzt und eingeleitet von Anna Akasoy. Freiburg 2001, S. 65.

[3] Ein Gefährte des Propheten berichtet: „Ein Wüstenaraber stand auf und urinierte in der Moschee. Als die Leute nach ihm griffen, sagte der Prophet, Gottes Segen und Friede auf ihm, zu ihnen: „Lasst ihn, und gießt einen Eimer Wasser – oder etwas mehr – auf seinen Urin, denn eure Aufgabe besteht darin, es den Menschen zu erleichtern, nicht es ihnen zu erschweren!" Ṣaḥīḥ al-Buḫārī, Kapitel 4, Ḥadīṯ-Nr.: 220.

[4] Vgl. u. a. Koran 11,61.

[5] Koran 2,186.

[6] Vgl. hierzu A. M. Karimi: Zur Frage der Erlösung des Menschen im religiösen Denken des Islam. In: Streitfall Erlösung. Hgg. v. K. v. Stosch/A. Langenfeld. Paderborn 2015, S. 17–38.

[7] Vgl. Koran 17,70.

[8] Vgl. M. Al-Ġazālī: Kīmīyā-e saʿādat [Das Elixier der Glückseligkeit]. Hg. v. Ḥ. Ḥadivjam. Teheran 1380. S. 13 f.

[9] Vgl. Koran 2,210.

[10] Vgl. Koran 30,30.

[11] Zur These der „Islamisierung des Islam" vgl. Aziz Al-Azmeh (Hg.): Die Islamisierung des Islam: Imaginäre Welten einer politischen Theologie. Übersetzt v. Ulrich Enderwitz. Frankfurt a. M. 1996; und: Thomas Bauer: Islamisierung des Islams. In: Aus Politik & Kultur Nr. 11: Islam – Kultur – Politik. Hgg. v. O. Zimmermann/T. Geißler. Berlin 2013, S. 178–180.

[12] M. Iqbal: Die Wiederbelebung des religiösen Denkens im Islam. Aus dem Englischen von Axel Monte und Thomas Stemmer. Berlin 2003, S. 32.

[13] Muslim, Ṣaḥīḥ, 2. Auflage, Ḥadīṯ-Nr.: 1955, S. 924, Beirut 1427/2007, S. 1189.

[14] Vgl. Koran 2,30.

[15] Vgl. Koran 17,1 und 53,10.

[16] Nach Annemarie Schimmel, Muhammad Iqbal. Prophetischer Poet und Philosoph. München 1989, S. 178.

[17] L. Thunberg: Geschichte der christlichen Spiritualität 306.

[18] „Das Lob Gott, dem Herrn der Welten, dem Barmherzigen und dem Erbarmer, dem Herrscher am Tage des Gerichts." (Koran 1,2–4)

[19] „Gott, kein Gott außer Ihm, dem Lebendigen, dem Beständigen!" (Koran 2,255)

[20] „Alles ist untergehend: Nicht Sein Antlitz." (Koran 28,88)

[21] „Sagt: „Wir glauben an Gott und an das, was uns wurde herabgesandt, und was Abraham wurde herabgesandt, Ismael, Isaak, Jakob und den Stämmen, und was empfingen Mose und Jesus, und was empfingen die Propheten von ihrem Herrn. Nicht unterscheiden wir unter ihnen und Ihm wir sind ergeben." (Koran 2,136).

[22] „Es ist doch nicht unmöglich, dass es hinter der Sphäre der Vernunft noch eine andere Sphäre gibt, in der sich das offenbart, was nicht in der Sphäre der Vernunft erscheint." Al-Ġazālī, M., Der Erretter aus dem Irrtum. Übersetzt, eingeleitet und kommentiert und herausgegeben von A. A. Elschazli. Hamburg 1998, S. 54.

[23] A. Ibn Taimīya: Maǧmūʿ al-fatāwā li Šaiḫ al-islām Ibn Taimīya, Bd. X, gesammelt und eingeordnet von ʿAbd ar-Raḥmān b. Muḥammad, Medina 1424/2004, S. 454.

[24] Y. b. Š. Nawawī: Riyāḍ aṣ-ṣāliḥīn, bāb taḥrīm al-kibr wa al-iʿǧāb, 2. Auflage, Ḥadīṯ-Nr.: 617, Kairo 1424/2004, S. 194.

[25] M. Ibn ʿArabī: Al-Futūḥāt al-Makkīya (Die mekkanischen Eröffnungen), Bd. II, S. 267.

[26] I. b. M. al-ʿAǧlūnī: Kašf al-ḫāfāʾ wa muzīl al-ilbās, Bd. II, Ḥadīṯ-Nr.: 2256, o. O. u. J., S. 229.

[27] Mary T. Clark, Geschichte der christlichen Spiritualität 290.

[28] Ebd. 292.

[29] PL 38,637.

[30] Ibn Isḥāq: Das Leben des Propheten. Aus dem Arabischen übertragen und bearbeitet v. G. Rotter. Kandern 1999, S. 46.

[31] Vgl. Koran 94,1.

[32] Koran 85,22. Vgl. dagegen Koran 42,52 und 43,1.

[33] Mālik b. Anas: Muwaṭṭaʾ, Kitāb ḥusn al-ḫulq, Ḥadīṯ-Nr.: 1677, Mekka 1425/2005, S. 443.

[34] An-Nasāʾī, Sunan, Kitāb qiyām al-lail, Ḥadīṯ-Nr.: 1601, Kairo 1431/2010, S. 281 f.

[35] Al-Buḫārī: Ṣaḥīḥ, Bd. I, Kitāb al-īmān, Ḥadīṯ-Nr.: 12, Kairo 1428/2008, S. 19.

[36] I. M. al-ʿAǧlūnī: Kašf al-ḫāfāʾ wa muzīl al-ilbās, Bd. II, Ḥadīṯ-Nr.: 2123, o. O. u. J., S. 191.

[37] Rumi. Von Allem und von Einem. Übersetzt und mit einem Vorwort von A. Schimmel. Kreuzlingen/München 1988, S. 84.

[38] A. Schimmel, Jesus und Maria in der islamischen Mystik. München 1996, S. 149.

[39] Ebd., S. 153.

[40] Vgl. Koran 2,218.

[41] A. Schimmel (Hg.), Die Botschaft des Ostens. Ausgewählte Werke. Tübingen/Basel 1977, S. 324 f.

[42] Vgl. Koran 47,31 und 3,142.

[43] Muslim, Ṣaḥīḥ, Kitāb al-birr, 2. Auflage, Ḥadīṯ-Nr.: 107, S. 1189, Beirut 1427/2007, S. 1189; al-Buḫārī: Ṣaḥīḥ, Bd. IV, Kitāb al-adab, Ḥadīṯ-Nr.: 6114, Kairo 1428/2008, S. 185.

[44] Muhammad Iqbal, Die Wiederbelebung des religiösen Denkens im Islam. Aus dem Englischen von Axel Monte und Thomas Stemmer. Berlin 2003, S. 120.

[45] Vgl. ebd., S. 118.

[46] Apophthegmata Patrum 449.

[47] Zitiert nach A. Schimmel: Das islamische Jahr. Zeiten und Feste. München 2002, S. 98.

[48] Nach al-Buḫārī, Ḥadīṯ-Nr. 3194.

[49] Ibn Māǧa: Sunan, Kitāb al-Fitan, bāb ṭulūʿ aš-šams min mašriqihā, Ḥadīṯ-Nr.: 4070, Kairo 1424/2004, S. 212.

[50] Vgl. u. a. Koran 6,157, Koran 7,203, Koran 28,43, Koran 27,77, Koran 45,20.

[51] Nach al-Buḫārī, Ḥadīṯ-Nr. 5556.

[52] M. Ibn ʿArabī: Al-Futūḥāt al-Makkīya (Die mekkanischen Eröffnungen), Buch II, S. 267.

[53] Vgl.: Lehre von den Stufen zur Gottesliebe, Muḥammad al-Ġazzālīs Lehre von den Stufen zur Gottesliebe: die Bücher 31–36 seines Hauptwerkes. Eingeleitet, übersetzt und kommentiert von R. Gramlich. Wiesbaden 1984.

[54] Vgl. ebd., S. 692.

[55] Al-Ghazâli. Das Elixier der Glückseligkeit. Aus dem Persischen und Arabischen übertragen von Hellmut Ritter. Mit einem Vorwort von Annemarie Schimmel. Kreuzlingen/München 2008, S. 176.

[56] Ebd.

[57] Rūmī, Divan, Gedicht: 441.

[58] Rūmī: Divan, Gedicht: 683.

[59] R. M. Rilke und M. von Thurn und Taxis: Briefwechsel. Besorgt durch Ernst Zinn. Mit einem Geleitwort von Rudolf Kassner. ZWEI (2) Bände, Bd. 1. Zürich 1951, S. 246.

[60] Koran 33,21.

[61] Rūmī, Divan, Gedicht: 1475.

[62] ʿA. Al-Qušayrī: Das Sendschreiben al-Qušayrīs über das Sufitum. Eingeleitet, übersetzt und kommentiert von Richard Gramlich. Wiesbaden 1989, S. 438.

[63] Rūmī, Divan, Gedicht: 1919.

[64] SM I, 40.

[65] Ebd., 41.

[66] Ebd.

[67] Ebd., 42.

[68] Vgl. Koran 109.

[69] Vgl. Koran 2,177.

[70] Vgl. Koran 25,1–3.

[71] Zitiert nach: Ḥadīṯ, al-Buḫārī: Nr. 71,6011.

[72] W. Schubart: Religion und Eros, München 1941, 84.

[73] Siehe hierzu auch: A. Schimmel: Meine Seele ist eine Frau. Das Weibliche im Islam. München 1995, S. 23 f.

[74] Vgl. Koran 12,30 f.

[75] H. Ritter: Das Meer der Seele: Mensch, Welt und Gott in den Geschichten des Farīduddīn ʿAṭṭār. Leiden 1978, S. 619.

[76] A. I.-M. Al-Ġazzālī: At-Tarǧīd fī kalimat at-tauḥīd. Der reine Gottesglaube. Das Wort des Einheitsbekenntnisses. Eingeleitet, übersetzt und kommentiert von Richard Gramlich. Wiesbaden 1983, S. 18.

[77] Vgl. Koran 57,3.

[78] Koran 2,26.

[79] M. Iqbal: Die Wiederbelebung des religiösen Denkens im Islam. Aus dem Englischen von Axel Monte und Thomas Stemmer, Berlin 2003, S. 183.

[80] Ebd.

[81] Vgl. G. W. Leibniz: Theodizee. Philosophische Schriften 2. Hg. v. H. Herring. Frankfurt a. M. 1996, § 55 und § 59.

[82] Vgl. Koran 2,45.

[83] Zitiert nach as-Sarrāǧ: R. Gramlich: Islamische Mystik. Sufische Texte aus zehn Jahrhunderten. Stuttgart/Berlin/Köln 1992, S. 55.

[84] Zitiert nach Ṣaḥīḥ Muslim. Ḥadīṯ; Nr. 2569.

[85] Apophthegmata Patrum 505.

[86] Psalm 103,15 f.

[87] „Gott beruft ab die Seelen zur Zeit ihres Todes" (Koran 39,42).

[88] Koran 6,162.

[89] Vgl. Koran 5,35.

[90] „Wahrlich, Gott tut nicht Übles, nicht vom Gewicht eines Stäubchens. Und ist eine gute Tat, so vervielfacht Er sie und gibt von Sich her einen Lohn, einen gewaltigen" (Koran 4,40).

[91] Zitiert nach: Rumi. Das Lied der Liebe. Die Weisheiten göttlicher Liebe in den Versen des größten Sufi-Dichters. Hg. v. J. Star und S. Sharam. Aus dem Amerikanischen von H. C. Meiser. München 2005, S. 191.

[92] I. A. Al-Qadi: Das Totenbuch des Islam. „Das Feuer und der Garten" – Die Lehren des Propheten Muhammad über das Leben nach dem Tode. Übersetzt von S. Makowski u. S. Schuhmacher. Bern/München 1981, S. 105.

[93] Ebd., S. 135.

[94] Gramlich, R. (Übers.): Muhammad al-Ġazzālīs Lehre von den Stufen zur Gottesliebe., die Bücher 31–36 seines Hauptwerkes eingeleitet, übersetzt und kommentiert. Wiesbaden 1984, S. 62 f.

[95] I. A. Al-Qadi: Das Totenbuch des Islam. „Das Feuer und der Garten" – Die Lehren des Propheten Muhammad über das Leben nach dem Tode. Übersetzt von S. Makowski u. S. Schuhmacher. Bern/München 1981, S. 171–172.

[96] Zitiert nach A. Schimmel: Weisheit des Islams. Ausgewählt, übersetzt und herausgegeben von Annemarie Schimmel. Stuttgart 2003, S. 53

[97] Ebd., S. 62.

[98] M. Buber: Das Dialogische Prinzip. Ich und Du. Heidelberg 1984, S. 15.

Verzeichnis der
zitierten Bibelstellen und Koranverse

Sachregister

Gericht, jüngstes 64, 82, 85, 170, 252, 256 ff., 273
Gesandte Gottes 64, 88, 90, 93, 102, 157, siehe auch Prophet/in
Geschlechterbeziehung 10, 21, 204, 206, 209 f., 212 ff., siehe auch Sexualität
Geschöpf siehe Schöpfung
Gesellschaftskritik, prophetische 84
Gesundheit, siehe Heil, Lebenskunst
Gewalt 13, 34 ff., 38, 51, 111, 117 f., 176, 179, 189
Gewissen 171, 173 f., 181, 191, 194, 225
Glaube 38, 44 ff., 64, 70, 72, 96, 99, 110, 125, 198, 245, 247, 253, 256, 273
Gnade 43 f., 59, 105, 121, 125, 173
Gottebenbildlichkeit 43, 193
Gottes Gerechtigkeit 27, 31 f., 155, 218, 241, 253, 255
Gottesbild 15, 26, 40, 70 f., 98, 101, 119, 124, 157
Gotteserfahrung 15, 39, 72, 169, 226 f., siehe auch Mystik
Gottesgeburt, mystische siehe Mystik
Gottesliebe, siehe Liebe
Gottesmutter, siehe Maria
Gottesname 63, 65–68, 77, 154, 166
Gottessohnschaft 39, 40 ff., 97, 99
Gottesvolk 17, 140, 143, 197, 199
Gottesvorstellung 26, 38, 67 ff., siehe auch Gottesbild
Gottsucher 22, 37, 48, 63, 117, 139, 144, 197, 199, 216, 260
Gottzugewandtheit 32, 182
Griechische Philosophie 16, 41, 50, 60, 74, 97, 258
Gut und Böse 47, 193

Hadith 78
Hass 28, 47, 99, 180
Heil 16, 30 ff., 32, 82, 85, 95, 171, 173, 180, 197 f., 238, 269, 271
Heilige Schrift (christlich), siehe Bibel
Heilige Schrift (muslimisch), siehe Koran
Heiligenverehrung 9, 69 ff., 110, 120, 124 f., 129 f., 144, 150, 193, 219, 227
Heiliger Geist 69 ff., 73, 150, 219
Heiliger Krieg 34, 91, 115, 117 siehe auch Kampf, geistlicher
Heiliges Land 139
Heilsexklusivität 50, 170, 174 ff., 178, 183
Herz 31, 63, 67, 76 f., 81, 94, 96, 104 ff., 111, 114, 118, 125, 127, 130 f., 135, 144, 152 ff., 157, 161 f., 164, 167 f., 173 f., 185, 191 f., 196, 225, 240, 247, 255, 270
Himmel 30, 56 f., 67, 74, 109, 130–131, 133, 164, 179, 217, 222, 243, 246, 257 f., siehe auch Diesseits-Jenseits
Hinduismus 146, 265
Hingabe 64, 101 ff., 106, 109, 127, 143 f., 152, 182, 207, 222, 236, 247
Hochmut 20, siehe auch Demut
Hoffnung 26–27, 31, 58, 100, 123, 126, 132, 144, 171, 197, 226, 228 f., 232, 234 f., 241, 244, 252, 255 ff.
Hölle 253 ff., siehe auch Jenseits

Integration 32 f., 113 f.
Intoleranz, siehe Toleranz
Islam 13 ff., 24 ff., 28, 30 ff., 39 f., 43, 45 f., 51 f., 58, 60, 63 ff., 76, 78, 82, 88 ff., 93 ff., 101, 105 f., 108 ff., 115 ff., 122 f., 125 f., 128, 132 f., 141 ff., 146, 150 f., 153 ff., 167 ff.,

Schöpfung 22, 25, 27, 55 ff., 59 ff.,
  70, 73, 117, 135, 154, 162, 169,
  185 f., 231, 238, 271
Schriftauslegung 74, siehe auch
  Bibel
Schriftbesitzer 271 siehe auch
  Judentum, Christentum
Schulen des Islam 24, 80, 128, 188
Schweigen 105, 119, 121, 136 f.
Segen 122, 133, 140, 219, 264, 272
Sehnsucht 9, 19, 21 f., 25, 55, 58, 63,
  107, 119, 122, 124, 131, 135, 143,
  145, 162, 165, 167, 180, 191, 198,
  205, 256
Sexualität 60, 204 ff., 207, 212,
  246
Sich-Abmühen (ǧihād) 115, 117
Solidarität 230, 270 f.
Spiritualität 9, 15 f., 18 f., 37, 42, 48,
  81, 103, 107, 134, 154, 157, 169,
  208, 215, 219, 221, 223 ff., 227 f.,
  233, 239, 249, 268 ff., 273
Staat und Religion 34, 47, 49 f.,
  227 ff.
Statthalter Gottes (Mensch) 57,
  61
Staunen 57, 95 ff., 216, 218, 268 ff.
Sterben 10, 157, 163 ff., 235, 243 ff.,
  249
Stille 76, 105, 126, 130 f., 135,
  150 f.
Strafe Gottes 27, 155, 188, 212, 233,
  254
Sufi, Sufismus 55, 224, 276 siehe
  auch Mystik
Sünde 30 f., 44, 60, 90, 96, 99, 109,
  149, 212, 245, 251
Sündlosigkeit 30, 90
Sunna 13, 145, 202

Taoismus 16
Taufe 74, 83, 147, 197, 245

Terror 13, 34, 50
Theodizee 234, 238, 275, siehe auch
  Leiden
Theokratie 34, 229, 271
Theologie 15, 19 f., 26, 39 ff., 45, 60,
  65 f., 68 ff., 72, 75, 79, 96 f., 107 f.,
  110, 170 ff., 194, 207, 226, 233,
  241, 256 ff., 272
Tod 10, 43 ff., 64, 69, 84, 94 f., 98 ff.,
  109, 140, 142, 147, 163 ff., 200,
  217, 229, 232 f., 235, 243 ff., 256–
  259
Toleranz 9, 14, 170 ff., 174 ff., 183,
  231
Tora 64, 80, 176, siehe auch Judentum
Tradition, Traditionen 13 ff., 19 ff.,
  24, 29, 36 f., 42, 51, 55 f., 60, 71, 75,
  78, 80, 84 ff., 88, 90, 93 f., 101, 106,
  109 ff., 114 f., 117 f., 125, 138, 140,
  146, 152, 158, 175, 179 f., 187 ff.,
  193 f., 200, 206 f., 209 ff., 215 f.,
  218, 222, 225, 228 f., 232, 238 f.,
  243, 246, 248, 251, 268 ff.
Transzendenz Gottes 26 f., 39, 65,
  67, 70 f.
Trinität 40, 68
Tritheismus, siehe Trinität
Tugend 89, 190, 193, 202, 231

Über-Ich 38
Umkehr 82, 148, 155
Umma 200 ff.
Ungläubige 13, 28, 118, 182, 270

Verantwortung, menschliche 57 f.,
  67 f., 88, 117, 135, 179, 186 f., 193,
  231, 240 f., 269 ff.
Vergebung Gottes 27, 31 f., 45 f., 99,
  136, 180, 213, 241
Vergöttlichung 43 f., 94, 105
Vernunft 56, 176 f., 187, 234, 273